PLATÃO E A ARTE DE SEU TEMPO

PIERRE-MAXIME SCHUHL

PLATÃO E A ARTE
DE SEU TEMPO

Tradução de
Adriano Machado Ribeiro

discurso editorial

BARCAROLLA

Copyright © Discurso Editorial, 2010

Nenhuma parte desta publicação pode ser gravada, armazenada em sistemas eletrônicos, fotocopiada, reproduzida por meios mecânicos ou outros quaisquer sem a autorização prévia da editora.

Projeto editorial: Departamento de Filosofia da FFLCH-USP
Direção editorial: Milton Meira do Nascimento
Projeto gráfico: Guilherme Rodrigues Neto
Capa e Ilustração da capa: Marcelo Girard
Revisão: Roberto Bolzani Filho e Thomaz Kawauche
Revisão dos índices: Thomaz Kawauche

Dados Internacionais de Catalogação na Publicação (CIP)
(Câmara Brasileira do Livro, SP, Brasil)

Schuhl, Pierre-Maxime
  Platão e a arte de seu tempo / Pierre-Maxime Schuhl ; tradução de Adriano Machado Ribeiro. — São Paulo : Discurso Editorial : Editora Barcarolla, 2010.
  Título original: Platon et l'art de son temps : arts plastiques.
  Bibliografia.
  ISBN 978-85-86590-91-7
  ISBN 978-85-98233-45-1

1. Arte grega 2. Arte - Filosofia 3. Platão I. Título.

09-08266   CDD-184

Índices para catálogo sistemático:
1. Arte : Filosofia platônica 184

discurso editorial
Av. Prof. Luciano Gualberto, 315 (sala 1.033)
05508-900 – São Paulo – SP
Telefone: (11) 3814-5383
Telefax: (11) 3034-2733
E-mail: discurso@usp.br
Homepage: www.discurso.com.br

BARCAROLLA
Av. Pedroso de Moraes, 631 - 11º andar
05419-000 - São Paulo - SP
Tel.: 11-3814-4600
www.editorabarcarolla.com.br
e-mail: editorabarcarolla@editorabarcarolla.com.br

Ao Senhor Émile Bréhier
Membro do Instituto

SUMÁRIO

PREFÁCIO À SEGUNDA EDIÇÃO	9
PREFÁCIO À PRIMEIRA EDIÇÃO	25
I ANTIGOS E MODERNOS	29
II PRESTÍGIOS	55
III BELEZA PURA E IMITAÇÃO	77
IV VALOR DA ARTE	99
APÊNDICES	123
ÍNDICE REMISSIVO	151
ÍNDICE BIBLIOGRÁFICO	163

PREFÁCIO À SEGUNDA EDIÇÃO

PLATÃO CRÍTICO DE ARTE[1]

I

O saudoso Gustave Fougères apresentou, há pouco tempo, na Academia das Inscrições, uma belíssima leitura sobre *Sócrates crítico de arte*[2]; tal título era justificado pelas passagens das *Memoráveis* em que Xenofonte nos apresenta Sócrates conversando com Parrásio e com o escultor Cleitos, falando-lhes do modo de representar a alma de seus modelos[3]. Mas não é paradoxal falar de *Platão crítico de arte* quando se lembra de como o mestre da Academia mostrou-se severo tanto com os artistas quanto com os apreciadores e com os próprios críticos de arte? Não faltam textos que o atestem. Nas *Leis* – é apenas um gracejo, mas bastante característico – ao interlocutor ateniense, que aludiu à técnica dos pintores, Clínias responde que ele não tem nenhuma experiência nesta arte: "Você não perdeu nada com isso", replica o Ateniense[4]. Quando, no *Fédon*, Platão "manda passear", segundo sua própria expressão, "aqueles que apresentam como razão para a beleza de uma coisa todas as espécies de sábias razões, sua cor florida, sua forma ou qualquer outra coisa do mesmo gênero", todas elas razões que o deixam tão perturbado[5], não é às diversas categorias de críticos de arte que ele se contrapõe, uns mais sensíveis ao colorido, outros à linha? E, na *República*, ele não é menos severo com estes apreciadores, cuja curiosidade está toda nos olhos e nas orelhas, com estes diletantes que se regozijam em escutar belas vozes, em ver belas cores, belas formas, e todas as obras de arte ou da natureza em que entram tais elementos: ele lhes reprova por terem uma alma incapaz de se elevar até a essência do Belo[6].

II

Platão, contudo, mostrou-se, em toda sua obra, um artista genial demais para que esta atitude possa se explicar por uma falta de sensibilidade à arte. Sua prosa luminosa tem a riqueza e a maleabilidade transparente dos leves tecidos com que os escultores de seu tempo recobrem o corpo das Vitórias de Pirgos de Atena Niké[7]; e o prólogo ilíseo do *Fedro*, no qual é narrada a lenda do rapto de Oríteo por Bóreas, tem a graça do grupo contemporâneo que representa este ato[8]. Aliás, ele mesmo reconhece, na *República*, ao falar da poesia imitativa, que ele sofre o seu encanto – e é preciso dar à palavra o sentido mais forte: trata-se de um encanto quase mágico[9]. Se ele dela se afasta, é, ele diz, à maneira dos amantes "que se violentam para se separar de sua paixão, logo depois de reconhecer-lhe o perigo"; como eles, prossegue, "nós evitaremos recair na paixão que sentimos por ela quando éramos jovens, e da qual o homem comum não está curado[10]". Enfim, mais tarde, ele um dia deixou escapar uma palavra que é uma confissão, um grito do coração: se as artes desaparecessem, diz no *Político*[11], "a existência, hoje já tão penosa, tornar-se-ia absolutamente impossível de se viver".

E ele não é sensível apenas às formas mais gerais da arte, mas também emprega, com uma precisão e segurança espantosa, a linguagem dos pintores, o vocabulário técnico das oficinas. Sem dúvida as indicações do *Timeu* sobre a mistura de cores correspondem apenas em parte à prática do tempo; as tintas primitivas realmente são aquelas cujo emprego se atribuía aos antigos pintores: o branco, o preto, o vermelho e o amarelo, Platão substitui pelo que ele chama de brilhante – enquanto as misturas indicadas são fantasiosas, e os resultados, arbitrários[12]; mas não é como um leigo que Platão nos mostra o escultor começando por tornar bem lisa a massa a modelar[13], o coroplata preparando sua molda[14], o pintor limpando sua tábua[15], traçando o contorno do seu modelo[16], dispondo as "carnes"[17]; que ele transpõe, no *Timeu*, a prática do oleiro modelando a argila, utilizando o "desengordurante"[18]; que ele fala da suavidade[19] ou delicadeza de certas cores, tintas e valores[20], e do trabalho infindo dos retoques[21]; ou que, aludindo à arte da *esquiagrafia*, ele sublinha a impressão diferente que sente o espectador segundo o ponto de vista – próximo ou distante – em que ele se encontra situado[22]. Tudo isso nos faz pensar que, como Nicolau de Cusa[23] já admitia, Diógenes Laércio[24] e Apuleio[25] não erraram ao dizer que, na sua juventude, o filósofo se ocupara de pintura, e a escultura não lhe era estranha.

III

De resto, censurar o espectador por não saber se elevar até a Idéia do Belo, o crítico por não se preocupar com ela, não é admitir implicitamente a possibilidade de uma crítica de arte fundada sobre a filosofia, constituindo, por isso mesmo, uma propedêutica, à maneira da dialética do amor no *Banquete*[26]?

Tal tem sido, ao longo dos séculos, o ponto de vista de um certo número de críticos que reivindicam a tradição platônica[27]. O *Eidos*, a estrutura ordenada que dá a excelência e a beleza dos seres e das coisas, não é aquilo mesmo que os pintores e os bons oradores, como todos os artesãos, sabem impor a suas obras[28]? O artista verdadeiro atingiria, por detrás das aparências, a essência ideal, a realidade profunda das coisas; o crítico estudaria como ele o exprime, ajudaria o público a percebê-la na obra. E, sem dúvida, Platão chega a fazer alusão, de passagem, ao valor do pintor que saberia delinear um tipo de homem, o mais belo possível, mesmo sem poder mostrar que existe um modelo correspondente na realidade[29].

Mas é preciso não esquecer que não há nada no mundo de mais antiplatônico do que confundir a Imagem, mesmo composta, com a Idéia[30]; e o ideal, no qual se inspiram os artistas, oscila sem cessar entre os dois[31]. A idéia do Belo não se confunde com um belo rosto ou com belas mãos, ela não é maculada por carnes[32]; a obra do artista não é mais próxima, mas mais distante da Idéia do que os objetos sensíveis: a cama pintada é uma imitação da cama construída pelo marceneiro, que nada mais faz do que reproduzir a cama ideal[33]. Desenhar um perfil é tentar, como a filha de Boutades, o oleiro de Corinto, inventor do desenho[34], circunscrever o contorno de uma sombra sobre a superfície em que ela se estende. Edmond Pottier mostrou, num artigo que permanece um modelo de método na interpretação de documentos e textos, que certas incorreções de desenhos ilustrando vasos se explicam porque os decoradores, e mesmo os pintores, traçaram muito tempo suas figuras utilizando silhuetas obtidas por projeções de sombras dirigidas[35]. A existência deste procedimento, que foi utilizado, sobretudo, no século VI, mas que Platão não obstante conhecera, ainda que não o visse mais ser praticado, é capaz de nos ajudar a compreender melhor tanto a atitude que adotou no tocante às artes de imitação quanto a alegoria da caverna[36]: nossos pintores fazem outra coisa além de decorar a parede tentando fixar o desfile de sombras fugitivas que nela se sucedem?

IV

Outras razões explicam ainda a severidade de Platão: é, antes de tudo, sem dúvida, que a arte não pode viver sem se transformar. A coisa é particularmente sensível num tempo em que o gosto se modifica, em que tudo se dissolve e se renova, tanto no domínio estético como no domínio político: está em curso uma revolução cujo termo ainda não é apreensível. Ora, a mudança – que, para Platão, se confunde quase sempre com a decadência – lhe parece tão perigosa quanto para os médicos hipocráticos a modificação do regime habitual[37]. Sabe-se que, segundo Damon, não se podia tocar nos modos musicais sem abalar a constituição do Estado[38]; da mesma maneira, Platão reprova a busca de prazeres novos a que se entregam por toda parte – salvo, ele diz[39], no Egito, em Creta e em Esparta – e mostra-se partidário de uma arte hierática, imóvel como aquela cujas obras ele admirara nos templos do vale do rio Nilo: os objetos, pintados ou modelados, que lá se expõem, são feitos, ele notara[40], segundo as mesmas regras que se observa há dez mil anos, e da qual era proibido se afastar. De fato, a arte saíta é uma arte arcaizante, a que Platão é naturalmente favorável[41]; de tal ponto de vista, o crítico deveria separar, do estudo das melhores obras antigas, as regras das quais se encarregaria que fossem respeitadas [...] um pouco como Lisidas na *Crítica da Escola das Mulheres*. Sofistas e técnicos acabavam, aliás, de reduzir a teoria, de decompor em figuras e de submeter a regras a prática de todas as artes, da retórica à culinária[42]; e Policleto ensinara no seu tratado, o *Cânon*, as proporções relativas das partes do corpo, de acordo com uma fórmula que ele tinha aplicado quando esculpiu o *Doríforo*[43].

No entanto, por mais favorável que Platão fosse às leis, proibindo os artistas egípcios "de inovar e imaginar algo que não se conforme com a tradição ancestral", houve um tempo em que ele se deu conta do perigo que representa para a arte uma tal limitação. "Se o artista", escreve no *Político*[44], "devesse sempre se conformar a regras escritas, codificadas nos tratados (κατὰ συγγράμματα), se uma lei o impedisse de investigar (Ζητεῖν), as artes desapareceriam totalmente para jamais ressurgir". Mas os argumentos opostos deveriam finalmente vencê-lo.

V

Tinha então se desenvolvido, sob a influência da pintura de decoração, uma espécie de impressionismo ilusionista que visava apenas ao *trompe l'œil* (os pássaros, dizia Plínio, vinham bicar na própria cena as uvas pintadas por Zêuxis!), impressionismo que Platão critica por sua afinidade com a sofística, e a ação que ele exerce sobre as partes da alma mais fáceis de abalar: sobre a sensibilidade, sobre todos os elementos irracionais. À estética da Ilusão, preconizada, ao que parece, por Górgias[45], Platão opõe a estética da Imitação; ele se mostra particularmente hostil à crítica que toma como critério a reação do público, o que é fazer o mesmo que um menino encarregado de cuidar de uma fera numa jaula: "ele sabe por onde é preciso se aproximar dela e por onde tocá-la, quando é mais agressiva e quando é mais terna, o que lhe faz dar este ou aquele grito, quais sons a enternecem e quais a tornam feroz. Imaginai que, tendo aprendido tudo isso, ele daí escreva um tratado, tudo julgando segundo as reações do grande animal, chamando boas as coisas que lhe agradam, más as que lhe irritam. Ele não seria, por Zeus, um estranho preceptor? – Creio que sim, ele disse. – Pois bem, que diferença há entre este homem e aquele cuja ciência consiste em conhecer as reações instintivas e os gostos de uma multidão

heteróclita reunida para ver uma pintura ou ouvir música[46]?"
É um erro julgar as obras de arte pelo prazer que fornecem, a não ser que seja ao mais competente; porque "o que produz a correção neste domínio (aquele das artes de imitação), é, para dizer em uma palavra, a igualdade (da imitação e do modelo) sob a relação da quantidade e da qualidade, e não o prazer"[47], que intervém como critério apenas quando a verdade, a semelhança, a utilidade não cumprem nenhum papel: "porque o que faz que o igual seja igual e simétrico o simétrico, não é nem a opinião do primeiro nem o prazer que ele pode aí encontrar, é antes de tudo a verdade, o resto quase não conta[48]". "Aquele que quer ser bom juiz deve, pois, antes de tudo, conhecer o objeto imitado; senão, como poderia apreciar por que a cópia é bem feita; quer dizer, se ela reproduz os números do corpo, as posições de todas suas partes (e aqui se reencontram as idéias de Policleto), como ele saberia quais são estes números, quais partes foram justapostas para obter a ordem que convém – e mais, como ele saberia, quanto às cores e às formas, que isso não foi mal feito[49]?" Para merecer o nome de conhecedor, é preciso assim saber qual é o objeto representado, se a imitação está correta, e se ela foi bem executada: "há cópia realmente quando o artista se conforma às proporções do modelo pelo comprimento, pela largura, pela profundidade, e quando, além disso, ele reveste cada parte com as cores que lhe convêm[50]". Vê-se aqui Platão criticar a policromia convencional que aplica "nas mais belas partes do corpo, as cores mais belas", cobrindo os olhos não com preto, mas com púrpura: é preciso, ao contrário, examinar se se dá "a cada parte as cores que lhe convém, de modo a obter a beleza do conjunto[51]".

Do mesmo modo, opõe-se aos artifícios dos escultores e dos pintores, que deformam suas obras em função da perspectiva: "se eles dessem a proporção verdadeira das belas coisas, sabes que as partes do alto pareceriam muito pequenas, e as de baixo muito grandes, pelo fato de que umas são vistas de longe, e outras de perto ..." "Os artistas de hoje mandam a verdade passear, e dão a suas obras, não as proporções que são belas, mas aquelas que parecerão sê-lo[52]". É o que ilustra a famosa anedota de Fídias e Alcameno[53]. É curioso ver Platão (tão favorável à medida, ao número, ao peso) hostil à perspectiva que neste momento se constitui; é que, para ele, o objeto da arte é acima de tudo a imitação mais estrita – sob as reservas que indicaremos –, é sem dúvida, também, porque, como indica Filo de Bizâncio, os artistas procediam ainda de uma maneira totalmente empírica que, para o filósofo, se opõe à ciência (ocorreu do mesmo modo, segundo Jacques Mesnil[54], entre os primeiros pintores do *Trecento*); é, enfim, porque a perspectiva visa, apesar de tudo, ainda que por procedimentos científicos, a produzir uma ilusão. "Nenhuma arte" – diz Philippe Soupault[55], falando da pintura, numa página de inspiração totalmente platônica – "pode ser tão perigosa. Que se pense na facilidade, no treinamento do ofício, no efeito, nas ilusões de ótica" [...] "é graças a estes procedimentos de toda espécie", ele também afirma, "que os pintores produzem 'verdade', que eles dão a sensação da vida. Os que querem ver na pintura apenas a exploração destes truques não merecem ser tratados como pintores".

VI

A propósito da imitação, como a propósito das regras, Platão nos mostra como corrigir o rigor dos pontos de vista que propõe[56]. Ele reconhece que a correção artística sempre diferirá da exatidão matemática: não se devem estudar nas melhores obras de Dédalo as relações das proporções geométricas[57]. Uma cópia perfeita não seria uma imagem, mas um duplo: se um deus artista reproduzisse tanto a cor e a forma de Crátilo como sua alma e seu pensamento, não haveria diante de nós Crátilo e sua imagem, mas dois Crátilos[58]. Sem esquecer que a estrutura hierárquica da realidade explica que haja decadência da essência à aparência, não se poderia supor ali, sob uma forma velada, uma crítica orientada no sentido inverso daquela de agora há pouco – crítica, fantasista e irônica, das tendências, julgadas talvez muito realistas, que aparecem, como assinalou E. Pfuhl[59], entre certos retratistas, como Lisístrato, que utilizava moldes, Demétrio de Alopece, "o fabricante de homens" – por fim, Silânion, que modelou o busto do próprio Platão[60]?

Em certas passagens descobrem-se, inclusive no mestre da Academia, os traços de uma estética liberada da imitação: os edifícios de Atlântida são construídos por uma agradável justaposição de pedras de cores variadas[61]; o *Filebo* assinala a beleza das cores puras e sem misturas[62]; o *Fedro*[63] e o *Fédon*[64] descrevem a beleza luminosa e pura do mundo superior em termos que, sem dúvida, se inspiram na representação dos Mistérios. Por fim, o *Filebo*[65] e o *Timeu*[66] insistem sobre a beleza das formas geométricas, retas, curvas, superfícies e sobre a de certos triângulos e sólidos platônicos: o tetraedro, o octaedro, o icosaedro e o cubo. Estes textos, que nos conduzem às Idéias-números, revelam, pois, uma tendência que seria indulgente com a arte decorativa e favorável a uma espécie de cubismo, ou, ao menos, de arte abstrata.

VII

Qualquer que seja a distância que separa a obra de arte da Idéia, o reflexo que ela guarda desta move o espectador, repõe em sua alma o equilíbrio harmonioso que o nascimento lhe fez perder. Nada restabelece melhor este equilíbrio do que o espetáculo dos movimentos celestes[67]; mas a contemplação das obras de arte não é, contudo, desprovida de eficácia, porque se "a deformidade, a falta de medida e de harmonia são irmãs do mau espírito e do mau coração, seus contrários são os irmãos e as imitações do contrário, a natureza sábia e boa[68]"; ora, todas as obras dos próprios artistas são suscetíveis de harmonia[69]. Não basta, pois, vigiar os artistas: é preciso procurar os que são bem nascidos, "capazes de seguir pelas pegadas a natureza do belo e do conveniente, a fim de que os jovens, cercados de todos os lados por belas obras, submetam-se apenas a influências benéficas de tudo o que lhes atinge a vista e o ouvido, como se eles habitassem uma região saudável, onde sopra uma brisa vinda de felizes paragens, que traz a saúde, e que desde a infância eles sejam levados, sem se aperceber disso, para a semelhança, o amor e o acordo com a bela razão[70]". Páginas totalmente perfumadas pela harmonia, que nos oferecem um eco das lentas e nobres procissões de Fídias! Tais eram, sem dúvida, as obras cuja contemplação Platão queria encorajar quando declarava que no Estado das *Leis*, todos os que quisessem ver ou ouvir as obras que realçam as Musas encontrariam perto dos templos instalações preparadas para recebê-los[71].

O sentimento que Platão tinha da ação profunda que a arte exerce sobre os espíritos explica sua atitude severa para com os artistas. O rigor de suas soluções nos escandaliza e às vezes nos revolta; mas o problema que ele coloca não deixou de ser atual, e o emprego dos procedimentos mecânicos de reprodução e de transmissão, que asseguram atualmente às obras de arte uma difusão e uma força de penetração ainda maiores do que no passado, nos impõe mais do que nunca investigar como se pode chegar a formar o gosto do público sem, no entanto, sujeitá-lo, e estudar como a arte pode ajudar os homens a restabelecer entre eles o equilíbrio do qual têm tanta necessidade, tanto hoje como no tempo de Platão[72].

NOTAS

[1] Este prefácio reproduz, com alguns retoques e adições, uma comunicação apresentada no *Congresso Internacional de História da Arte* realizado em Berna em 1936. O texto, acompanhado de ilustrações, foi publicado no *Bulletin périodique de l'Office des Instituts d'Archéologie et d'Histoire de l'art*, vol. 4, n. 10, Paris, 1937, p. 39-49.

[2] *Sessão pública da Academia das Inscrições e Belas-Letras*, 16 de novembro de 1923, Paris.

[3] *Memoráveis*, III, 10; ver *infra* Apêndice V, p. 130 (*O Expressionismo nas Memoráveis*); cf. A. DELATTE, *Le troisième livre des souvenirs socratiques de Xénophon*, Paris, 1933; Ch. PICARD, *A. G. S.*, II, p. 259.

[4] VI, 769b: Καὶ οὐδέν γε ἐβλάβης.

[N.T.: Esta citação em Grego é traduzida pelo autor. Quando isso não ocorrer, os textos em Grego e Latim serão traduzidos. Como não há tais traduções no texto original, estas passagens serão marcadas por colchetes. O nome do tradutor será citado pela abreviatura das iniciais, apresentando-se as especificações bibliográficas no final do texto. Quando não houver referências, a tradução será minha.]

[5] 100c-d: Οὐ τοίνυν, ἦ δ' ὅς, ἔτι μανθάνω οὐδὲ δύναμαι τὰς ἄλλας αἰτίας, τὰς σοφὰς ταύτας, γιγνώσκειν· ἀλλ' ἐάν τίς μοι λέγῃ διότι καλόν ἐστιν ὁτιοῦν, ἢ χρsό ὧμα εὐανθὲς ἔχον ἢ σχῆμα ἢ ἄλλο ὁτιοῦν τῶν τοιούτων, τὰ μὲν ἄλλα χαίρειν ἐῶ, ταράττομαι γὰρ ἐν τοῖς ἄλλοις πᾶσι... ["Ora, aí tens – prosseguiu –, por que razão as outras causas, as ditas 'científicas', não as entendo nem reconheço por tal: se alguém hoje me disser que determinado objeto é belo em virtude do seu colorido brilhante, das suas proporções ou de qualquer outro aspecto do gênero, pois bem: explicações dessas mando-as passear, servem para me confundir." Tradução de M. T. S. A.].

[6] V, 476. Ver *infra*, p. 109 e 111.

[7] Ver Ch. PICARD, *La sculpture grecque du Ve siecle*, Paris, 1938, pr. XXXIX; *A. G. S.*, II, p. 635; DEONNA, *Miracle grec*, I, p. 250.

[8] *Fedro*, 229b e ss.; cf. Ch. PICARD, *A. G. S.*, II, p. 793 e ss.; cf. L. A. STELLA, *Influssi*..., III. Sobre o estilo clássico e o estilo rico na arte e literatura do tempo, ver T. B. L. WEBSTER, *Greek art and Litterature, 530-400 B.C.*, Oxford, 1939.

[9] X, 607c: ...ἡμῖν αὐτοῖς κηλουμένοις ὑπ' αὐτῆς. [" [...] sendo nós mesmos encantados por ela"].

[10] X, 607d (nós seguimos aqui a tradução de SAISSET, p. 189-90).

[11] 299d-e. Ver *infra* Apêndice IX, p. 137.

[12] Sobre tudo isso, ver *infra* Apêndice VI, p. 131 e ss.

[13] *Timeu*, 50e; cf. *República*, II, 361d (limpeza de uma estátua em vista de um concurso).

[14] Ver p. 116-7, n. 70; cf. p. 51, n. 77.

[15] *República*, VI, 501a.

[16] *Político*, 277c: τὴν ἔξωθεν μὲν περιγραφήν ["o contorno exterior"]. Ver p. 117, n. 74.

[17] *Crátilo*, 424d e *República*, VI, 501b. Ver *infra*, p. 145, n. 64.

[18] Cf. Ét. SOURIAU, Philosophie des procédés artistiques, *Revue des Cours et Conférences*, 1928-29. Cf. p. 236 e ss. Cf. *infra*, p. 119, n. 82.

[19] *Crátilo*, 432b: μαλακότητας (cf. A. REINACH, *Recueil Milliet*, n. 37). Ver *infra*, p. 92, n. 58 e 60; p. 117, n. 74.

[20] *Leis*, VI, 769a: χραίνειν ἢ ἀποχραίνειν [carregar nas tintas ou as atenuar]; *República*, IX, 585a, e 586b-c sobre o cinza que, próximo do preto, parece branco.

[21] *Leis*, 1c; *República*, VI, 501b: Καὶ τὸ μὲν ἄν, οἶμαι, ἐξαλείφοιεν, τὸ δὲ πάλιν ἐγγράφοιεν ["e isso, creio, ele apagaria, mas novamente desenharia"].

[22] *Sofista*, 234b: πόρρωθεν τὰ γεγραμμένα ἐπιδεικνύς ["exibindo de longe os desenhos?"]; *Teeteto*, 208e; *Parmênides*, 165c-d; *Filebo*, 41e-42 a; *Leis*, II, 663c; cf. *infra*, p. 45-6, n. 41 a 47.

[23] *De mente*, I, 115, *apud* E. CASSIRER, *Individuum und Kosmos in der Philosophie der Renaissance*, Studien der Bibliothek Warburg, 1927, p. 206.

[24] III, 5.

[25] *Dogm. Plat.*, I, 2.

[26] Cf. L. ROBIN, *La théorie platonicienne de l'Amour*, 2ᵉ éd., Paris, 1933.

[27] Ver o estudo de Erwin PANOFSKY, *Idea, ein Beitrag zur Begriffsgeschichte der älteren Kunsttheorie*, Leipzig, Berlim, 1924.

[28] *Górgias*, 503d-504a e 506d-e; cf. nosso "Joug du Bien", *Mélanges Ch. Picard*, Paris, 1949, t. II, p. 962. Ver ainda *Fedro*, 264c e *Filebo* 64b-c; *Político*, 284b; *Timeu*, 28a-b.

[29] *República*, V, 472d. Sobre o modelo interior, ver *República*, 484c, e cf. H. PERLS, Μοῦσα, *R. Phil.*, 1934, I, p. 274.; cf. *infra*, p. 99. Sobre as tendências que provocaram, no fim do helenismo, uma transformação da estrutura das obras de arte, ver A. GRABAR, Plotin et les origines de l'esthétique médiévale, *C. A.*, I, 1945, p. 154 e ss.

[30] Ver *infra*, p. 99 e ss.; cf. o capítulo intitulado: "Ciência e Mito", em nossos *Études sur la fabulation platonicienne*, Paris, 1947, p. 32-9.

[31] Ver E. CASSIRER, *Eidos und Eidolon*, Leipzig, 1924.

[32] *Banquete*, 211a-212a.

[33] *República*, X, 596e ss.; cf. *Crátilo*, 389a-b.

[34] PLÍNIO, *N. H.*, XXXV, 15: "[...] capta amore iuvenis, abeunte illo peregre, umbram ex facie eius ad lucernam in pariete liniis circumscripsit [...]" ["[...] tomada de amor pelo jovem, indo ele para longe, traçou-lhe, com linhas na parede, à luz do candeeiro, a sombra da face [...]"].

[35] *Le dessin par ombres portées chez les Grecs*, *Revue des Études grecques*, 1898, p. 355-88; e *Recueil Edmond Pottier*, Paris, 1937, p. 262-95.

[36] Ver o ensaio intitulado "Autour de la Caverne" em nossos *Études sur la fabulation platonicienne*, p. 45-74.

[37] *Leis*, VII, 797d-e; cf. *infra*, p. 33-4.

[38] *República*, IV, 424c.

[39] *Leis*, II, 657b.

[40] *Leis*, II, 656d-657d.

[41] Cf. *infra*, p. 52-3, n. 79 e 80; Apêndice I, p. 123.

[42] Ver nosso *Formation de la pensée grecque*, p. 343; e cf. o comentário de P. FESTUGIÈRE a *L'Ancienne médicine* d'HIPPOCRATE, Paris, 1948, p. 32.

[43] GALENO, *De placitis Hippocratis et Platonis*, V, 425: πάσας γὰρ ἐκδιδάξας ἡμᾶς ἐν ἐκείνῳ τῷ συγγράμματι τὰς συμμετρίας τοῦ σώματος ὁ Πολύκλειτος ἔργῳ τὸν λόγον ἐβεβαίωσε κ. τ. λ. ["pois como nos ensinou em seu tratado todas as proporções do corpo, Policleto firmou em obra o raciocínio"]. Ver *infra*, p. 31.

[44] 299d-e. Cf. *infra*, p. 33, e Apêndice IX, p. 137.

[45] Ver *infra*, Apêndice IV, p. 128 e ss.; e p. 61 e ss.; cf. Mario UNTERSTEINER, *I Sofisti*, Turim, 1949, p. 132 e ss., 224 e ss.

[46] *República*, VI, 493b-d.

[47] *Leis*, II, 667b, cf. 655d.

[48] *Leis*, II, 668a.

[49] 668d-e.

[50] 655d, cf. 668e-669.

[51] *República*, IV, 420c-d. Ver *infra*, p. 29-30.

[52] *Sofista*, 235d. Ver *infra*, p. 30-1.

[53] TZETZES, *Chiliades*, VIII, 353. Ver *infra*, p. 59.

[54] Masaccio et la théorie de la perspective, *Revue de l'Art ancien et moderne* t. XXXV, 1914, p. 145-56; ver *infra*, Apêndice III, p. 127.

[55] *Paolo Uccello*, Paris, 1929, p. 34; cf. o livro de Liliane GUERRY, *Cézanne et l'expression de l'espace*, Paris, 1951, e os trabalhos de P. FRANCASTEL, que nós citamos nas páginas139-40, n. 28.

[56] Sobre a imitação, cf. as visões de R. G. COLLINGWOOD, Plato's philosophy of art, *Mind*, 1925, p. 154 e ss.; J. TATE, Plato and Imitation, *Cl. Qu.*, 1932, 164; R. SCHAERER, *La question platonicienne*, 1938, p. 157, 161 e ss.; W.-J. VERDENIUS, *Mimesis*, Leiden, 1949 e, *infra*, p. 27, n. 2 e 3.

[57] *República*, VII, 529d-530a.

[58] *Crátilo*, 432b-c. Ver *infra*, p. 82.

[59] *Die Anfänge der griechischen Bildniskunst*, Munique, 1927.

[60] Sobre a controvérsia relativa à época precisa em que se situam estas tendências, ver *infra*, p. 84-5. Cf. Ed. SCHMIDT, Silanion der Meister des Platonbildes, *Jahrbuch des Archäologischen Instituts*, B. 47, 1932, p. 246-63, e Ch. PICARD, *Manuel d'Archéologie*, t. III, I, 2, p. 781 e ss.

[61] *Crítias*, 116b. Ver *infra*, p. 80. Cf. *Leis*, II, 667d-e, sobre o charme gracioso (χάρις) de uma arte fantasista, independente de sua semelhança como de toda possibilidade de incorreção, e que oferece um prazer puramente divertido (παιδίαν). Ver *infra*, p. 80 e 90.

[62] 53a-b.

[63] 247c e ss., 250b-c.

[64] 110b-c; cf. *Filebo*, 59c. Ver *infra*, p. 78-9.

[65] 51b-d.

[66] 53-54: cf. *infra*, p. 78 e ss.

[67] *Timeu*, 42 e ss., 47b-c. Ver *infra*, p. 106.

[68] *República*, III, 401.

[69] *Fédon*, 86c; cf. *Górgias*, 503e-504.
[70] *República*, III, 401; cf. VIII, 558b.
[71] XII, 953a-b. Sobre isso, ver *infra*, p. 35. Cf. P. BOYANCÉ, *Le culte des Muses chez les philosophes grecs*, Paris, 1937, p. 167 e ss.; O. REVERDIN, *La religion de la cité platonicienne*, Paris, 1945, p. 77 e ss.
[72] Agradecemos imensamente a Pierre Devambez, conservador no Museu do Louvre, que amigavelmente teve a gentileza de reler esta segunda edição e de nos indicar algumas publicações que nos passaram despercebidas; a Ch. Picard, Pierre Francastel e Sainte Fare Garnot, a quem devemos preciosas indicações bibliográficas. Também agradecemos cordialmente a Paul Kucharski, doutor em Letras, pela ajuda preciosa que ele nos deu na correção das provas e na atualização dos índices.

PREFÁCIO À PRIMEIRA EDIÇÃO

Platão não representou, como Xenofonte, o pintor ou o escultor em disputas com Sócrates[1]; mas como eles não figurariam na ampla encenação dos diálogos, que nos oferece uma tão viva imagem da vida ateniense? As alusões às artes plásticas são aí numerosas: elas não poderiam não ser. Sabe-se, com efeito, o papel importante que desempenha a noção de imitação na filosofia das Idéias assim como na estética propriamente dita[2]; pintura e escultura nos põem em presença da imitação na sua acepção mais simples[3], antes de toda "transposição"[4], e daí se compreende que Platão tenha freqüentemente recorrido a este termo de comparação. Mas o pintor e o escultor aos quais ele se refere não são seres abstratos, intemporais: ele pensa, gostaríamos de tentar mos-trá-lo, nos artistas de seu tempo. Este tempo é, na história da arte e na história política, um período de crise e de transição[5]. Tudo se dissolve em todos os domínios, tendendo a novas formas das quais ainda não se sabe o que elas serão: o esforço de renovação só atingirá seus resultados em meados do século IV.

No que concerne à escultura, por exemplo, é evidente que, após Policleto e Fídias, nenhum progresso era mais possível na mesma direção; numa outra ordem, o maneirismo do estilo florido indica um certo esgotamento[6]; e, enquanto audaciosos inovadores se engajam em vias até então desconhecidas, arcaizantes[7] se esforçam em retornar ao ideal da grande época a que Platão sabe tão bem nos conduzir, que às vezes quase se é levado a esquecer que ele viveu perto de meio século mais tarde[8]. Platão não hesita em tomar partido nesta querela; a severidade que suas idéias exigem predomina sobre sua sensibilidade de artista[9], e nós veremos que, se seu rigor vai sobretudo para os "modernos", ele só aprova plenamente na arte certas formas muito particulares.

Que aqui nos seja permitido agradecer a E. Bréhier e a Ch. Picard, a quem devemos preciosas indicações, pelo interesse que generosamente demonstraram pelo nosso trabalho[10].

NOTAS

[1] *Memoráveis*, III, 10; ver *infra*, Apêndice V, p. 130.

[2] Sobre a imitação na arte, ver *infra*, capítulo III, e cf. Umberto GALLI, La mimesi artistica secondo Aristotele, *S. F. C.*, IV, 1925, p. 287-313: La mimesi secondo Platone (examina sucessivamente o *Fedro*, o *Sofista*, o *Crátilo*, a *República*, o *Timeu* e as *Leis*). Ver igualmente as obras citadas p. 22, n. 56, e o estudo de M. PATRONI, La mimesi artistica nel pensiero di Platone, *Rendiconti della R. Accademia di Napoli*, 1941, vol. XXI, p. 5-24.

[3] καὶ πολλὰ παραδείγματά ἐστιν, ὥσπερ ἐπ'ἀνδριάντων καὶ οἰκιῶν καὶ ζῳγραφιῶν ["e há muitos modelos para estátuas, construções e pinturas"]. PS.-PLUTARCO, *Epit.*, Ἐπτομὴ τοῦ πεεὶ τῆς ἐυ τῷ Τ'μαίῳ ψυχογουίας (*Compendium Libri de Animae Procreatione in Timaeo*) I, 6 (AÉCIO, *Placita*, I, 5; DIELS, *Doxographi Graeci*, p. 292a, 2-5). Sobre os problemas do paradigmático, ver V. GOLDSCHMIDT, *Le paradigme dans la dialectique platonicienne*, Paris, 1947, e Le problème de la tragédie d'après Platon, *R. É. G.*, t. LXI, 1948, I, p. 20.

[4] Sobre esta expressão, ver A. DIÈS, *Autour de Platon*, Paris, 1927, t. II, p. 401 e ss.

[5] Cf. E. PFUHL, Bemerkungen zur Kunst des vierten Jahrhunderts, *J. A. I.*, t. 43, 1928, p. 1 e ss.

[6] Cf. E. PFUHL, Attische und jonische Kunst des V. Jahrhunderts, *J. A. I.*, t. 41, 1926, p. 161-2.

[7] Cf. *infra*, p. 36-7 e Apêndice I, p. 123.

[8] Sobre o "anacronismo" na obra de Platão, ver J. BURNET, *Platonism*, Berkeley, 1928, p. 6-7, 14, 26, 29, 48; cf. E. ZELLER, Über die Anachronismen in den platonischen Gesprächen, *Abh. Ak. Berl.*, 1873, p. 79-89.

[9] Cf. *infra*, p. 74-5, n. 89 e 90.

[10] Queremos igualmente agradecer a nosso amigo Jean HUMBERT, que nos ajudou na correção das provas.

I

ANTIGOS E MODERNOS

Dois textos nos introduzirão de imediato na atmosfera do tempo. Em primeiro lugar, uma passagem da *República*[1], que nos coloca em presença da estatuária grega sob seu aspecto mais desconcertante para contemporâneos habituados com as brancas figuras de nossos museus: a policromia. "Se estivéssemos prestes a pintar uma estátua, e alguém viesse nos censurar por não aplicar nas partes mais belas do corpo as cores mais belas – de modo que os olhos, que são o que há de mais belo, não tivessem sido cobertos com púrpura[2], mas com preto – pensaríamos que estaríamos nos defendendo bem ao lhe responder: admirável amigo, não imagines que devêssemos pintar os olhos tão belos que eles não fossem mais olhos, nem mesmo as outras partes do corpo; examina, pois, se damos a cada parte do corpo as cores que lhe convém de modo a obter a beleza do conjunto."

Apesar da precisão de tais páginas, duvidou-se de emprego de tais procedimentos[3] até que, em 1885, reapareceram as Korai da Acrópole de Atenas, tais quais elas tinham sido soterradas, após a profanação do templo pelos persas, com seus lábios e cabelos vermelhos, sua veste ornada de bordados vermelhos e azuis – estes tornados verdes[4]; um traço preto sublinhava o arco das sobrancelhas, indicava os cílios ao lado das pupilas; a íris era vermelha, a pupila preta[5]. O brilho rutilante das origens se atenuou e adquiriu nuanças ao longo dos séculos V e IV, mas sem desaparecer totalmente: a alguém que lhe perguntou de quais dos seus mármores ele mais gostava, Praxíteles respondeu: "aqueles nos quais o pintor Nícias pôs a mão[6]". Além disso, chegaram até nós diversas esculturas pintadas da mesma época[7]. Platão aparenta considerar como natural o emprego desses procedimentos, que nos parecem indignos da grande arte.

Um texto do *Sofista*[8] vai nos permitir precisar o papel atribuído à imitação na arte, e nos trazer o eco das controvérsias do século.

Submetendo à divisão a "mimética", Platão define de imediato a arte da cópia (εἰκαστικήν). Há cópia principalmente, diz ele, quando o artista executa sua reprodução conformando-se às proporções[9] do modelo no comprimento, na largura, na profundidade[10], e quando, além disso, ele reveste ainda cada parte das cores que lhe convêm[11]. "Mas, pergunta Teeteto, não é o que todos os imitadores tentam fazer? – Não, responde o Estrangeiro, ao menos quando se trata de modelar ou pintar obras de grandes dimensões[12]. Porque se eles empregassem a proporção verdadeira das belas coisas, você sabe que as partes do alto pareceriam muito pequenas, e as de baixo muito grandes, pelo fato de que umas são vistas de longe, e as outras de perto. – Certamente. – Não é, portanto, verdadeiro que os artistas, hoje em dia[13], mandam a verdade passear, e não dão a suas obras as proporções que são belas, mas aquelas que parecerão ser? – Certamente." E Platão define, assim, uma segunda espécie de imitação: a arte fantasmagórica (φανταστικήν) ou, de preferência, a arte da aparência[14].

Desde 1591, este texto chamava a atenção do esteta Gregorio Comanini, que lhe dava, é verdade, uma interpretação no mínimo estranha ao distinguir os dois tipos de imitação ("una chiamata da lui nel *Sofista* rassomigliatrice overo icastica: e l'altra pur dal medesimo, e nel istesso Dialogo detta fantastica" ["uma, chamada por ele no *Sofista* semelhante ou icástica, e a outra, também pelo mesmo, e neste Diálogo, chamada fantástica"]) da seguinte maneira: "la prima è quella che imita le cose, le quali sono: la seconda è quella, che finge cose non essistenti[15]" ["a primeira é a que imita as coisas que são: a segunda é a que finge coisas não existentes"]. Vale mais se reportar à história da arte, o que nos mergulhará de imediato na ambiência do tempo.

Sabemos por Galeno[16] que Policleto[17] tinha escrito um tratado, o *Cânon*[18], no qual ensinava as proporções do corpo humano e definia a beleza pela justa proporção de todas as partes entre elas; o bem, dizia ele também, resulta de muitos números e depende de um nada: dito de outro modo, a perfeição da obra depende de tantas relações que a menor negligência é suficiente para comprometer o conjunto[19]. Seu sistema de medidas[20] se reencontra em suas estátuas, sobretudo no *Doríforo*, que por ele mesmo foi chamado o Cânon[21], e serve de modelo aos escultores. Mas logo os artistas não mais se contentaram em reproduzir fórmulas tornadas clássicas: estávamos cansados destas proporções um pouco pesadas e muito "quadradas"[22]. Eufânor, que por sua vez escreveu um tratado "de symmetria"[23], definiu então um cânon mais delgado, ao qual se reprovava a elegância exagerada do corpo e o volume considerável dos membros e da cabeça[24]. Por outro lado, Plínio, a quem devemos essas informações, nos ensina que Eufânor esculpiu colossos[25]. Enfim, Lisipo, de quem Platão pôde conhecer as primeiras obras, sem ir tão longe quanto Eufânor, modificou as proporções de Policleto pela aplicação de uma fórmula nova e mais elegante[26]. "Os antigos", dizia ele, – e Plínio, sem dúvida, aqui nada mais faz do que transcrever uma indicação dada por Xenócrates, aluno de Lisipo[27] – "representavam os homens como eram, e ele como pareciam ser[28]". Leiamos novamente nosso texto do *Sofista*: ἆρ' οὖν οὐ χαίρειν τὸ ἀληθὲς ἐάσαντες οἱ δημιουργοὶ νῦν οὐ τὰς οὔσας συμμετρίας ἀλλὰ τὰς δοξούσας εἶναι καλὰς τοῖς εἰδώλοις ἐναπεργάζονται ["Não é, portanto, verdadeiro que os artistas, hoje em dia, mandam a verdade passear, e não dão a suas obras as proporções que são belas, mas aquelas que parecerão ser?"]. Há entre a frase de Platão e a de Plínio uma analogia surpreendente, que um dia nos tocou a ponto de provocar o conjunto desta pesquisa. Nós de imediato supuséramos que aqui Platão pensava em métodos novos, como os de Eufânor e de Lisipo, em oposição aos de Policleto. Mas não gostaríamos de insistir muito nessa primeira aproximação, porque há uma outra que o contexto sugere: com uma anedota de Tzetzes, que se encontrará mais à frente (p. 59), e que visa às deformações praticadas pelos autores de estátuas colossais (Eufânor, como se viu, fazia parte deste grupo)[29].

A pintura se distancia cada vez mais da arte de Polignoto, simples desenho colorido[30], do qual se louvava antes de tudo a exatidão expressiva[31]. Ela se transforma principalmente sob a influência das inovações realizadas no teatro: Vitrúvio, no prefácio do livro VII de sua *Arquitetura*[32], nos diz que "o primeiro cenário[33] foi construído em Atenas, no tempo de Ésquilo[34], por Agatarco. Ele escreveu um tratado sobre esta arte, seguido por Demócrito e Anaxágoras, que trataram do mesmo assunto[35]". Uma anedota nos mostra Agatarco seqüestrado por Alcibíades, que só lhe devolve a liberdade após tê-lo feito decorar com afrescos sua casa[36]. Os procedimentos de Agatarco foram aperfeiçoados, no fim do século V, por Apolodoro, o *esquiagrafo*, que introduziu uma verdadeira revolução na arte da pintura: por *esquiagrafias* não se deve entender simples silhuetas, análogas às sombras projetadas sobre o muro da caverna no mito da *República*[37], mas cenários ou quadros onde o jogo de sombras e cores reproduz as aparências e dá, de longe, a ilusão da realidade[38]: pela primeira vez, via-se reproduzido sobre uma superfície plana o mundo exterior, com sua profundidade e sua coloração. Fortemente atacado pelos partidários e os imitadores de Polignoto[39], a Apolodoro seguiram-se Zêuxis[40] e Parrásio na via do *trompe-l'œil*: é conhecida a anedota da cortina de Parrásio e das uvas de Zêuxis, "uvas pictas tanto successu ut in *scaenam* aves advolassent" ["uvas pintadas com tal sucesso que os pássaros voavam até a *cena*"][41]: trata-se ainda de um cenário de teatro.

Continuemos agora a ler nosso texto do *Sofista*. Platão aí nos fala de pintores que mostram suas obras de longe[42], quadros que produzem uma impressão diferente de acordo com o local de onde são observados, grandes conjuntos que "deixam de se assemelhar ao belo, se nos é dada a faculdade de os contemplar convenientemente[43]". E se não se pronuncia a palavra σκιαγράφημα no *Sofista*[44], ela é muito freqüentemente encontrada nos diálogos[45]; assim, na oitava hipótese do *Parmênides*, se o Uno não é, os outros são como um quadro em que as sombras se exercitam (οἷον ἐσκιαγραφημένα); para quem dele se mantém distante, ele forma uma unidade homogênea; mas se dele se aproxima, tudo se dissolve: nada mais são do que massas que não se assemelham a nada[46]. Platão emprega freqüentemente esta comparação[47]; ela só se explica pelo progresso da pintura e por uma técnica de cenário que se é tentado a chamar de impressionista: a σκιαγραφία é, como diz Crítias, indistinta (de perto) e enganosa (de longe)[48].

Platão, assim, aqui parece opor claramente os antigos aos modernos[49]. Fala quase sempre de novas formas de arte com uma severa reprovação. Sem dúvida houve um momento (quando ele escreveu o *Político*), em que denunciou o perigo mortal de um conservadorismo excessivo, que codifica a arte segundo regras fixadas definitivamente e lhe interditam a pesquisa[50], mas, em geral, os argumentos opostos prevalecem. O que domina é a desconfiança em torno da mudança, qualquer que ela seja: "porque nós acharemos que, à parte os próprios males, a mudança é de longe o que há de mais perigoso no mundo, quer se trate de estações, dos ventos, dos regimes do corpo ou das disposições da alma...[51]" O abandono de um regime é sempre um manancial de problemas para o organismo, até que ele se acostume a uma nova alimentação; o mesmo ocorre no tocante à política, ao espírito e à alma do homem: é quando não há nem mesmo lembrança de um tempo em que as coisas eram diferentes do que são que as leis são mais respeitadas[52]. Platão também não admite que se introduza nenhuma mudança, sobretudo nos jogos das crianças, porque desse modo elas se habituam, sem dúvida nenhuma, a desprezar o antigo, a prezar o novo; modificam-se seus sentimentos[53]. É similar o efeito das inovações artísticas, sobretudo musicais: não se pode, dizia Damon, tocar nos modos musicais sem arruinar a constituição do Estado[54]. Mas se a importância das audições é capital, porque por elas o ritmo e a harmonia ou a suavidade se introduzem mais facilmente na alma[55], longe está a contemplação das obras de arte de ser desprovida de eficácia: quer se trate da pintura e de artes do mesmo grupo, ou mesmo da tecelagem, ou do bordado[56] e da fabricação de todos os objetos[57] (sem contar a própria natureza), por toda parte há conveniência ou incoveniência[58]. "Ora, a deformidade, a falta de medida e de harmonia são irmãs do mau espírito e do mau coração, seus contrários são os irmãos e as imitações do contrário, a natureza sábia e boa. – Perfeitamente. – Bastar-nos-á, pois, vigiar os poetas e os obrigar a introduzir em seus poemas[59] – sob pena de não os fazer entre nós – a imagem de uma natureza verdadeiramente boa, ou será preciso também vigiar os outros artistas e impedi-los de introduzir esta natureza má, indisciplinada, iliberal, informe, em seus quadros, suas construções e em todas suas obras? Aquele que disso não for capaz, não o deixaremos trabalhar entre nós, para evitar que os guardiães de nossa cidade, alimentados entre imagens do mal como entre más ervas, colhendo-as cada dia um pouco para delas se apascentar, terminem reunindo sem disso se aperceber um grande vício em suas almas. É preciso, ao contrário, procurar os artistas bem-nascidos, capazes de seguir pelas pegadas a natureza do belo e do conveniente, a fim de que os jovens, cercados de todos os lados por belas obras, submetam-se apenas a influências benéficas por tudo o que lhes atinge a vista e o ouvido, como se habitassem uma região saudável, onde sopra uma brisa vinda de felizes paragens, que traz a saúde, e que desde a infância sejam levados, sem se aperceber disso, para a semelhança, o amor e o acordo com a bela razão[60]. Uma tal educação, ele dizia, seria de longe a mais bela[61]".

Lendo estas páginas em que Platão parece estender à atmosfera artística as concepções hipocráticas do regime e do meio[62], naturalmente se é levado a evocar a pura beleza do estilo severo, a nobreza e a grandeza dos frontões de Olímpia, onde se viam os deuses ajudar os heróis em sua luta contra a ὕβρις[63], e a gravidade majestosa das esculturas do Partenão, onde se seria tentado a ver, segundo a frase de Platão, "a mais bela e melhor imitação da vida", se a frase pudesse se aplicar a outra coisa além da constituição ideal[64].

"Nós dizemos que o sábio[65] considera que a morte não deve ser temida pelo sábio, seu amigo? – Dizemos. – Ele, portanto, não se lamentará de sua sorte, como se tivesse sofrido algo terrível? – Certamente não[66]": não se pode dizer que ele não sofra, mas ele controla sua dor[67]. Reencontra-se esta serenidade no cemitério do Cerâmico – próximo da Academia – nestas estelas do século V, que deixam uma profunda impressão de apaziguamento melancólico[68]. Platão censura o teatro por pôr em cena preferencialmente os personagens que menos sabem dominar suas paixões, já que eles são os mais fáceis de imitar e os mais acessíveis ao público[69], como amaria o patético que aparece nas tumbas do século IV[70]? As sobrecargas de sua decoração carregada de ornamentos variados[71] não podiam convir à sobriedade de seu gosto, que reprovava o excesso de ποικιλία ["variedade"] sob todas suas formas: no livro XII das *Leis*, ele chega a prescrever não se elevar um túmulo tão importante que cinco homens não possam terminá-lo em cinco dias de trabalho[72], e não construir estelas maiores do que seja preciso para conter o elogio da vida do defunto em quatro versos heróicos, nada mais[73]. Esta legislação não devia permanecer teórica: Demétrio de Faleros nela se inspirou quando, no fim do século, promulgou seu decreto sobre as sepulturas[74].

Por outro lado, Platão se mostra partidário de uma arte hierática, imutável como a do Egito; "lá, diz o Ateniense das *Leis*[75], promulga-se uma lista descritiva das melhores obras expostas nos templos; não era permitido, nem é agora permitido, aos pintores e a qualquer um dos que executam figuras, quaisquer que elas sejam, inovar nem imaginar algo que não seja conforme a tradição ancestral. O observador lá encontrará objetos pintados ou modelados[76] há dez mil anos – e se digo dez mil anos, prossegue, não se trata de uma frase feita, mas da estrita verdade: estes objetos não são nem mais belos nem mais feios do que os de hoje, eles são executados de acordo com as mesmas regras". E os bons velhos exclamam diante desta "admirável obra-prima de legislação e de política". Os contos egípcios dos anciãos eram muitas vezes fantasistas[77]; mas trata-se aqui, como nos assinalou Picard, de um fato que Platão pôde constatar ao longo de suas viagens: a arte saíta, que se prolonga até o século IV, visa ao arcaísmo e imita a arte menfita do Antigo Império[78]. "Platão, escreveu G. Maspero, refletia sem dúvida o estado de espírito de seus contemporâneos do Egito quando ele vangloriava, como algo admirável, a constância pela qual executavam os mesmos tipos sem nenhuma mudança há séculos[79]". Ora, no mesmo momento, encontramos na arte helênica, quando os grandes mestres buscam novas vias, tendências arcaizantes que se manifestaram "desde o fim do arcaísmo[80]"; assim reaparece, transposto no domínio da arte, o conservadorismo político de Platão, que tanto teme a decadência.

Notas

[1] *República*, IV, 420c-d.

[2] Sobre a beleza da púrpura, cf. *Fédon*, 110c: "τὴν μὲν γὰρ ἁλουργῆ εἶναι καὶ θαυμαστὴν τὸ κάλλος ["pois aqui é púrpura e de uma beleza admirável"] (cf. *infra*, p. 132); ARISTÓTELES, περὶ αἰσθ ήσεως καὶ αἰσθητῷ, 439 b 33: τὰ ἥδιστα τῶν χρωμάτων εἶναι δοκοῦντα, οἷον τὸ ἁλουργὸν καὶ φοινικοῦν καὶ ὀλίγ'ἄττα τοιαῦτα ["julgam ser as cores mais agradáveis a púrpura, o escarlate e umas poucas outras]". DEMÓCRITO também fala da atração da púrpura (ἡδύ ...πρὸς τὴν αἴσθησιν ["agradável à sensação"]) 55 A 135, TEOFRASTO, *De sens.*, 77; cf. *infra*, p. 144, n. 60); mas para ele a mais bela cor se obtém por uma combinação de branco e vermelho com um pouco de verde (τὸ κάλλιστον χρῶμα κ. τ. λ., *ibidem*, 76) ["a mais bela cor"].

[3] Cf. Maxime COLLIGNON, *La Polychromie dans la sculpture grecque*, Paris, 1890 (com bibliografia); cf. Ch. DUGAS, art. Sculptura, *D. A.*, t. IV, 2, 1908 (p. 1.146 A, § VIII); W. DEONNA, *L'archéologie, sa valeur, ses méthodes*, Paris, 1912, t. II, p. 308-22; *Dédale ou la statue de la Grèce archaïque*, I, Paris, 1930, p. 141-7; Ch. PICARD, *Manuel d'archéologie, sculpture*, I, p. 206 e ss., 266, 604.

[4] Cf. H. LECHAT, *Au Musée de l'Acropole d'Athènes, études sur la sculpture en Attique avant la ruine de l'Acropole par l'invasion de Xerxès*, Paris, 1903, p. 248, n. 1.

[5] Ver algumas reproduções em cores segundo uma aquarela de GILLIÉRON nas *Antike Denkmäler*, t. I, Berlim, 1981, pr. 19 e 39 e p. 29; do mesmo modo em M. COLLIGNON, *Histoire de la sculpture grecque*, Paris, 1892, t. I, frontispício, cf. p. 346; e segundo uma aquarela de Marie Henriquez em Hans SCHRADER, *Auswahl archaïscher Marmorskulpturen im Akropolis Museum*, Viena, 1913, frontispício e pr. 18; cf. as apreciações de LECHAT, *op. cit.*, p. 258, n. 2. Encontra-se igualmente uma bela heliogravura na *Histoire du costume antique* de L. HEUZEY, Paris, 1922, pr. I, p. 16. O detalhe dos bordados foi reproduzido por W. LERMANN, *Altgriechische Plastik, Eine Einführung in die griechische Kunst des archaïschen und gebundenen Stils*, Munique, 1907, pr. I-XX. V. BÉRARD dá uma bela descrição destas "pequenas sacerdotisas em mármore [...] drapeadas em suas lãs tingidas, paramentadas por seus ornamentos pintados, sorrindo, um pouco maquiladas, elegantes, totalmente graciosas" (*Introduction à l'Odyssée*, Paris, 1924, t. II, p. 61); cf. Ch. PICARD, *La sculpture antique des origines à Phidias*, Paris, 1923,

p. 318-22; *A. G. S.*, I, p. 206 e ss. e 612 e ss. e pranchas p. 512 e 544. De modo semelhante os kouroi têm "os lábios vermelhos, a íris dos olhos vermelha, os cílios e as sobrancelhas pretos" (G. GLOTZ, *Histoire grecque*, Paris, 1925, t. I, p. 580); W. DEONNA, *Les Apollons archaïques*, Genebra, 1909, § VII, p. 47; cf. G. RICHTER, *Kouroi*, 1942. "O efebo loiro da Acrópole" (n. 698) tem o contorno dos olhos vermelho; a pupila é preta e a íris amarela, contornada por um círculo preto; a cabeça do cavaleiro Rampin, no Louvre, traz ainda traços de cor vermelha na barba e nos cabelos. Sobre o emprego do mármore, do marfim e do ouro por Fídias em sua estátua de Atenas, ver *Hípias Maior*, 290a-d.

6 "Hic est Nicias de quo dicebat Praxiteles interrogatus quae maxime opera sua probaret in marmoribus: quibus Nicias manum admovisset, tantum circumlitioni ejus tribuebat" ["Nícias é aquele de quem Praxíteles, indagadado sobre qual obra em mármore sua considerasse a melhor, dizia ser aquelas em que Nícias tivesse posto a mão, de tal modo aquele estimava-lhe o valor como colorista"]. PLÍNIO, *N. H.*, XXXV, 133; *R. M.*, p. 293, n. 373). É preciso distinguir claramente a γάνωσις, que consistia em endurecer com uma mistura de cera e óleo a estátua concluída para lhe dar a pátina, e a *circumlitio*, colorido que se aplicava sem dúvida até mesmo às carnes (ver G. RICHTER, Were the nude parts in Greek marble sculpture painted?, *M. M. S.*, t. I, parte I, 1929, p. 25-31, cf. uma nota de S. REINACH, *Polychromie, R. A.* (V série, 1929, t. XXXIX, I, p. 381) e Ch. PICARD, *A. G. S.*, I, p. 210 e III, p. 44.

7 Notadamente um relevo de Elêusis (cf. J. RODENWALDT, Fragment eines Votivreliefs in Eleusis, *J. A. I.*, t. XXXVI, 1921, p. 1-6 e pr. I, segundo uma aquarela de GILLIÉRON), e sarcófagos de Sidão (cf. HAMDY BEY e Th. REINACH, *Une nécropole royale à Sidon*, Paris, 1892, p. 252, Ch. PICARD, *La sculpture antique de Phidias à l'ère byzantine*, Paris, 1926, p. 74 e 134, n. 1; bibliografia, p. 77). Sobre a policromia das estelas, ver *infra*, p. 50, n. 72.

8 235d-236 c.

9 συμμετρίας.

10 Trata-se, portanto, da escultura em redondo. Sobre a conquista da terceira dimensão, desde antes de Lisipo, ver Florence H. ROBINSON, The tridimensional problem in Greek sculpture, *M. A. R.*, t. VII, 1929, p. 119-68.

11 Cf. *supra*, p. 29-30.

12 ...ὅσοι γε τῶν μεγάλων πού τι πλάττουσιν ἔργων ἢ γράφουσιν.

[13] Οἱ δημιουργοὶ νῦν. Talvez seja preciso ler com Heindorf οἱ δημιουργοὶ οἱ νῦν, os artistas de agora. Diès traduz νῦν por "de fato" (*Le Sophiste*, Ed. Budé, t. VIII, IIIᵉ Partie, Paris, 1925, p. 334), mas cf. *Hípias Maior*, 281d e 282a, em que os artistas de antigamente são opostos aos de hoje em dia: τοὺς νῦν δημιουργοὺς κ. τ. λ.; e *Leis*, XII, 967b, sobre as novas concepções astronômicas: τὸ νῦν ὄντως δεδογμένον ["o que hoje em dia é realmente reconhecido"].

[14] Ver *República*, X, 598a-b, 601b-c (*infra*, p. 109-10, n. 12). Ed. Bertrand preferia com razão a segunda maneira de traduzir φανταστικήν à primeira (*Études sur la peinture et la critique d'art dans l'antiquité*, Paris, 1893, p. 167, n. 3).

[15] *Il Figino*, Mantova, 1591, p. 28; cf. E. Panofsky, *Idea*, Leipzig-Berlim, 1924, n. 144, p. 97. Comanini podia pensar em φαντασίαι do gênero daquelas do pintor Téo de Samos, de que nos fala Quintiliano: "concipiendis visionibus, quas φαντασίας vocant, Theon Samius est praestantissimus" ["em conceber visões, a que chamam φαντασίας, Téo de Samos é o mais eminente"]. *Inst. Or.*, XII, 10, 6, cf. VI, 2, 29: "Quas φαντασίας Graeci vocant – nos sane visiones appellemus – per quas imagines rerum absentium ita repraesentantur animo, ut eas cernere oculis ac praesentes habere videamur." [O que os gregos denominam *phantasias*, nós de modo sensato chamamos *visões*, pelas quais as imagens das coisas ausentes são assim representadas pelo espírito, de modo que parecemos discerni-las pelos olhos e tê-las como presentes]. Cf. Ad. Trendelenburg, Φαντασίαι, Pr. W., 70, 1910, p. 3-4; B. Schweitzer, *Mimesis und Phantasia*, Philologus, 1934, p. 286-300. De modo semelhante, em Filóstrato, a um egípcio, que pergunta ironicamente se Fídias ou os outros artistas gregos foram ao céu e viram os deuses, Apolônio responde: φαντασία ταῦτα εἰργάσατο σοφώτερα μιμήσεως δημιουργός· μίμησις μὲν γὰρ δημιουργήσει ὃ εἶδεν, φαντασία δὲ καὶ ὁ μὴ εἶδεν κ. τ. λ. ["a imaginação, como um artesão, produziu coisas mais sábias do que a imitação: a imitação, com efeito, produzirá apenas o que viu, mas a imaginação também o que não viu"] (*Vit. Apoll.*, VI, 19; ver Panofsky, *op. cit.*, n. 37, p. 76; cf. *infra*, p. 53, n. 81 e p. 108, n. 3).

[16] Ver *infra*, p. 41, n. 21; cf. p. 91, n. 53.

[17] Platão o cita, assim como a Fídias, no *Protágoras*, 311c; cf. 328c, em que ele o compara a seus filhos: οὐδὲν πρὸς τὸν πατέρα εἰσίν ["nada são em comparação com o pai"].

[18] Sobre o cânon de Policleto, ver em *Archäologischer Anzeiger*, suplemento do *J. A. I.*, t. IV, p. 10, o resumo de uma comunicação de DIELS, que pensa aí encontrar uma influência pitagórica; e cf., do mesmo autor, *Antike Technik*, 3. ed., 1924, p. 17, assim como F. W. G. FOAT, *Anthropometry of greek statues*, I, The doctrine of the Canon, *J. H. S.*, t. 35, 1915, p. 225-30; K. SVOBODA, Polykleitov Kanon, *L. F.*, t. 54, 1927, p. VIII-IX e 305-16; W. DEONNA, *Dédale*, I, p. 298, n. 2 (bibliografia abundante); cf. p. 300 e n. 6; Ch. PICARD, *A. G. S.*, II, p. 221 e ss., 258 e ss., 285, 307.

[19] τὸ εὖ παρὰ μικρὸν διὰ πολλῶν ἀριθμῶν γίνεται ["o bem nasce em pouco por meio de muitos números"] (citado por FÍLON DE BIZÂNCIO, *Mech. synt.*, IV, 2, p. 50; DIELS, *Vors.*, 28 B, 2, l. 11 e n.); ATENEU atribui uma palavra análoga ao flautista Cafísia (*Deipnosph.*, Ed. Kaibel, Leipzig, 1890, t. 3, XIV, 629b: οὐκ ἐν τῷ μεγάλῳ τὸ εὖ κείμενον εἶναι ἀλλ'ἐν τῷ εὖ τὸ μέγα, κ. τ. λ. ["o bem não se encontra na grandeza, mas no bem a grandeza"]; cf. *Crátilo*, 436d: ὥσπερ τῶν διαγραμμάτων ἐνίοτε τοῦ πρώτου σμικροῦ καὶ ἀδήλου ψευδοῦς γενομένου, τὰ λοιπὰ πάμπολλα ἤδη ὄντα ἑπόμενα ὁμολογεῖν ἀλλήλοις ["como é às vezes nos diagramas geométricos; ocorrendo no início um erro pequeno e imperceptível, todo o restante que daí se deduz concorda entre si"]).

[20] Ver *infra*, p. 91 e n. 53.

[21] GALENO, *De plac. Hipp. e Plat.*, V, p. 425, 14, Müll. (DIELS, *Vors.*, 28 A 3): πάσας γὰρ ἐκδιδάξας ἡμᾶς ἐν ἐκείνῳ τῷ συγγράμματι (scil. ἐν τῷ Κανόνι) τὰς συμμετρίας τοῦ σώματος ὁ Πολύκλειτος ἔργῳ τὸν λόγον ἐβεβαίωσε δημιουργήσας ἀνδριάντα, κατὰ τὰ τοῦ λόγου προστάγματα καὶ καλέσας δὴ καὶ αὐτὸν τὰ τὸν ἀνδριάντα, καθάπερ καὶ τὸ σύγγραμμα, Κανόνα ["pois como nos ensinou em seu tratado todas as proporções do corpo, Policleto firmou em obra a argumentação, tendo produzido estátuas segundo a prescrição da argumentação e nomeado a estátua, assim como a obra, *Cânon*"].

[22] PLÍNIO, *N. H.*, XXXIV, 65: "quadratas veterum staturas" ["as estátuas de forma quadrada dos antigos"]. Sobre essas oscilações do gosto, que a história da arte tão freqüentemente constata, ver DEONNA, *op. cit.*, p. 303-8: os egeus e escultores arcaicos já tinham aplicado um cânon delgado. Cf. Ch. PICARD, *Manuel d'archéologie, sculpture*, I, p. 151; e ver o n. 2 da revista *Recherche* (1946) sobre primitivismo e classicismo, as duas faces da história da arte.

²³ PLÍNIO, *N. H.*, XXXV, 128: "Euphranor [...] volumina quoque composuit de symmetria et coloribus" ["Eufânor também compôs obras sobre a simetria e as cores"].

²⁴ *Ibid.*: "hic primus videtur expressisse dignitates heroum et usurpasse symmetriam, sec fuit in universitate corporum exilior et capitibus articulisque grandior" ["ele parece ter sido o primeiro a ter representado as dignidades dos heróis e usado a simetria, assim foi mais econômico na totalidade dos corpos e mais volumoso quanto às cabeças e aos membros"]. Cf. Ch. PICARD, *S. A.*, II, p. 135; *A. G. S.*, III, p. 857.

²⁵ *Ibid.*: "fecit et colossos et marmorea et typos sculpsit" ["fez também colossos e esculpiu estatuária e imagens"], etc.

²⁶ PLÍNIO, *N. H.*, XXXIV, 65, "Lysippus: statuariae arti plurimum traditur contulisse capillum exprimendo, capita minora faciendo quam antiqui, corpora graciliora siccioraque, per quae proceritas signorum major videtur. Non habet latinum nomen symmetria, quam diligentissime custodit nova intactaque ratione quadratas veterum staturas permutando" ["Diz-se que Lisipo contribuiu muito para a arte da escultura retratando o cabelo, fazendo cabeças menores do que as dos antigos, corpos mais esbeltos e mais magros, pois a estatura das imagens parece maior. A simetria não tem um nome latino, a qual ele preserva cuidadosamente com nova e intacta proporção, modificando as estátuas quadradas dos antigos"]. Cf. Ch. PICARD, *S. A.*, II, p. 139, 166, 170.

²⁷ Ver KALKMANN, *Die Quellen der Kunstgeschichte des Plinius*, Berlim, 1898, p. 70 e ss.

²⁸ PLÍNIO, *N. H.*, XXXIV, 65, "vulgoque dicebat ab illis factos esse quales essent homines, a se quales viderentur esse". Sobre esta frase de Lisipo, ver R. KEKULÉ, Über einem angeblichen Ausdruck des Lysipp, *J. A. I.*, VIII, 1893, p. 39-51.

²⁹ Cf. W. DEONNA, *Miracle grec*, II, p. 112.

³⁰ Tomamos emprestada a expressão de E. PFUHL, *Bemerkungen*, p. 3.

³¹ ARISTÓTELES recomenda aos jovens a contemplação de suas pinturas (*Política*, VIII, 5, 1340 a 36 e ss. (*R. M.*, n. 131): Δεῖ μὴ τὰ Παύσωνος θεωρεῖν τοὺς νέους, ἀλλὰ τὰ Πολυγνώτου καὶ εἴ τις ἄλλος τῶν γραφέων ἢ τῶν ἀγαλματοποιῶν ἐστιν ἠθικός ["é preciso que os jovens não contemplem as obras de Pausânias, mas as de Polignoto ou de algum outro pintor ou escultor que expresse caracteres éticos"]; cf. *Poét.*, VI, 1450 a 27 (*R. M.*, n. 133): ὁ μὲν γὰρ [Πολύγνωτος] ἀγαθὸς ἠθογράφος ["pois Polignoto é um bom pintor

de caracteres"]; cf. p. 17, n. 1. O caráter de suas obras foi aproximado ao da grande estatuária do século V, cf. E. POTTIER, *Catalogue des vases du Louvre*, III, L'école attique, Paris, 1906, p. 1050 e ss., 1063 e ss.; Um livro sobre Polignoto, *R. A.*, 1929, I, p. 365 (a propósito da obra de E. LÖWY, *Polygnot, ein Buch von griechischer Malerei*, Viena, 1929); cf. sobre Polignoto, E. PFUHL, *Materei*, t. II, § 688 e ss., p. 635 e ss. Platão alude a Polignoto no *Íon*, 532e, e sem dúvida também no *Górgias*, 448c, em que cita, como pintor, o irmão de Aristofão, filho de Aglaofão.

[32] VII, p. 11, § 11; DIELS, *Vors.*, 46 A 39; *R. M.*, n. 187.

[33] "Primum Agatharcus Athenis... scaenam fecit." Sobre o sentido da expressão "scaenam facere", ver E. PFUHL, Apollodoros ὁ σκιαγράφος, *J. A. I.*, XXV, 1910, p. 12; *Malerei*, § 723, p. 665-6, cf. 615, 674. Os resultados de longas controvérsias que ocorreram acerca da cena trágica foram resumidos por FRICKENHAUS, art. Skene, em PAULY (III, A, 1927, p. 470 e ss.); trata-se provavelmente de uma armação de madeira equipada com cortinas decoradas com pintura; cf. NAVARRE, art. Theatrum, *D. A.*

[34] "Æschylo docente tragœdiam" ["quando Ésquilo representou uma tragédia"]. Aristóteles atribui a Sófocles o mérito de ter introduzido a arte do cenário no teatro (*Poética*, IV, 1449 a 19: ...τό τε τῶν ὑποκριτῶν πλῆθος ἐξ ἑνὸς εἰς δύο πρῶτος Αἰσχύλος ἤγαγε [...] τρεῖς δὲ καὶ σκηνογραφίαν Σοφοκλῆς) ["Ésquilo foi o primeiro que elevou de um a dois o número de atores [...] Sófocles introduziu três atores e a cenografia"]; mas se admite geralmente que se trata dos últimos anos de Ésquilo, que tomou emprestado da arte do afresco uma de suas mais belas comparações (*Agamenon*, v. 1328-1329; ver L. SÉCHAN, *Études sur la tragédie grecque dans ses rapports avec la céramique*, Paris, 1926, p. 1112, cf. p. 50, n. 1 e 557).

[35] Ver a continuação deste texto, *infra*, p. 56 e 65, n. 15.

[36] PSEUDO-ANDÓCIDO, *c. Alcibíades*, § 17, Ed. Dalmeyda, Col. Budé, 1930, p. 119 (*R. M.*, n. 183); PLUTARCO, *Alcib.*, 16 (*R. M.*, n. 184). Agatarco era igualmente conhecido pela rapidez do seu trabalho, do qual ele era extremamente orgulhoso: Ἀγαθάρχου τοῦ ζωγράφου μέγα φρονοῦντος ἐπὶ τῷ ταχὺ καὶ ῥᾳδίως τὰ ζῷα ποιεῖν ["orgulhando-se o pintor Agatarco por compor as imagens com rapidez e facilidade"], diz PLUTARCO (*Péricles*, 13; *R. M.*, n. 185, p. 178; cf. *Sofista*, 234a: καὶ τοίνυν καὶ ταχὺ ποιήσας αὐτῶν ἕκαστα ["e certamente tendo feito cada uma delas rapidamente"]).

Assinalemos, pelo seu valor ao menos sugestivo, os afrescos, pintados em encáustica, e inspirados em vasos antigos, que decoram em Beaulieu-sur-Mer a vila Kerilos.

[37] Sobre este "teatro de sombras", ver A. Diès, Guignol à Athènes (*B. B.*, n. 14, jan. 1927, p. 6 e ss.); também Guignol (*ibid.*, n. 15, abril 1927, p. 38 e ss.). Existiu, além disso, um "desenho por sombras projetadas entre os gregos": ver o estudo publicado sob este título por M. E. Pottier, *R. É. G.*, 1898, p. 355; cf. *infra*, p. 110, n. 20, e nosso *Fabulation platonicienne*, p. 61.

[38] "Primus *species* (as aparências) exprimere constituit primusque gloriam penicillo jure contulit" ["foi o primeiro que decidiu representar as aparências e o primeiro que com justiça levou a glória ao pincel"], diz dele Plínio (*N. H.*, XXXV, 60, *R. M.*, n. 193), e Plutarco: ἀνθρώπων πρῶτος ἐξευρὼν φθορὰν καὶ ἀπόχρωσιν σκιᾶς ["tendo sido o primeiro dos homens a ter descoberto a gradação das cores e a dar sombreado a uma tela"] (*De Glor. Ath.*, 2; *R. M.*, n. 194; cf. *infra*, p. 44, n. 39). Sobre o efeito produzido de longe, cf. Aristóteles, *Retórica*, III, 1414a. Os lexicógrafos assimilam σκιαγραφίαν a σκηνογραφίαν (Hesychius, *s. v.* σκιά, *R. M.*, n. 195; Fótio); e Pfuhl acreditou poder estabelecer, num estudo em que reuniu todos os textos importantes, que *esquiagrafia* significava pura e simplesmente perspectiva (Apolodoro ὁ σκιαγράφος, *J. A. I.*, XXV, 1910, p. 12 e ss., notadamente p. 15 e 22), mas ele foi levado depois a reconhecer a importância que deve ter tido o colorido na obra de Apolodoro (*Skiagraphia*, *J. A. I.*, t. XXVII, 1912, p. 227-31, cf. R. Schöne, *ibid.*, p. 19-23; *Malerei*, t. II, § 670-1 (p. 620-1), § 734 e ss. (p. 674 e ss.); § 738 (p. 677-8); *Bemerkungen*, p. 3). Platão, além do mais, atribui certas ilusões sobre as quais repousa a *esquiagrafia* às cores que enganam a visão (*República*, X, 602c: τὴν περὶ τὰ χρώματα αὖ πλάνην τῆς ὄψεως) ["devido a uma errância da visão em torno das cores"]. Pode-se lembrar aqui a distinção da perspectiva geométrica e da perspectiva aérea (ver J. Moreau, *La construction de l'idéalisme platonicien*, Paris, 1939, p. 320, n. 1).

[39] Plutarco nos transmitiu sua orgulhosa resposta às críticas que lhe eram feitas: μωμήσεταί τις μᾶλλον ἢ μιμήσεται, "ralhar-me-ão mais facilmente do que me imitarão" (*De Glor. Ath.*, 2; *R. M.*, n. 194).

[40] Platão o nomeia no *Górgias*, 453c, como pintor de figuras animadas (ὁ τὰ ζῷα γράφων, cf. *infra*, p. 93, n. 63 e 64) e o cita no *Protágoras*, 318b-c, sob o nome de Zeuxipo, como um jovem pintor que acaba de chegar de Heracléia em Atenas.

[41] PLÍNIO, *N. H.*, XXXV, 36, 5 e *R. M.*, n. 236. A pintura, dizia Parrásio, deve mostrar até o que ela esconde: "ostendatque etiam quae occultat" ["e também mostra o que oculta"] (*ibid.*, XXXVI, 8). Cf. G. LEROUX, *Lagynos*, Paris, 1913, p. 120: "Dar, pela cor e pelo jogo de sombras, a ilusão perfeita do relevo e da realidade, tal era, parece, o ponto mais alto da arte e o objetivo a que o pintor devia se propor".

[42] 234b: πόρρωθεν τὰ γεγραμμένα ἐπιδεικνύς. Cf. *República*, X, 598c: πόρρωθεν ἐπιδεικνύς.

[43] 236b: cf. PFUHL, *Apollodoros*, p. 18; A. REINACH, *R. M.*, p. 47, n. 2.

[44] Ela também não é citada numa passagem das *Leis* que lembra singularmente a frase de Plutarco sobre Apolodoro (ver n. 39): "tu sabes, parece que não há limite no trabalho dos pintores para cada um de seus assuntos; parece que eles não devem jamais parar de trabalhar em tons e valores (χραίνειν ἢ ἀποχραίνειν) e por quaisquer outros termos com que as designem" (VI, 769a). No seu *Léxico*, TIMEU explica a diferença dos dois termos da seguinte maneira: παρὰ τοῖς ζωγράφοις λέγεται τὸ μὲν χραίνειν τὸ χρώζειν διὰ τοῦ ῥαβδίου, τὸ δὲ ἀποχραίνειν τὸ τὰ χρωσθέντα ἑνοποιεῖν ["entre os pintores é dito dar tonalidade o colorir esbatendo com esfuminho; mas tingir o colorir que cria unidade"] (*Appendix Platonica*, p. 264 [408], na edição dos *Diálogos* de Platão por Hermann, vol. VI. Cf. H. BLÜMNER, *Technologie und Terminologie der Gewerbe und Künste bei den Griechen und Römern*, Leipzig, 1886, t. IV, p. 427, n. 6; PFUHL, *Apoll.*, p. 24; *R. M.*, p. 15, n. 6). Seria assim tentador traduzir ἀποχραίνειν por "encausticar "; mas cf. *República*, IX, 586b-c, nota seguinte.

[45] Nos textos seguintes, a palavra é empregada no sentido de *trompe-l'œil* (cf. PFUHL, *Apoll.*, p. 17): *Fédon*, 69b (...μὴ σκιαγραφία τις ᾖ τοιαύτη ἀρετή) ["[...] tal virtude é apenas uma pintura ilusória"]; *República*, II, 365c, IX, 583b e, sobretudo, IX, 586b-c, sobre os falsos prazeres, imagens ilusórias do prazer verdadeiro, que só sua justaposição valoriza, dando a cada uma uma vivacidade aparente: εἰδώλοις τῆς ἀληθοῦς ἡδονῆς καὶ ἐσκιαγραφημέναις, ὑπὸ τῆς παρ' ἀλλήλας θέσεως ἀποχραινομέναις ὥστε σφοδροὺς ἑκατέρας φαίνεσθαι ["fantasmas do prazer verdadeiro, esboços que tiram a sua cor da justaposição uns dos outros, de maneira que cada um deles pareça mais avivado"]. Cf. 585a, sobre o cinza (φαιόν, cf. *Timeu*, 68c), que perto do preto parece branco.

[46] 165c-d.

[47] A comparação do *Parmênides* se reencontra no *Teeteto*, 208e: Νῦν δῆτα, ὦ Θεαίτητε, παντάπασιν ἔγωγε, ἐπειδὴ ἐγγὺς ὥσπερ σκιαγραφήματος γέγονα τοῦ λεγομένου, συνίημι οὐδὲ σμικρόν · ἕως δὲ ἀφειστήκη πόρρωθεν, ἐφαίνετό τί μοι λέγεσθαι ["Teeteto, agora que me encontro mais perto da nossa definição, não entendo absolutamente nada. É como uma pintura de cena: enquanto me mantinha à distância, parecia-me dizer alguma coisa"]. Cf. EURÍPIDES, *Hécuba*, v. 807-8: "Distancia-te, como um pintor, para examinar os males que me afligem", ὡς γραφεύς τ' ἀποσταθεὶς κ. τ. λ. – Nas *Leis* (II, 663c), após ter lembrado que as coisas vistas de longe causam vertigem (σκοτοδινιᾶν), sobretudo às crianças, ele compara justiça e injustiça a dois quadros (ὡς ἐσκιαγραφημένα), que produzem um efeito oposto de acordo com o ponto de vista em que alguém se encontra colocado: do ponto de vista do injusto e do mau, a injustiça parece bela e muito feia a justiça; do ponto de vista do justo (ἐκ δὲ δικαίου), é totalmente o inverso. Cf. *Filebo*, 41e-42a: ἐν μὲν ὄψει τὸ πόρρωθεν καὶ ἐγγύθεν ὁρᾶν τὰ μεγέθη τὴν ἀλήθειαν ἀφανίζει καὶ ψευδῆ ποιεῖ δοξάζειν ["na visão, ver de perto ou de longe as grandezas afasta a verdade e faz ter falsas opiniões"].

[48] 107d: σκιαγραφίᾳ δὲ ἀσαφεῖ καὶ ἀπατηλῷ; trata-se da pintura de paisagem, que Platão aqui opõe ao retrato, muito mais difícil de executar a ponto de parecer semelhante e de propiciar satisfação: "a terra, as montanhas, os rios, e as florestas, o céu com tudo o que existe e perece a seu redor, todos nós somos felizes desde que se chegue a reproduzir algo disso, ainda que com a mais fraca semelhança. Além disso, como nós não temos nenhum conhecimento preciso sobre estes assuntos, dele não fazemos nem exame preciso, nem crítico destas figuras". Reencontram-se alusões aos assuntos tratados por estes pintores no *Sofista*, 234a: ζῴων αὐτὸν εἶπες ποιητήν. – Φημί, καὶ πρός γε θαλάττης καὶ γῆς καὶ οὐρανοῦ καὶ θεῶν καὶ τῶν ἄλλων συμπάντων ["pois disseste que eras um fabricante de seres vivos. – Sim, e de mar, terra, céu, deuses e de todas as demais"] – e na *República*, X, 596c: ὁ αὐτὸς γὰρ οὗτος χειροτέχνης οὐ μόνον πάντα οἷός τε σκεύη ποιῆσαι, ἀλλὰ καὶ τὰ ἐκ τῆς γῆς φυόμενα ἅπαντα ποιεῖ καὶ ζῷα πάντα ἐργάζεται, τά τε ἄλλα καὶ ἑαυτόν, καὶ πρὸς τούτοις γῆν καὶ οὐρανὸν καὶ θεοὺς καὶ πάντα τὰ ἐν οὐρανῷ καὶ τὰ ἐν Ἅιδου ὑπὸ γῆς ἅπαντα ἐργάζεται ["efetivamente, esse artífice não só é capaz de executar todos os objetos, como modela todas as plantas e fabrica todos os seres animados, incluindo a si mesmo, e,

além disso, faz a terra, o céu, os deuses e tudo quanto existe no céu e no Hades, debaixo da terra"]. Esta última frase alude sem dúvida a quadros do gênero da *Nekyia* de Polignoto.

[49] Um estudo da atitude de Platão no tocante à música conduz aos mesmos resultados: encontram-se na *República* (III, 395d-e, 396b, 397a) e sobretudo nas *Leis* (em particular II, 669b-670a e III, 700a-701a) alusões muito claras às inovações realizadas pelos Frínios, os Timóteos, os Filóxenos, e fortes críticas. Propusemos no *II Congresso Budé* (Nice, 1934) uma comunicação concernente a este assunto, sobre o qual nos propomos a retornar ulteriormente.

[50] Ver p. 10-1 e 14, e Apêndice IX.

[51] *Leis*, VII, 797d-e; cf. o tratado hipocrático *Do Regime nas enfermidades agudas* (περὶ διαίτης ὀξέων), § 3, L. II, p. 282: ...αἱ ἐξαπιναῖοι μεταβολαὶ βλάβας καὶ ἀρρωστίτιην παρέχουσιν ["...as mudanças súbitas prejudicam a saúde e causam fraqueza"]; cf. § 12, p. 318 L. e ss., principalmente p. 324.

[52] *Leis*, VII, 797e-798b.

[53] *República*, IV, 424b-425; *Leis*, VII, 798d-e.

[54] *República*, IV, 424c.

[55] *República*, III, 401d, 411b; VIII, 549b; *Leis*, II, 669b. Cf. *Protágoras*, 326b. Sobre a maneira pela qual o som é transmitido até a alma, ver *Timeu*, 67b.

[56] PLATÃO fala dos mantos mesclados, ornados com flores variadas, que são admirados por mulheres e crianças (*República*, VIII, 557c: ὥσπερ ἱμάτιον ποικίλον πᾶσιν ἄνθεσι πεποικιλμένον... ["tal como um manto de muitas cores, matizado com toda a espécie de tonalidade ..."]; cf. sobre estes modos jônicos P. CLOCHÉ, *Les Classes, les Métiers, le Trafic*, Paris, 1931, p. 6-7, na coleção "Vie publique et privée des anciens Grecs", t. V) – e lendas variadas que os artistas representam até mesmo sobre o véu de Atena (*Eutífron*, 6c; cf. *República*, II, 378c).

[57] Cf. *Fédon*, 86c: αἱ ἄλλαι ἁρμονίαι αἵ τ' ἐν τοῖς φθόγγοις καὶ ἐν τοῖς τῶν δημιουργῶν ἔργοις πᾶσι: não há harmonia apenas nos sons, mas em todas as obras dos artesãos – bastaria, para disso se convencer, lançar os olhos sobre estes vasos de uso corrente, ânforas, hídrias, píxides, enócoas etc., cujas proporções os estetas modernos tentam exprimir (cf. L. D. CASKEY, *Geometry of Greek Vases*, Boston, 1929; Jay HAMBIDGE, *Dynamic symmetry*, New Haven, 1920; Cambridge,

1923). Edm. POTTIER sublinhou o valor eminente que era atribuído à forma do vaso, à pureza do galbo, sem contar com toda a decoração figurada (*Catalogue*, III, p. 698-700, 750); foi igualmente assinalado que a separação entre belas-artes e técnicas não existia, de modo algum, para os antigos (*Le dessin chez les Grecs d'après les vases peints*, Paris, 1926, p. 2 e 3). Cf. nossa nota sobre belas-artes e ofícios (*Machinisme et philosophie*, 2. ed., p. 109). No entanto, na hierarquia das almas do *Fedro* (248e), o artesão é colocado no sétimo lugar, ao lado do agricultor, e aquele que se ocupa da imitação em sexto, ao lado do poeta (ἕκτῃ ποιητικὸς ἢ τῶν περὶ μίμησίν τις ἄλλος ἁρμόσει, ἑβδόμῃ δημιουργικὸς ἢ γεωργικός ["a sexta, a um poeta ou a algum outro dos que se ocupam da imitação convirá; a sétima, a um artesão ou agricultor"] ver *infra*, p. 111-2, n. 31 e cf. p. 119, n. 85, sobre a βαναυσία); mas, em geral, a palavra demiurgo designa, não só artesãos, mas também pintores e escultores. Cf. *Górgias*, 503e: Οἷον εἰ βούλει ἰδεῖν τοὺς ζωγράφους, τοὺς οἰκοδόμους, τοὺς ναυπηγούς, τοὺς ἄλλους πάντας δημιουργούς κ. τ. λ. ["por exemplo, se quiseres, observa os pintores, os arquitetos, os construtores de navio e todos os outros *demiourgoí*"]: cada um trabalha em sua obra para que tudo se ajuste e que o conjunto seja construído com uma ordem harmoniosa. Por outro lado, todos os "demiurgos", propriamente falando, são "poetas", sendo suas obras criações; mas assim são chamados apenas os que se ocupam de música e de métrica (*Banquete*, 205c). É preciso notar que, na cidade das *Leis*, todos os utensílios e objetos mobiliários (σκεύη) terão suas medidas e suas dimensões reguladas, assim como os pesos e as moedas serão comensuráveis e proporcionais (V, 746e). Há aí uma curiosa aparição da noção de padronização.

[58] εὐσχημοσύνη ἢ ἀσχημοσύνη (*República*, 401a).

[59] Sobre a questão do teatro e da poesia, ver *infra*, p. 62; cf. F. STÄHLIN, *Die Stellung der Poesie in der platonischen Philosophie*, 1901; W. CHASE GREEN. Plato's view of poetry (*Harvard Studies*, I, 29, 1918, p. 1-75); G. COLIN, Platon et la poésie, *R. É. G.*, 1928, (t. XXXI, p. 1-72). V. GOLDSCHMIDT, Le problème de la tragédie d'après Platon, *R. É. G*, 1948, I, p. 19 e ss. Ver ainda J. HARTLAND-SWANN, Plato as Poet, *Philosophy*, 1951, 2, p. 3-18 e 131-41. A atitude de Platão a este respeito se inspira na de Sólon que foi, como ele gosta de lembrar (*Timeu*, 20e), parente de seus ancestrais: de acordo com PLUTARCO, Sólon perguntou a Térpis se ele não tinha vergonha de reproduzir, como ele fazia, ficções mentirosas: "Onde está o mal, respondeu Térpis, se é

brincadeira?" Sólon bateu na terra com seu bastão: "A conduta que admirates em vossos jogos, ele disse, logo se encontrará em vossos contratos." (*Sólon*, 29).

[60] A metáfora da criação de animais ocorre com freqüência em Platão: cf. *República*, III, 413d, ὥσπερ τοὺς πώλους ["como os potros"]; cf. *Leis*, II, 666e [Tradução de R. B.].

[61] A contemplação de tais obras-primas é tão benéfica que Platão não quer reservar egoisticamente o deleite delas aos cidadãos de seu Estado; apesar das precauções que lhe dita sua desconfiança para com os estrangeiros, ele decididamente se propõe a facilitar o acesso aos que querem ver ou ouvir as obras que realçam as Musas: é preciso que, para eles, sejam preparadas instalações próximas dos templos; é preciso que os sacerdotes e os guardiães dos templos (νεωκόρους) deles se ocupem com cuidado, de modo que, após uma estada de uma duração razoável, retornem após ter visto e ouvido aquilo pelo que tinham vindo sem ter feito nem sofrido nenhum mal. (*Leis*, XII, 953a-b). Cf. *supra*, p. 18.

[62] *República*, III, 401a-d; cf. *Leis*, II, 656c. ARISTÓTELES, na *Política*, proscreve as obras licenciosas, excetuando apenas alguns cultos consagrados: ἐπιμελὲς μὲν οὖν ἔστω τοῖς ἄρχουσι μηθέν μήτε ἄγαλμα μήτε γραφὴν, εἶναι τοιούτων πράξεων μίμησιν ["que fique a cargo dos magistrados não haver nem imagem nem pintura que seja imitação de tais ações"] (II, 15, 1336b, 14 e ss.; *R. M.*, n. 36, cf. 131; ver *supra*, p. 42-3, n. 31). ELIEN declara ter ouvido dizer que em Tebas uma lei prescrevia aos artistas imitar ἐς τὸ κρεῖττον, no bom sentido, e ameaçava com sanções os contraventores (*V. H.*, IV, 4).

[63] Sobre a influência do clima e sobre estas paragens em que aflora um sopro divino, θεία τις ἐπίπνοια, ver *Leis*, V, 747d-e; cf. HIPÓCRATES, περὶ ἀέρων ὑδάτων τε καὶ τόπων ["sobre ar, águas e lugares"], 24, Littré, II, p. 90; Heiberg, p. 77, l. 22-4: εὑρήσεις γὰρ ἐπὶ τὸ πλῆθος τῆς χώρης τῇ φύσει ἀκολουθέοντα καὶ τὰ εἴδεα τῶν ἀνθρώπων καὶ τοὺς τρόπους ["pois, em geral, encontrarás semelhantes à natureza da região as compleições e os modos dos homens"], cf. § 13, p. 58 L., 68 H.

[64] Ver E. BUSCHOR e R. HAMANN, *Die Skulpturen des Zeustempels zu Olympia*, Marburg a. L., 1924; G. RODENWALDT, Bemerkungen zu den Skulpturen Von Olympia, *J. A. I.*, t. XLI, 1926, p. 232-5; Ch. PICARD, *Manuel d'archéologie, sculpture*, II, p. 190 e ss.

[65] *Leis*, VII, 817b: ...πᾶσα οὖν ἡμῖν ἡ πολιτεία συνέστηκε μίμησις τοῦ καλλίστου καὶ ἀρίστου βίου... ["...para nós, portanto, a constituição é estabelecida como imitação da melhor e mais bela vida..."]. Sobre Fídias, ver *Mênon*, 91d: Φειδίαν... ὃς οὕτως περιφανῶς καλὰ ἔργα εἰργάζετο ["Fídias... que realizou obras extraordinariamente belas"] (Protágoras sozinho, diz Sócrates, obteve mais riquezas que Fídias e dez outros escultores juntos); Ch. PICARD, *S. A.*, II, p. 308 e ss.

[66] ὁ ἐπιεικὴς ἀνήρ.

[67] *República*, III, 387d-e.

[68] *República*, X, 603e.

[69] Sobre o caráter destas esculturas e o espírito que as anima, ver F. RAVAISSON, *Le Monument de Myrrhina et les bas-reliefs funéraires des Grecs en général*, Paris, 1876; A. FURTWAENGLER, *La Collection Sabouroff, Monuments de l'art grec*, Berlim, 1883-1887, Introdução, p. 16 e sobretudo p. 46 e ss.; P.-L. COUCHOUD, L'Interprétation des stèles funéraires attiques, *R. A.*, 1923, t. II, p. 99 e ss., 223 e ss. (inacabado); P. DEVAMBEZ, Sur une interprétation des stèles funéraires attiques, *B. C. H.*, 1930, I, p. 210-27; H. DIEPOLDER, *Die attischen Grabreliefs*, Berlim, 1931; E. BUSCHOR, *Grab eines attischen Mädchens*, Munique, 2. ed., 1941; Ch. PICARD, *A. G. S.*, II, p. 240 e ss., 797 e ss., III, p. 10, e De la stèle d'Ameinocleia à la ciste "prénestine"; G. RADEKE, *R. É. G.*, t. LIX-LX, 1946-47, p. 210 e ss. As interpretações diferem, mas todas reconhecem a serenidade e a paz que se imprimem nestas cenas sepulcrais.

[70] *República*, X, 604e e ss.; cf. *infra*, p. 62.

[71] Cf. PICARD, *S. A.*, II, p. 160; *A. G. S.*, III, p. 10 e ss., 166, 172 e ss.

[72] V. HOLWERDA, *Die attischen Gräber der Blüthezeit*, Leiden, 1899, § 166, p. 133; M. COLLIGNON, *Les statues funéraires dans l'art grec*, Paris, 1911, p. 94-6; e cf. PICARD, *S. A.*, II, p. 159: "É a época em que a decoração se tornou complexa e disseminou em profusão os modelos de estelas ornadas com rosáceas, ou ricamente coroadas de antêmios em ramos e acantos; as cenas esculpidas se enquadram num *naïskos* cada vez mais arquitetônico; as tumbas se cobrem, às vezes, de grandes vasos de mármore, lécitos ou loutróforos, de dimensões colossais, e que recebem eles próprios uma decoração esculpida." Os monumentos funerários eram coloridos como os outros: um vaso pintado do Vaticano representa um jovem prestes a decorar com a ajuda

de um pincel um listel sobre uma estela (Ed. GERHARD, *Festgedanken an Winckelmann*, Berlim, 1841, pr. II, n. 2; W. HELBIG, *Guide dans les musées d'archéologie classique de Rome*, traduzido para o francês por J. TOUTAIN, Leipzig, 1893, t. II, p. 279, n. 163); cf. *supra*, p. 39, n. 7.

73 Estelas e estátuas se erguiam sobre bases muitas vezes consideráveis: assim, a tumba de Dioniso, do demo de Colito, clerúquia ateniense de Samos, era situada sobre "um terraço vigiado por dois leões de mármore e dominada por um pedestal contendo uma estátua de um boi" (COLLIGNON, *op.cit.*, p. 95-6).

74 *Leis*, XII, 958e-959a; cf. IV, 717d-e, 719d. Quanto aos suicidas, eles não terão sobre suas tumbas nem inscrição nem estela (IX, 873d). Para a lei de Platão sobre os funerais, ver P. BOYANCÉ, *Le culte des Muses chez les philosophes grecs*, Paris, 1937, p. 269; e O. REVERDIN, *La religion de la cité platonicienne*, Paris, 1945, p. 107 e ss., 125 e ss., 251 e ss.

75 Cf. CÍCERO, *De Leg.*, II, 26, 66; já havia sido anteriormente interdito "ne quis sepulcrum faceret operosius quam anod decem homines effecerent triduo" ["que alguém construísse um sepulcro que necessitasse mais do que três dias de trabalho de dez homens"], cf. HAMDY BEY e Th. REINACH, *op. cit.*, p. 184; COLLIGNON, *l. c.*, n. 3. WILAMOWITZ ressalta que a bela escultura funerária desapareceu com a aplicação deste decreto de inspiração platônica (*Platon²*, I, Berlim, 1920, p. 702); ele acrescenta que quando Platão recomenda, como oferenda aos templos, quadros que o pintor termina num dia (ver *Leis*, XII, 956b), é o fim não apenas do luxo, mas da arte (*ib.*, p. 703, n. 2). Sobre as pinturas votivas, cf. EMPÉDOCLES, DIELS, *Vors.*, 21, B, 128, 5:

τὴν οἵ γ' εὐσεβέεσσιν ἀγάλμασιν ἱλάσκοντο
γραπτοῖς τε ζώιοισι...

Cf. *infra*, p. 144-5, n. 62. ["Esta com piedosas oferendas propiciavam,/ com pinturas de animais e perfumes de rica fragrância...". Tradução de J. C. de Souza].

76 *Leis*, II, 656d-657a. Cf. *infra*, p. 90, n. 40; e Apêndice IX, p. 137.

77 τετυπωμένα. Uma inscrição nos ensina que Timóteo tinha preparado, para a decoração escultural do templo de Epidauro, τύποι. A palavra suscitou uma longa controvérsia; por ela entendem-se geralmente maquetes. Ver Ch. PICARD, *Bulletin archéologique* da *R. É. G.*, 1926, p. 146; 1928, p. 260; 1929, p. 151; 1930, p. 103, e cf. em particular G. LIPPOLD, Τύποι, *J. A. I.*, XL, 1925, p. 206; K. A. NEUGEBAUER,

Timotheos in Epidauros, *J. A. I.*, XLI, 1926, p. 82-93. PFUHL opõe τύπος, "esboço", a παράδειγμα, "modelo acabado" (Bemerkungen, *J. A. I.*, XLIII, 1928, p. 3, n. 2); A. VON BLUMENTHAL dá à palavra o sentido de molde, relevo côncavo, relevo, estátua (Τύπος *und* Παράδειγμα, H., t. LXIII, 1928, p. 391-415). Cf. *Teeteto*, 191d e ss. e *Timeu*, 50c (citado *infra*, p. 116-7, n. 70). Um sentido mais próximo de molde, moldura, aparece em *República*, II, 379 e nas *Leis*, IX, 876c, onde a palavra é aproximada de περιγραφή e de παράδειγμα.

[78] Cf. *Fedro*, 275b; ver ISÓCRATES, *Busiris* (Ed. Mathieu e Brémond, Col. G. Budé, t. I, Paris, 1928, p. 191 e ss.

[79] Cf. G. MASPERO, *Le Musée égyptien*, Cairo, 1904, t. II, p. 87: "Admite-se comumente que a arte saíta é uma espécie de renascimento da velha arte menfita, e que ela deve a fineza e a graça que a caracterizam à imitação direta das obras-primas esparsas nos edifícios do Antigo Império [...] Para dizer a verdade, não parece que os estereótipos primitivos tivessem sido abandonados completamente... mas sob a dinastia de Amósis e de Ramsés, a influência tebana os tinha sobrecarregado de detalhes estranhos à sua concepção primitiva." Cf. Ch. PICARD, *S. A.*, I, p. 114, a propósito do retrato da rainha Ameniritis, no Cairo, e de obras análogas: "Há ali, no período da XXV Dinastia, como as formas diversas de uma curiosa necessidade de arcaísmo artificial que apreende uma sociedade decadente."

[80] *Égypte, Histoire générale de l'art* (Col. "Ars Una", Paris, 1912, p. 266). Após ter mostrado que a arte saíta estabelece sua representação da forma humana "a partir de desenhos de mestres e cadernetas de modelos, muito mais que a partir do estudo da natureza" (p. 259), MASPERO ressalta ao mesmo tempo a beleza de certas obras – "muitas destas peças são obras-primas, e tal cabeça de leoa ou tal imagem de boi do nosso museu do Cairo nada devem invejar, quanto à delicadeza do toque, ao que conheço de melhor no templo de Abidos ou na tumba de Séti I" (p. 265-6) – e os perigos do método empregado: "não é bom para um aprendiz ter apenas que transcrever modelos supostamente tão perfeitos [...] Se, graças à beleza dos estereótipos em uso, o último período da arte saíta manteve uma aparência elegante, logo não lhe restou mais nada de sua originalidade primeira e de sua força criadora" (p. 266). Sobre a evolução da arte egípcia no fim do século IV, ver Gust. LEFEBVRE, *Le tombeau de Pétosiris*, Cairo, 1924, cap. III. Cf. Ch. PICARD, Les Influences étrangères au tombeau de

Pétosiris, Grèce ou Perse? (*B. J. O. Mélanges Loret*), 1930, t. XXX, p. 201 e ss. Ver também, sobre os cadernos de modelos e os quadriculados, o Problèmes d'esthétique égyptienne de Jean CAPART em seu *Propos sur l'art égyptien*, Bruxelas, 1931, p. 92 e fig. 66-68. Mostrou-se recentemente que à tendência arcaizante, que se mostra de maneira mais evidente nos baixo-relevos neomenfitas, se justapõe freqüentemente (e às vezes na mesma obra) um veio inovador e realista; ver sobre este ponto J. SAINTE FARE GARNOT, *L'Égypte*, na *Histoire générale de l'Art*, Flammarion, 1951, t. 1, p. 97-9.

[81] Ch. PICARD, *S. A.*, II, 224, cf. p. 36; sobre este movimento arcaizante, ver *infra*, Apêndice I, p. 123. Além disso, M. R. G. STEVEN sublinha o acordo do ideal platônico com as qualidades de composição e de proporção que são os traços dominantes da nova escola de Sicião – mais moderna do que os "modernos" ilusionistas do fim do século V (Plato and the art of his time, *Class. Quart.*, 1933, p. 149-55). Sobre o conjunto dos problemas examinados no presente capítulo, cf. atualmente W. DEONNA, *Miracle Grec*, t. II, p. 112: o modo "*icástico*" é "a abstração do primitivismo e seu realismo lógico"; o modo "*fantástico*" é "a imitação exata da realidade visual do classicismo". Sobre a surda sobrevivência da corrente arcaizante, *ibid.*, p. 185.

II

PRESTÍGIOS

Platão é, de um modo geral, hostil aos inovadores; mas sua aversão pelos artistas da nova escola também se funda em razões tiradas do próprio caráter da arte deles – sobretudo naquelas que ele nos indica quando reprova, da aptidão do pintor em produzir imagens enganosas de todas as coisas, a competência universal, a onisciência, totalmente ilusórias, na realidade, às quais o sofista aspira[1]. Os historiadores da arte já há muito tempo vêm sendo surpreendidos por esta afinidade entre os pintores "modernos" e os sofistas[2]; eles até se pareciam pela atitude e pelo modo de ser: a mesma presunção, o mesmo orgulho, a mesma jactância: para citar apenas uma característica entre muitas outras, Zêuxis[3], como Górgias e Hípias[4], usava vestes de púrpura; mas isso era apenas o indício de uma analogia mais profunda. Seus quadros, cuja semelhança[5], impressionante de longe, se desvanece se os aproximamos, parecem feitos para ilustrar e confirmar o relativismo heraclitiano de um Protágoras; de uma e de outra parte, tudo se limita à aparência: trata-se apenas de iludir, e por meios menos diferentes do que se poderia crer.

O mais recente dos historiadores da pintura antiga emprega, ao falar de Apolodoro, uma palavra que designa a evocação mágica[6]; os contemporâneos deviam ser levados ainda mais a tais aproximações: a palavra φάρμακον, que significa cor[7], não é a mesma que se aplica às drogas dos feiticeiros ou dos médicos? Os vaticinadores não recorreram, para seus malefícios, a estatuetas de cera[8]? Há em todas estas imitações qualquer coisa de perturbador e inquietante: o artista é um mágico[9], que seduz por seus sortilégios.

No livro X da *República*, Platão, após ter comparado o pintor a um homem que, munido de um espelho, nos faz ver o reflexo de tudo o que o cerca[10], aproxima a σκιαγραφία da arte dos sortilégios, a θαυματοποιική[11] – pensemos na imagem virtual de nossos "ramalhetes mágicos": ambos se apóiam nesta fraqueza de nossa natureza, pela qual as impressões equivocadas dos sentidos sobrepujam os juízos da parte superior da alma, que confia na medida e no cálculo racional[12]; é assim que os artistas substituem as medidas canônicas que exprimem as verdadeiras proporções do corpo humano, medidas que favorecem ainda mais a ilusão[13].

Mas estas deformações não supõem, para serem estabelecidas, o recurso à matemática ou ao menos o uso de procedimentos científicos? O texto de Vitrúvio, cujo início foi anteriormente citado[14], leva a se crer nisso: Demócrito e Anaxágoras, de acordo com Agatarco, teriam estudado "como, tomando-se um ponto dado como centro, as linhas devem corresponder, de acordo com as leis da natureza, ao olhar e à difusão dos raios, de tal maneira que as imagens precisas saídas de um objeto impreciso produzem a aparência de edifícios nas pinturas das cenas, e que as figuras representadas de frente sobre superfícies planas dão, umas, a impressão de relevo, outras, a de profundidade[15]". Esta página suscita numerosas dificuldades. Alguns viram nela uma alusão a um "ponto de fuga" análogo àquele que define a perspectiva moderna[16]; outros ressaltaram que não é dito que o ponto de que se trata esteja situado no plano do quadro[17] e que, nos desenhos antigos que chegaram até nós, as ortogonais não concorrem para um ponto, mas apenas se dirigem para o mesmo eixo[18]. Como, por outro lado, lemos que os antigos determinavam as grandezas aparentes em relação aos ângulos de visão e não às distâncias[19], pensou-se que aí podia haver uma alusão a um procedimento que consistia em considerar o objeto a representar como projetado sobre uma esfera da qual o olho constituiria o centro, e não, à maneira dos modernos, sobre um plano, base de uma pirâmide tendo o olho por cume[20]; Euclides, contudo, em suas definições, emprega a imagem do cone tendo o objeto como base[21]. Qualquer que seja, aliás, a interpretação adotada, não temos nenhum meio de verificar se tais construções eram realmente já preconizadas por Anaxágoras e Demócrito nas obras de que fala Vitrúvio[22]; só podemos destacar neste texto uma passagem que recorda um fragmento de Anaxágoras[23] e nos lembrar que no catálogo das obras de Demócrito figura uma "actinografia"[24]. Filipe de Oponto teria redigido mais tarde dois livros de Óticas e dois livros de Enóptricas[25]; certamente esta ciência se elabora no tempo de Platão: na *República*, as ilusões de ótica devidas à distância, à refração na água ou às cores são citadas para que se compreenda a qual parte da alma se destina tanto a *esquiagrafia* como a arte dos prestígios[26]; mas não podemos saber se (e em que medida) a partir deste momento ela intervinha na prática. Depois, a Ótica geral compreendeu, ao lado da ótica propriamente dita e da catóptrica, a *cenografia*[27], que se aplicava em diferentes artes: um texto nos indica isso, que se apresenta como a exata contraparte da página do *Sofista* que citamos[28]; texto cujo autor não nos é conhecido seguramente e cuja data é difícil determinar[29]: "A parte da Ótica chamada de cenografia investiga como convém desenhar as imagens dos edifícios[30]. Como as coisas não parecem tais quais elas são, examina-se, não como representar as proporções reais, mas como as tornar tais quais elas parecerão [uma vez terminado o edifício]. – O arquiteto tem como fim dar a sua obra uma aparência harmoniosa e encontrar, na medida do possível, meios de se ajustar aos enganos da visão; ele não visa à igualdade ou à harmonia verdadeiras, mas relativas à visão. Seja assim uma coluna cilíndrica: ela deveria parecer quebrada, porque, para o olhar, ela diminui em torno do centro, por isso o arquiteto a torna mais larga neste local. O mesmo ocorre com o círculo: há casos em que não se desenha um círculo, mas uma elipse; com o quadrado, que é substituído por um losângulo; com uma série de colunas de grandezas diferentes: mudam-se as proporções de acordo com o número e com a grandeza. O mesmo raciocínio indica ao escultor de colossos quais serão as proporções aparentes de sua obra quando ela estiver terminada, a fim de que seja harmoniosa à vista e que ele não lhe dê inutilmente proporções de valor absoluto; porque as obras não parecem tais quais elas são quando são colocadas numa grande altura"[31].

De acordo com Filo de Bizâncio, a técnica que permitia aos arquitetos corrigir as deformações perspectivistas se constituiu, empiricamente, por aproximações sucessivas: querendo aclarar o papel da experiência[32], ele mostra como se chega, tentando aumentar e diminuir os volumes, estreitando as colunas, realizando tentativas de todos os tipos, para obter aparências convenientes com a vista e harmoniosas[33]. É provável que as coisas tenham ocorrido assim: os arquitetos dos grandes templos do século V já tinham empregado tais artifícios enquanto a teoria das seções cônicas não havia ainda sido elaborada[34]; e foi somente graças a muitas tentativas que se puderam determinar formas como aquelas do estilóbata e do epistílio do Partenão, onde, em vez de simplesmente compensar o erro ótico, exagerava-se a curvatura em sentido contrário, por uma espécie de sobrecompensação[35]. Parece que, como ocorre freqüentemente[36], a técnica, em grande parte, se constituiu empiricamente antes de se constituir cientificamente; no máximo pode se falar de um desenvolvimento convergente da prática e da teoria que se elabora. A ótica, contudo, pôde intervir em certos casos, naquele, por exemplo, da pinacoteca do Propileu, onde janelas e portas receberam a disposição assimétrica necessária para que, dos pontos de acesso, elas parecessem enquadradas exatamente pelas colunas do pórtico[37]. Sempre ocorre que, quando Platão quer opor às artes que recorrem à probabilidade, à experiência adquirida pela prática e pela rotina, à intuição conjectural[38], à frente das quais ele põe a música[39], as artes do cálculo, da medida, do peso[40], é a arquitetura que ele toma por modelo: as medidas e os instrumentos de que ela se serve lhe dão uma exatidão mais precisa do que à maioria das artes[41]: ela se serve da régua, do torniquete, do compasso, do nível e de um torno fabricado com arte[42]. É preciso notar, além disso, que não se trata dos artifícios da arquitetura no nosso texto do *Sofista*; ele visa unicamente àqueles, muito mais aparentes, da plástica, que uma anedota, contada por Tzetzes[43], fantasiosa, mas característica, ilustra: os atenienses tinham mandado fabricar, para colocá-las sobre altas colunas[44], duas estátuas de Atena, uma por Fídias, outra por Alcameno. Fídias, ὀπτικὸς τελῶν καὶ γεωμέτρης καὶ συνιεὶς σμικρότατα φαίνεσθαι τὰ ἐν ὕψει ["hábil na arte da ótica e da geometria e comprendendo que as coisas parecem menores na visão"], esculpiu o rosto em conformidade com isso, acentuando os traços: quando as duas estátuas foram apresentadas, convinha lapidá-lo. Mas quando elas foram colocadas no lugar, a arte de Fídias se evidenciou; e desta vez zombou-se de Alcameno. Sem dúvida é preciso reconhecer uma alusão a procedimentos análogos num texto de Diodoro da Sicília em que, inspirando-se em Heráclito de Abdera[45], ele opõe a técnica dos gregos à dos egípcios, que não estabelecem, como aqueles, as proporções das estátuas de acordo com o modo pelo qual são representadas à visão[46]. Ainda sobre este ponto, a arte egípcia teria estado mais de acordo com as idéias de Platão[47].

Quanto aos aperfeiçoamentos da perspectiva revelados pelas pinturas de vasos e os relevos a partir do fim do século V[48], pois se encontram até aquele momento – qualquer que tenha podido ser o conteúdo do tratado de Agatarco[49] – apenas rudimentos[50], eles podem se explicar numa certa medida pelo progresso da ciência; Plínio, contudo, nos diz que Panfilo, o mestre de Apeles, foi o primeiro, entre os pintores, a possuir um conhecimento aprofundado da aritmética e da geometria, "sine quibus negabat artem perfici posse" ["sem as quais negava que a arte pudesse se realizar com perfeição"][51].

O texto do *Sofista* que nos serviu de ponto de partida, por um lado[52] a página sobre a perspectiva, por outro[53] sem contar o que sabemos, além disso, da pintura e da escultura do tempo, tendem a indicar que Platão se opõe a uma corrente que leva todas as artes do desenho à busca da ilusão; mas esta corrente se estende ainda mais longe.

Platão, – que, aliás, veremos[54], não requer das artes plásticas uma exatidão matemática – jamais deixou de opor, às aparências enganosas, o recurso à medida[55]; e os artifícios, cuja moda se expandia, deviam se situar para ele sobre o plano destes empirismos que denunciou no *Górgias*[56]: "lisonjas" que tomam a máscara da arte, como a maquilagem contrafaz a beleza natural que só a ginástica pode dar, e buscam enganar as almas pelo atrativo do prazer; o gosto dos pintores pelo tema de Circe não é emblemático? ἡ δὲ ὄψις ψυχαγωγικόν ["a visão *psicagógica*", *i. e.*, "condutora de almas"], diz Aristóteles ao falar da encenação[57]: ela exerce uma ação sedutora sobre os espíritos. A palavra é interessante: no sentido próprio, ela se aplica à evocação das sombras[58]; é aquela pela qual Apolodoto de Cízico, o democritiano, designava a volúpia charmosa da arte[59], e que Platão, após Isócrates, emprega no *Fedro*[60] para caracterizar a influência da retórica vulgar, esta rotina experimentada em fraudes, hábil em conduzir as multidões, em seduzi-las, depois, por seus encantamentos[61]: há exato paralelismo entre a técnica do pintor que chega a dar – de longe – a ilusão de realidade, e aquela do sofista que sabe, "verter palavras feiticeiras nos ouvidos dos jovens que uma grande distância separa ainda da verdade das coisas, [que sabe] apresentar de todas as coisas ficções faladas e dar assim a ilusão de que aquilo que ouvem é verdadeiro..."[62]. O espectador, num caso, o ouvinte, no outro, sofrem a mesma ação irracional, ou antes, pois se trata de patético, experimentam uma paixão que eles não dominam.

Para explicar a sedução de Helena, Górgias já tinha feito intervir o encantamento que, pela vista, atinge a alma[63]: "Os pintores, ele diz, arrebatam[64] o olhar quando, de muitas cores e corpos, fazem um só corpo, uma só figura; a composição das estátuas e a execução das esculturas[65] oferecem também um doce espetáculo aos olhos". Ele assim aproximava a magia da arte à do verbo, "este grande senhor de corpo minúsculo e invisível"[66] cujo maravilhoso poder de enganadora ilusão ele mostrara, tal como ele se manifesta, não apenas no discurso oratório, mas também nos escritos dos fisiólogos, nos litígios no tribunal, nas controvérsias filosóficas, em que se trata apenas de opiniões mais ou menos persuasivas, mais ou menos capazes de encantar o leitor[67], sobretudo na poesia[68]: "as palavras dos encantamentos inspirados trazem o prazer e levam a inquietação; vindo juntar-se à opinião da alma, o poder do encantamento a fascina, a persuade e a transforma por encantamento. São duas as artes do encantamento e da magia: as que levam a alma ao erro e enganam a opinião[69]": reencontram-se aqui os termos que Platão retoma para designar o ilusionista qualquer que ele seja, artista ou sofista[70]. "O Logos, ainda diz Górgias[71], é capaz de cessar o medo, levar embora a tristeza, provocar a alegria, aumentar a piedade... penetra nos ouvintes um calafrio de terror, uma piedade lamuriante, um pesar que se compraz em sua dor[72]": é, como se notou[73], a série de paixões que suscita a ação trágica, acompanhada sempre da manifestação fisiológica correspondente; além disso, logo depois é definida a natureza da ἀπάτη trágica: "Por intermédio destes discursos, as felicidades e os infortúnios de assuntos e de pessoas estranhos fazem a alma experimentar paixões pessoais[74]". E isso corresponde perfeitamente à opinião referida por Plutarco: a tragédia empresta aos mitos e às paixões "um tal poder enganador, como diz Górgias, que aquele que engana é mais justo que aquele que não engana, aquele que é enganado é mais sábio do que aquele que não é[75]": trata-se da ilusão cômica.

Esses textos permitem atribuir a Górgias, sem muita temeridade, uma estética fundada na ilusão, que muitas vezes chega a interferir nas teorias da imitação; começa-se com dificuldade a dela discernir a natureza, a origem e a influência[76], que parece ter sido considerável. É verossímil que ela tenha exercido uma ação ao mesmo tempo sobre a concepção platônica da tragédia e sobre a catártica aristotélica[77]; mas enquanto para Aristóteles a emoção trágica constitui uma descarga salutar, uma libertação das paixões, aos olhos de Platão, ao contrário, a simpatia do espectador pelo herói nele reforça o elemento afetivo e irracional que o homem de bem deve dominar[78]: é a mesma parte da alma que é vítima dos prestígios do pintor ilusionista e do poeta[79]. Platão é pouco favorável tanto a um quanto ao outro; e, sem dúvida, é porque, às imitações escandalosas dos heróis e dos deuses que o teatro nos oferece, ele opõe, em seus diálogos, a imitação do sábio[80] – de Sócrates, o verdadeiro purificador: para ele, só há purificação verdadeira pelo pensamento, sem a qual todas as virtudes são apenas *trompe-l'œil*[81]; se o *lógos* é purificação e, até mesmo, literalmente, purgação, ele o é enquanto refutação bem compreendida[82], não pela erística vulgar, mas pelo imitador irônico[83]. Alcibíades, no *Banquete*[83], tenta descrever a influência que os discursos de Sócrates exercem sobre o auditório perturbado, possuído, comparando-a à influência das melodias sagradas de Olimpo ou da música dos Coribantes, à sedução de Marsias ou das Sereias; Mênon fala do choque entorpecedor da enguia e reprova em Sócrates sua magia, sua feitiçaria, seus encantamentos[85]; mas o segredo de Sócrates é bem mais simples: mostrando a seus interlocutores o que há de contraditório em suas opiniões, ele os põe na via da intelecção, a qual a persuasão não pode mais abalar. Eis-nos bem distantes da magia; digamos melhor: com o conhecimento, atingimos o mais perfeito e o melhor dos filtros, o grande antídoto[86]. Mas antes é preciso que a filosofia tenha livrado as almas de suas correntes, mostrando-lhes quanto há de engano no que conhecemos pelos olhos, e também no que conhecemos pelos ouvidos e pelos outros sentidos[87], convencendo-as de se aterem apenas em si mesmas.

Se Platão se mostra tão severo com as artes[88], é seguramente porque lhes reconhece – por tê-las, sem dúvida, experimentado[89] – a influência irracional que lhes atribuía Górgias[90]: mais do que qualquer outro, ele devia ser sensível a isso; contra ela, recorreu ao idealismo moral e matemático; contra os artifícios dos ilusionistas, à medida, ao número, ao peso[91].

Notas

[1] *Sofista*, 232c-235b; cf. *República*, X, 596c-e, 598b-d. Sobre a "polimatia" e a "politecnia" dos sofistas, cf. *Híp. Mai.*, 285c-286a; *Híp. Men.*, 368b-e, e, sobretudo, a observação, tão profundamente platônica, do *Sofista*, 232a: uma ciência tão complexa não é de modo algum saudável: se ela é designada sob tantos nomes diversos, é que nela não se pode encontrar um centro para o qual convirjam estes conhecimentos.

[2] Helbig, Zeuxis und Parrhasios, *J. f. Phil.*, 1867, p. 649 e ss.; cf. Pfuhl, *Malerei*, p. 679; *Attische und jonische Kunst*, p. 161; *Bemerkungen*, p. 3; P. Friedländer, *Platon*, 1928, p. 139.

[3] Elien, *V. H.*, IX, 11 (*R. M.*, n. 262); cf. Ateneu, *Deipnos.*, XII, 543c.

[4] *V. H.*, XII, 32 (Diels, *Vors.*, 76 A 9); cf. *Híp. Mai.*, 291a.

[5] Cf. *supra*, p. 46, n. 47.

[6] Pfuhl, *Malerei*, p. 674: "Er war der erste Mensch, der ein, Stück der Aussenwelt, so wie es uns im Raum, Licht und Farbe als Ganzes erscheint, überzeugend auf die Fläche zu *bannen* wusste."

[7] *República*, IV, 420c; *Crátilo*, 424e; *Político*, 277c, etc.; cf. *Político*, 280e, τὴν μαγευτικὴν τὴν περὶ τὰ ἀλεξιφάρμακα ["a arte da magia que trata dos antídotos"].

[8] κήρινα μιμήματα (*Leis*, XI, 933b); cf. W. Deonna, *Dédale*, I, p. 345 e ss., e nosso *Essai sur la formation de la pensée grecque*, p. 39-42.

[9] Um γόης, *República*, X, 598d: ἐντυχὼν γόητί τινι καὶ μιμητῇ ["encontrando algum mágico e imitador"], cf. *Sofista*, 235a: τῶν γοήτων ἐστί τις ["ele é um dos mágicos"] (o sofista); *Político*, 291c; *República*, III, 413b-e, X, 602d. A palavra se aplica igualmente ao maravilhoso divino, *República*, II, 381e; cf. a alma enfeitiçada em Plotino, *En.*, II, 3, 15; IV, 4, 40.

[10] 596d-e.

[11] ᾧ δὴ ἡμῶν τῷ παθήματι τῆς φύσεως ἡ σκιαγραφία ἐπιθεμένη γοητείας οὐδὲν ἀπολείπει, καὶ ἡ θαυματοποιία καὶ ἄλλαι πολλαὶ τοιαῦται μηχαναί ["aplicando-se a esta enfermidade da nossa natureza é que a pintura com sombreados não deixa por tentar espécie alguma de magia, e bem assim a prestidigitações e todas as outras habilidades deste gênero". Tradução de M. H. R. P.], 602d. Para o contexto, ver *supra*, p. 44, n. 38, e *infra*, p. 67, n. 28; cf. *Sof.*, 235ab.

[12] 602d-603b: ...ἡ γραφικὴ καὶ ὅλως ἡ μιμητικὴ ... πόρρω δ' αὖ φρονήσεως ὄντι τῷ ἐν ἡμῖν προσομιλεῖ κ. τ. λ. ["...a pintura e, de um modo geral, a arte de imitar... e, além disso, convive com a parte de nós mesmos avessa ao bom-senso"], cf. 605b-c sobre o poeta imitador que corresponde ao pintor (ἀντίστροφον αὐτὸν τῷ ζωγράφῳ, 605a): τῷ ἀνοήτῳ αὐτῆς χαριζόμενον καὶ οὔτε τὰ μείζω οὔτε τὰ ἐλάττω διαγιγνώσκοντι, ἀλλὰ τὰ αὐτὰ τοτὲ μὲν μεγάλα ἡγουμένῳ, τοτὲ δὲ σμικρά, εἴδωλα εἰδωλοποιοῦντα, τοῦ δὲ ἀληθοῦς πόρρω πάνυ ἀφεστῶτα ["lisonjeando a parte irracional, que não distingue entre o que é maior e o que é menor, mas julga, acerca das mesmas coisas, ora que são grandes, ora que são pequenas, que está sempre a forjar fantasias, a uma enorme distância da verdade." Tradução de M. H. R. P.]. É igualmente preciso notar o desprezo que Platão imputa a Glauco, no livro VII da *República*: Sócrates o convida a distinguir, das sensações cujos próprios sentidos podem julgar convenientemente, aquelas que pedem um exame do entendimento. "Tu pensas evidentemente, diz então Glauco, nos objetos vistos de longe e naqueles que representam as *esquiagrafias* (Τὰ πόρρωθεν, ἔφη, φαινόμενα δῆλον ὅτι λέγεις καὶ τὰ ἐσκιαγραφημένα, 523b). – Tu de fato não entendestes o que eu quero dizer..." E Sócrates explica que compreende com isso os objetos que podem provocar, tanto uma quanto a outra, duas percepções diferentes, sejam eles vistos de perto ou de longe (523c e ss.). Cf. igualmente *Filebo*, 38c e ss.; *Protágoras*, 356c-d, onde a arte de medir se opõe à força da aparência.

[13] Cf. *supra*, p. 30 e ss.

[14] p. 32.

[15] Vitr., *De Arch.*, VII, pr. 11 (Diels, *Vors.*, 46 A 39): "ex eo [sc. Agatharcho] moniti Democritus et Anaxagoras de eadem re scripserunt, quemadmodum oporteat ad aciem oculorum radiorumque extentionem certo loco centro constituto lineas ratione naturali responderé, uti de incerta re certae imagines aedificiorum in scaenarum picturis redderent speciem et quae in directis planisque frontibus sint figurata alia abscedentia alia prominentia esse videantur."

[16] J. Hügel, *Entwicklung und Ausbildung der Perspektive in der klassischen Malerei*, Diss., Würzbourg, 1881, p. 68 e ss.; Ed. Bertrand, *Études sur la peinture et la critique d'art dans l'antiquité*, Paris, 1893, p. 172; R. Delbrück, *Beiträge zur Kenntnis der Linienperspektive in der griechischen Kunst*, Diss., Bonn, 1890, p. 42.

[17] Erwin Panofsky, Die Perspektive als "Symbolische Form", *B. W. V.*, 1924-1925, Leipzig, 1927, p. 266 e p. 303, n. 19.

[18] *Ibidem*, p. 266-7, e pr. II, fig. 3 e 4.

[19] Cf. EUCLIDES, *Optique* (Ed. Heiberg, 1895, vol. VII des *Œuvres Complètes*), ὅροι, [4]: καὶ τὰ μὲν ὑπὸ μείζονος γωνίας ὁρώμενα μείζονα φαίνεσθαι, τὰ δ'ὑπὸ ἐλάττονος ἐλάττονα, ἴσα δὲ τὰ ὑπὸ ἴσων γωνιῶν ὁρώμενα ["e as coisas vistas por um ângulo maior parecerão maiores, as vistas por um ângulo menor, menores, as coisas vistas por ângulos iguais parecerão iguais"]. Cf. o teorema η' (p. 14): Τὰ ἰσαμεγέθη καὶ παράλληλα ἄνισον διεστηκότα ἀπὸ τοῦ ὄμματος οὐκ ἀναλόγως τοῖς ἀποστήμασιν ὁρᾶται ["as grandezas iguais e paralelas desigualmente distanciadas são vistas a partir do olhar, não em relação às respectivas distâncias"], e ver PANOFSKY, *op. cit.*, p. 264-265 e as n. 15, 16 e 17, p. 299-301.

[20] PANOFSKY, *op.cit.*, p. 266-7; cf. p. 264 e n. 13; esta interpretação se aplica igualmente ao texto que se segue: "Scenographia est frontis et laterum abscedentium adumbratio (termo que corresponde a σκηνογραφία) ad circinique centrum omnium linearum responsus" ["a perspectiva [scenographia] é a semografia [pintura em sombra] da fachada e das laterais que se afastam em simetria de todas as linhas para o centro do compasso"] (I, 2, 2).

[21] *Opt.*, p. 2, ὅροι, [2]: [ὑποκείσθω]... τὸ [μὲν] ὑπὸ τῶν ὄψεων περιεχόμενον σχῆμα εἶναι κῶνον τὴν κορυφὴν μὲν ἔχοντα ἐν τῷ ὄμματι τὴν δὲ βάσιν πρὸς τοῖς πέρασι τῶν ὁρωμένων ["seja admitido... que a figura produzida pelos olhos é um cone tendo na visão o vértice e a base nas extremidades das coisas vistas"].

[22] O testemunho de Vitrúvio dá autoridade a FRANK (*Plato und die sog. Pythagoreer*, p. 19-21, 234); PFUHL (*Malerei*, p. 666) e PANOFSKY (*op. cit.*, n. 19, p. 304) se mostram muito mais reservados.

[23] "de incerta re certae imagines": cf. ANAXÁGORAS (Apêndice VII, 140: DIELS, *Vors.*, 46 B 21a) ὄψις γὰρ τῶν ἀδήλων τὰ φαινόμενα ["visão das (coisas) inaparentes (são) as aparentes."] Tradução de M. C. M. C.] (aproximação já indicada por FRANK, p. 235); cf. DEMÓCRITO, DIELS, *Vors.*, 55 A 111. (*Sext.*, VII, 140): τῆς μὲν τῶν ἀδήλων καταλήψεως [sc. κριτήρια] τὰ φαινόμενα ["os fenômenos são critérios da apreensão das coisas não visíveis"]. Mas é provável que esses textos digam respeito antes ao método de analogia, que consiste em se representar os fenômenos inacessíveis aos sentidos conforme aqueles que eles podem atingir (ver O. REGENBOGEN, Eine Forschungsmethode antiker Naturwissenschaft, *S. G. M.*, I, 1930, p. 143 e ss.; H. DILLER, ὄψις ἀδήλων τὰ φαινόμενα, *H.*, t. 67, 1932, p. 16 e ss.).

24 DIELS indica a aproximação (*Vors.*, 55 B 15b); cf. P. TANNERY, *Géométrie grecque*, Paris, 1887, p. 123. Entre as obras atribuídas a Demócrito, figura também um volume intitulado Ἐκπετάσματα, palavra que talvez signifique projeção plena da esfera (DIELS, 55 B 11q, cf. PTOLOM., *Geogr.*, VII, 7, *apud* DIELS, *ad* p. 62, 1. 8, e FRANK, *op. cit.*, p. 21).

25 De acordo com SUIDAS, *s. v.* φιλόσοφος ; TANNERY, *op. cit.*, p. 131. Sobre a evolução da ótica, ver A. LEJEUNE, *Euclide et Ptolémée, deux stades de l'optique géométrique grecque*, Louvain, 1948.

26 X, 602cd: ταὐτόν που ἡμῖν μέγεθος ἐγγύθεν τε καὶ πόρρωθεν διὰ τῆς ὄψεως οὐκ ἴσον φαίνεται. – Οὐ γάρ. – Καὶ ταὐτὰ καμπύλα τε καὶ εὐθέα ἐν ὕδατί τε θεωμένοις καὶ ἔξω, κ. τ. λ. ["– Do seguinte: a mesma grandeza, vista a nossos olhos de perto ou de longe, não parece igual. – Pois não. – E os mesmos objetos parecem tortos ou direitos, para quem os observa na água ou fora dela, etc. Tradução de M. H. R. P.]. Cf. *supra*, p. 44, n. 38 e p. 65, n. 12. No *Epinomis*, alude-se às demonstrações satisfatórias (ἀποδείξεσιν... ἱκαναῖς, 983a), pelas quais estabelece-se a grandeza real dos astros, tão diferente de sua pequenez aparente: assim o sol é maior que a terra.

27 PROCLUS, *in Eucl.*, Ed. Friedlein, p. 40, 12 (v. *infra*, p. 139, n. 11); cf. PANOFSKY, *op. cit.*, p. 303, n. 18 *ad fin*. Igualmente a θαυματοποιική faz parte da mecânica de acordo com PROCLUS (*ibid.*, p. 41, 5; cf. FRANK, *op. cit.*, p. 235).

28 *Supra*, p. 30 e 32.

29 Ver Apêndice II, *infra*, p. 124 e ss.

30 VITRÚVIO opõe a cenografia como visão perspectiva (ver a primeira parte da definição citada *supra*, p. 66, n. 20) à iconografia, ou plano, e à ortografia, ou elevação (I, 2, 2).

31 Assim, segundo Geminus, citado por PROCLUS (*l. c.*), a cenografia ensina como se pode evitar que os desenhos pareçam fora de proporção e deformados em razão da distância e da altura dos quadros em que eles figuram. Nós reproduzimos os textos no nosso Apêndice II, *infra*, p. 124-6 e p. 139, n. 11.

32 ὅτι γὰρ οὐ πάντα δυνατὸν τῷ λογῷ καὶ ταῖς ἐκ τῶν μηχανημάτων μεθόδοις λαμβάνεσθαι, πολλὰ δὲ καὶ διὰ πείρας εὑρίσκεται, κ. τ. λ. ["já que não é possível apreender tudo pela razão e pelos métodos dos engenhos, muitas coisas também são descobertas pela experiência"] (FÍLON DE BIZÂNCIO, *Mech. synt.*, IV, 3, p. 50, 1. 40 e ss.).

³³ διὰ [τὸ] τῆς πείρας οὖν προστιθέντες τοῖς ὄγκοις καὶ ἀφαιροῦντες καὶ μύουρα ποιοῦντες καὶ παντὶ τρόπῳ πειράζοντες κατέστησαν ὁμόλογα τῇ ὁράσει καὶ εὔρυθμα φαινόμενα (*ibid.*, V, 3, p. 51).

³⁴ Alb. W. BAKER, *Subjective factor in Greek design*, A. J. A., XXII, 1918, p. 11. – Menecmo, aluno de Eudoxo, parece ter sido o primeiro a estudar estas curvas. (Ver P. TANNERY, *La Géométrie grecque...*, Paris, 1887, p. 77).

³⁵ Sobre esta questão, ver W. H. GOODYEAR, *Greek refinements, Studies in temperamental architecture*, Yale University Press, 1912; M. COLLIGNON, *Le Parthénon (l'Histoire, l'Architecture et la Sculpture)*, Paris, 1914, p. 89-91 e *Manuel d'Archéologie*, Paris, s. d., p. 69; cf. PANOFSKY, *op. cit.*, n. 12, p. 296-8.

³⁶ Cf. Apêndice III, p. 127.

³⁷ Ver G. W. ELDERKIN, *Problems in Periclean Building*, Princeton, 1912, p. 12 e fig. 4. Cf. G. P. STEVENS, The Periclean Entrance Court (*Hesperia*, 1936) e, do mesmo autor, Architectural studies concerning the Acropolis (*Hesperia*, 1946).

³⁸ *Filebo*, 55e-56a: τὸ γοῦν μετὰ ταῦτ' εἰκάζειν λείποιτ' ἂν καὶ τὰς αἰσθήσεις καταμελετᾶν ἐμπειρίᾳ καί τινι τριβῇ, ταῖς τῆς στοχαστικῆς προσχρωμένους δυνάμεσιν ἃς πολλοὶ τέχνας ἐπονομάζουσι, μελέτῃ καὶ πόνῳ τὴν ῥώμην ἀπειργασμένας ["assim, depois disso, restaria conjecturar e exercitar os sentidos com a experiência e a prática, servindo-se dos poderes de antever o que muitos chamam de artes, obtendo eficácia com muito exercício e trabalho"]. Cf. KUCHARSKI, La musique et la conception du réel dans le Philèbe, *R. Philos.*, 1951, I, 39-60.

³⁹ *Ibidem*, 56a.

⁴⁰ 55e: ἀριθμητικήν ... καὶ μετρητικὴν καὶ στατικήν. Cf. o texto do *Político* sobre a dupla metrética, *infra*, p. 82 e p. 92, n. 57. Numa tese notável, defendida (datilografada) na Sorbonne, em 19 de maio de 1951, Jean Bousquet concluiu, do estudo das medidas do pequeno templo denominado de Tesouro de Cirene, construído em Delfos a partir de 360, e das diversas relações que nele são expressas, que é preciso atribuí-lo a um arquiteto capaz de utilizar as descobertas matemáticas de seu compatriota Teodoro, tratadas no início de *Teeteto*: o templo seria um resumo, dedicado a Apolo, das descobertas da escola de Cirene.

⁴¹ 56b: τεκτονικὴν δέ γε οἶμαι πλείστοις μέτροις τε καὶ ὀργάνοις χρωμένην τὰ πολλὴν ἀκρίβειαν αὐτῇ πορίζοντα τεχνικωτέραν τῶν πολλῶν ἐπιστημῶν παρέχεται.

42 56bc: κανόνι γὰρ οἶμαι καὶ τόρνῳ χρῆται καὶ διαβήτῃ καὶ στάθμῃ καί τινι προσαγωγίῳ κεκομψευμένῳ.

43 *Chil.*, VIII, 353; OVERBECK, n. 772, p. 139.

44 Encontrar-se-ão exemplos de estátuas sobre colunas em Ch. PICARD, *M. A. S.*, III, p. 44; ver em particular as dançarinas na trípode, de Delfos (fig. 7, p. 11).

45 Heráclito de Abdera escreveu em torno do fim do século IV (ver WILAMOWITZ, *apud* H. SCHÄFER, *Von ägyptischer Kunst²*, Leipzig, 1930, p. 350).

46 *Bibl. hist.*, I, 98, 9: παρ' ἐκείνοις (os egípcios) γὰρ οὐκ ἀπὸ τῆς κατὰ τὴν ὅρασιν φαντασίας τὴν συμμετρίαν τῶν ἀγαλμάτων κρίνεσθαι, καθάπερ παρὰ τοῖς Ἕλλησιν, κ. τ. λ. (trata-se do Apolo de Samos, do qual uma parte teria sido executada, em Samos mesmo, por Telecles, filho de Roico, a outra por seu irmão Teodoro, em Éfeso; procedimento cuja aplicação, segundo Diodoro, se concebe apenas no Egito). Sobre este texto, ver J. A. JOLLES, *Vitruvs Aesthetik*, Diss., Fribourg Br., 1906, p. 91; SCHÄFER, *l. c.*; H. DIELS, *Antike Technik*, 3. ed., 1924, p. 17, n. 2; DEONNA, *Les Apollons archaïques*, Genebra, 1909, p. 10, n. 8 e p. 299; *Dédale*, I, p. 299, cf. 141.

47 Cf. *supra*, p. 36.

48 Ver PFUHL, *Malerei*, II, § 605 (p. 563) e § 653 (p. 604); ver o relevo reproduzido por A. FRICKENHAUS, Das Herakleion von Melite, *M. A. I.*, XXXVI, 1911, pr. III, 1; e cf. PANOFSKY, *op. cit.*, n. 24, p. 306-7.

49 Cf. PFUHL, *Malerei*, II, § 722, p. 666: Agatarcos teria antes posto do que resolvido o problema.

50 Cf. PFUHL, *Malerei*, II, p. 667; vêem-se, contudo, sobre certos vasos, desde o tempo de Polignoto, escudos vistos de viés representados por elipses; ver E. BUSCHOR, *Griechische Vasen*, 1940, fig. 174, p. 155; cf. PANOFSKY, *l. c.* M. P. DE LA COSTE-MESSELIÈRE já salientou preocupações de perspectiva desde o fim do século VI e o começo do século V na execução das Amazonas de Delfos (Observations sur les sculptures du trésor des Athéniens, *B. C. H.*, 1923, p. 415 e ss.).

51 *N. H.*, XXXV, 76; *R. M.*, n. 318: "primus in pictura omnibus litteris eruditus, praecipue arithmetica et geometria" ["foi o primeiro na pintura a ser instruído em todos os saberes, sobretudo na aritmética e na geometria"]. A ele se deve, na educação antiga, ao lado da escrita, da ginástica e da música, a introdução do desenho, que se tornava assim uma arte liberal "hujus auctoritate effectum est Sicyone

primum, deinde in tota Graecia, ut pueri ingenui, omnia ante graphicen, hoc est picturam in buxo, docerentur recipereturque ars ea in primum gradum liberalium" ["resultou pela autoridade dele que, primeiramente em Sícion, depois em toda a Grécia, os meninos nobres aprendessem antes de mais nada o desenho, isto é, a pintura em buxo, e esta arte fosse admitida no primeiro grau das artes liberais"] (*ibid.*); ver igualmente ARISTÓTELES, *Pol.*, VIII, 2, 1337 b 23: ἔστι δὲ τέτταρα σχεδὸν ἃ παιδεύειν εἰώθασι, γράμματα καὶ γυμναστικὴν καὶ μουσικὴν καὶ τέταρτον ἔνιοι γραφικήν ... ["são aproximadamente quatro as que costumam ensinar a gramática, a ginástica, a música e alguns, uma quarta, o desenho [...]"], cf. Paul GIRARD, *L'Éducation athénienne au Ve et au IVe siècle avant J.-C.*, Paris, 1889, p. 221 e ss.

[52] *Supra*, p. 42, n. 29.

[53] p. 57-8.

[54] Ver *infra*, p. 81.

[55] *Protágoras*, 356c-e; *República*, X, 602d-603a: cf. p. 79, n. 91.

[56] 433a-466a (sobre este texto, ver nossos *Études sur la fabulation platonicienne*, p. 41-4); cf. *Filebo*, 55e-56c; ver *supra*, p. 59.

[57] *Poética*, VI, 1450 a 33, sobre a ação da tragédia: τὰ μέγιστα οἷς ψυχαγωγεῖ ἡ τραγῳδία κ. τ. λ. ["os principais meios pelos quais a tragédia move os ânimos", tradução de E. S.]. V. H. BULLE, *Das Bühnenbild bei Aristoteles*, *Ph.*, LXXX, IV, p. 252-7; cf. o artigo de V. GOLDSCHMIDT, Sur le problème de la tragédie d'après Platon, *R. É. G.*, 1948, I, p. 19 e ss.

[58] ÉSQUILO, *Persas*, v. 687.

[59] CLEM., *Strom.*, II, 130; DIELS, *Vors.*, 61 A 1, 55 B 4.

[60] 261a: ἆρ' οὖν οὐ τὸ μὲν ὅλον ἡ ῥητορικὴ ἂν εἴη τέχνη ψυχαγωγία τις διὰ λόγων κ. τ. λ. ["não seria, pois, a retórica sobretudo uma arte psicagógica, condutora de almas por meio dos discursos"] e 271c: ἐπειδὴ λόγου δύναμις τυγχάνει ψυχαγωγία οὖσα ["já que ocorre de o poder do discurso ser uma *psicagogia*"]. Cf. WILAMOWITZ, *Platon* I[2], p. 452, e Z. DIESENDRUCK, *Struktur und Charakter des platonischen Phaidros*, Viena-Leipzig, 1927, p. 23-4.

[61] 267c-d: ὀργίσαι τε αὖ πολλοὺς ἅμα δεινὸς ἀνὴρ γέγονεν (scil. τὸ τοῦ Χαλκηδονίου σθένος), καὶ πάλιν ὠργισμένοις ἐπᾴδων κηλεῖν, ὡς ἔφη ["homem (o vigor da Calcedônia) que se tornou, ao

mesmo tempo, terrível no enraivecer muitos e, em seguida, a estes enraivecidos, em encantar com palavras mágicas"]; Platão toma emprestada esta expressão a Trasímaco de Calcedônia, cf. SCHWARTZ, *De Thrasymacho Chalcedonio*, Diss. Rostock, 1892.

[62] *Sofista*, 234c, traduzido por DIÈS, p. 331: o texto é feito para sugerir a comparação com o pintor que expõe seus quadros: τοὺς νέους καὶ ἔτι πόρρω τῶν πραγμάτων τῆς ἀληθείας ἀφεστῶτας διὰ τῶν ὤτων τοῖς λόγοις γοητεύειν, δεικνύντας εἴδωλα λεγόμενα περὶ πάντων, κ. τ. λ.; cf. 234e, τὰ ἐν τοῖς λόγοις φαντάσματα ["as ilusões dos discursos"].

[63] *Elogio de Helena*, DIELS, *Vors.*, 76 B 11, § 15 e 17.

[64] τέρπουσι.

[65] *Ibid.*, § 18: ἡ δὲ τῶν ἀνδριάντων ποίησις καὶ ἡ τῶν ἀγαλμάτων ἐργασία.

[66] *Ibid.*, § 8: λόγος δυνάστης μέγας ἐστίν, ὃς σμικροτάτω σώματι καὶ ἀφανεστάτω θειότατα ἔργα ἀποτελεῖ.

[67] *Ibid.*, § 13, cf. § 14 sobre os discursos que πειθοῖ τινι κακῇ τὴν ψυχὴν ἐφαρμάκευσαν καὶ ἐξεγοήτευσαν; cf. *Górgias*, 452d-453, 459b-c, onde é atribuída à retórica a invenção de um certo procedimento de persuasão, μηχανὴν δέ τινα πειθοῦς, e 483e-484e, assim como *Fedro*, 260-261 e *Filebo*, 58a-b.

[68] *Ibid.*, § 9: τὴν ποίησιν ἅπασαν καὶ νομίζω καὶ ὀνομάζω λόγον ἔχοντα μέτρον ["considero e nomeio toda a poesia como um *lógos* que tem medida"], cf. *Górgias*, 502c-d.

[69] *Ibid.*, § 10: αἱ γὰρ ἔνθεοι διὰ λόγων ἐπῳδαὶ ἐπαγωγοὶ ἡδονῆς ἀπαγωγοὶ λύπης γίνονται· συγγινομένη γὰρ τῇ δόξῃι τῆς ψυχῆς ἡ δύναμις τῆς ἐπῳδῆς ἔθελξε καὶ ἔπεισε καὶ μετέστησεν αὐτὴν γοητείᾳ. Γοητείας δὲ καὶ μαγείας δισσαὶ τέχναι εὕρηνται, αἵ εἰσι ψυχῆς ἁμαρτήματα καὶ δόξης ἀπατήματα ["pois os encantamentos inspirados pelos deuses, por meio das palavras, introduzem o prazer e afastam a dor; pois, nascendo junto com a opinião da alma, o poder do encantamento fascina, persuade e altera essa alma pelo enfeitiçamento", tradução de M. C. M. N. C.]. Górgias talvez tenha tomado emprestado este vocabulário mágico de Empédocles: ver Diog. L., VIII, 58-59, DIELS, *Vors.*, 76 A 3: τοῦτόν φησιν ὁ Σάτυρος λέγειν, ὡς αὐτὸς παρείη τῷ Ἐμπεδοκλεῖ γοητεύοντι ["segundo Sátiros, Górgias dizia que havia assistido a exibições mágicas de Empédocles", tradução de M. G. K.]. Cf. H. DIELS, *Gorgias und Empedokles*, *Sitz.*

Berl. Ak., 1884, I, p. 344, n. 1; A. ROSTAGNI, Aristotele e Aristotelismo, *S. F. C.*, II, Florença, 1922, p. 74, n. 3.

[70] Cf. *supra*, p. 64, n. 9; ROSTAGNI, *op. cit.*, p. 77, n. 1.

[71] 76 B 11, § 8 e 9.

[72] Cf. *Íon*, 535c; *Fedro*, 268c; *República*, X, 606a; *Filebo*, 48a; ARISTÓTELES, *Poética*, 1149 b 25, 1456 b 1; e ver POHLENZ, Die Anfänge der griechischen Poetik, *N. W. G.*, 1920, p. 170-1.

[73] W. SÜSS, *Ethos*, Leipzig-Berlim, 1910, p. 85; POHLENZ, *op. cit.*, p. 168.

[74] 76 B 11, 9: ... ἐπ' ἀλλοτρίων τε πραγμάτων καὶ σωμάτων εὐτυχίαις καὶ δυσπραγίαις ἴδιόν τι πάθημα διὰ τῶν λόγων ἔπαθεν ἡ ψυχή. Cf. TIMOCLEU O CÔMICO, fr. 6, II, 453 K. (e *apud* SÜSS, p. 85, POHLENZ, p. 168):

ὁ γὰρ νοῦς τῶν ἰδίων λήθην λαβὼν

πρὸς ἀλλοτρίῳ τε ψυχαγωγηθεὶς πάθει

μεθ' ἡδονῆς ἀπῆλθε παιδευθεὶς ἅμα.

["pois o conhecimento das coisas particulares, tendo obtido o esquecimento e tendo sido conduzido pela alma para uma paixão estranha, com prazer se livra, tendo sido ao mesmo tempo ensinado"].

Cf. *República*, X, 605d ...ἐνδόντες ἡμᾶς αὐτοὺς ἑπόμεθα συμπάσχοντες κ. τ. λ. [" [...] que nos entregamos a eles, e os seguimos, sofrendo com eles. Tradução de M. H. R. P.].

[75] *De Glor. Ath.*, 5, p. 348c, DIELS, 76 B 23: ἀπάτην, ὡς Γοργίας φησίν ἣν ὅ τε ἀπατήσας δικαιότερος τοῦ μὴ ἀπατήσαντος καὶ ὁ ἀπατηθεὶς σοφώτερος τοῦ μὴ ἀπατηθέντος. Cf. o v. 909 das *Rãs*, que visa Ésquilo: ὡς ἦν ἀλαζὼν καὶ φέναξ, οἵοις τε τοὺς θεατὰς ἐξηπάτα ["como era charlatão e trapaceiro, enganava com tais coisas os espectadores"], ao que Ésquilo responderia, *Vida de Ésquilo*, 7: ταῖς τε ὄψεσι καὶ τοῖς μύθοις πρὸς ἔκπληξιν τερατώδη μᾶλλον ἢ πρὸς ἀπάτην κέχρηται ["com representações e tramas proferiu maravilhas mais para o temor do que para o engano"] (ver POHLENZ, 159); cf. igualmente o tratado hipocrático περὶ διαίτης, § 24 (*Littré*, II, p. 496): ὑποκριτικὴ ἐξαπατᾷ εἰδότας κ. τ. λ. ["a arte do ator engana os que sabem"] (sobre este texto, ver C. FRIEDRICH, *HippokratischeUntersuchungen* (*Phil. Unters.*, 15, Berlim, 1899, p. 150) e os δισσοὶ λόγοι, 3, 10: ἐν γὰρ τραγῳδοποιίᾳ καὶ ζωγραφίᾳ ὅστις πλεῖστα ἐξαπατῇ ὅμοια τοῖς ἀληθινοῖς ποιέων, οὗτος ἄριστος ["em escrever de tragédias e em

pintura quem mais engana fazendo coisas semelhantes às verdadeiras, este é o melhor"] (DIELS, *Vors.*⁴, II, n. 83, p. 339, 1. 28-9).

[76] Ver Apêndice IV, *infra*, p. 128 e ss. Cf. Mario UNTERSTEINER, *I Sofisti*, 1949, p. 132 e ss., e 224 e ss. Ver também W. NESTLE, *Vom Mythos zum Logos*, Stuttgart, 1940.

[77] Ver *Poética*, VI, 1449 b 26; *Política*, VIII, 7, 1342 a 10, e cf. os trabalhos mencionados no Apêndice IV, notadamente POHLENZ, *op. cit.*, p. 169 e ss. Um texto de LICURGO é particularmente característico: τίνας δὲ δυνατὸν εἶναι δοκεῖ τοῖς λόγοις ψυχαγωγῆσαι καὶ τὴν ὑγρότητα αὐτῶν τοῦ ἤθους τοῖς δακρύοις εἰς ἔλεον προαγαγέσθαι ["julga-se ser possível que alguns sejam condutores de almas pelas palavras, e que conduzam a docilidade do caráter deles pelas lágrimas à piedade"] (*Contra Leócrates*, 33; E. HOWALD, *Eine vorplatonische Kunsttheorie*, H. 54, 1919, p. 202); cf. JÂMBLICO, *De Myst.*, I, 11, p. 39, 13; POHLENZ, p. 174.

[78] *República*, X, 605d e ss.

[79] Cf. *supra*, p. 65, n. 13.

[80] Sobre este ponto, ver FRIEDLÄNDER, *Platon*, 1928, p. 140 e ss., e V. GOLDSCHMIDT, Le problème de la tragédie d'après Platon, *R. É. G.*, t. LXI, 1948, I, p. 19-63. Não é por acaso que Aristóteles cita lado a lado na *Poética* (I, 1447 b 10) os mimos de Sófron e de Xenarco e os "logoi" socráticos. No *Sofista* (268c), Platão define o verdadeiro e nobre sofista como "imitador do sábio", μιμητὴς δ᾽ ὢν τοῦ σοφοῦ; cf. *Fedro*, 278d. Sobre a tradição pitagórica, ver A. LALANDE, *Vocabulaire de la Société française de Philosophie*, art. Philosophie, t. II, Paris, 1926, p. 583-4.

[81] *Fédon*, 69b-c.

[82] Cf. *Teeteto*, 167d-168b, e principalmente *Sofista*, 226d, 227d, 230a-231a; cf. *Crátilo*, 396e-397a e 405a-b, em que, de maneira muito sugestiva, se mesclam religião, medicina, psicologia e moral em torno da noção de catarse. Sobre esta noção, cf. os estudos de J. CROISSANT, *Aristote et les mystères*, Liège, Paris, 1932, e de P. BOYANCÉ, *Le culte des Muses chez les philosophes grecs*, Paris, 1937.

[83] *Sofista*, 267a-268a: o imitador irônico é oposto ao doxômimo.

[84] 215b-e, 216a e 216c; ver a introdução de L. ROBIN (*Le Banquet*. Ed. G. Budé, Paris, 1929, p. CI e ss.).

[85] *Mênon*, 80a-d: γοητεύεις με καὶ φαρμάττεις καὶ ἀτεχνῶς κατεπᾴδεις κ. τ. λ. ("tu me enfeitiças, me entorpeces e me encantas"); cf.

o tema do encantamento no *Cármide*, 155e-158c e 175e-176b; em particular 157a: θεραπεύεσθαι δὲ τὴν ψυχὴν ἔφη, ὦ μακάριε, ἐπῳδαῖς τισιν, τὰς δ' ἐπῳδὰς ταύτας τοὺς λόγους εἶναι τοὺς καλούς· κ. τ. λ. ["ele afirma que o tratamento da alma é por meio de certos encantamentos, e que estes encantamentos são as belas palavras"]. Ver também o artigo de JEANMAIRE sobre o tratamento da Mania nos mistérios de Dioniso e dos Coribantes, *Journal de Psychologie*, 1949, I, p. 64. Cf. do mesmo autor, Le satyre et la ménade, *Mélanges Ch. Picard*, 1949, t. I, p. 463.

[86] *Crítias*, 106b: φάρμακον... τελεώτατον καὶ ἄριστον φαρμάκων ἐπιστήμην ["antídoto [...] para nós o mais perfeito e melhor dos antídotos é o conhecimento"]. Cf. *República*, X, 595b: λώβη ἔοικεν εἶναι πάντα τὰ τοιαῦτα (trata-se de τοὺς τῆς τραγῳδίας ποιητὰς καὶ τοὺς ἄλλους ἅπαντας τοὺς μιμητικούς) τῆς τῶν ἀκουόντων διανοίας, ὅσοι μὴ ἔχουσι φάρμακον τὸ εἰδέναι αὐτὰ οἷα τυγχάνει ὄντα ["todas as obras dessa espécie os poetas trágicos e todos os outros que praticam a mimese se me afiguram ser a destruição da inteligência dos ouvintes, de quantos não tiverem como antídoto o conhecimento de sua verdadeira natureza". Tradução de M. H. R. P.].

[87] *Fédon*, 83a: ἐνδεικνυμένη ὅτι ἀπάτης μὲν μεστὴ ἡ διὰ τῶν ὀμμάτων σκέψις, ἀπάτης δὲ ἡ διὰ τῶν ὤτων καὶ τῶν ἄλλων αἰσθήσεων κ. τ. λ. ["demonstrando que tudo o que indaga por meio da vista não passa de ilusão, como ilusório é também o que indague por meio do ouvido e dos restantes sentidos." Tradução de M. T. S. A.]. Cf. *Hípias Maior*, 294a-e, que refuta a definição do belo pelo conveniente e decoroso, opondo a aparência do belo e o belo real.

[88] Cf. *Leis*, VI, 769b: ao Ateniense que aludiu à técnica dos pintores, Clínias responde que ele não tem nenhuma experiência nesta arte. Você não perdeu nada, responde o Ateniense: καὶ οὐδέν γε ἐβλάβης.

[89] Cf. *República*, X, 607c: ὅμως δὲ εἰρήσθω ὅτι ἡμεῖς γε, εἴ τινα ἔχοι λόγον εἰπεῖν ἡ πρὸς ἡδονὴν ποιητικὴ καὶ ἡ μίμησις ὡς χρὴ αὐτὴν εἶναι ἐν πόλει εὐνομουμένῃ, ἄσμενοι ἂν καταδεχοίμεθα, ὡς σύνισμέν γε ἡμῖν αὐτοῖς κηλουμένοις ὑπ' αὐτῆς ["mesmo assim, diga-se que, se a poesia imitativa voltada para o prazer tiver argumentos para provar que deve estar presente numa cidade bem governada, a receberemos com gosto, pois temos consciência do encantamento que sobre nós exerce." Tradução de M. H. R. P.]. Cf. 608a.

⁹⁰ Cf. POHLENZ, *op. cit.*, p. 167, 177; ROSTAGNI, *Aristotele*, p. 77. É preciso acrescentar que o próprio Platão não hesitou em empregar os procedimentos da prosa de arte gorgiana, não apenas para imitar o sofista, mas para agir sobre seu leitor: ver nossas "Remarques sur la technique de la répétition dans le Phédon", *R. É. G.*, 1948, II, p. 373-80.

⁹¹ *República*, X, 602d; cf. *Eutífron*, 7c; *Alcibíades*, 126c-d; *Protágoras*, 356c-e.

III

BELEZA PURA E IMITAÇÃO

Platão zomba no *Filebo*[1] do mau humor[2] de Antístenes e de seus partidários, que têm horror ao poder do prazer e não o consideram como algo saudável, a tal ponto que acham a atração por ele exercida uma fascinação mágica[3]. Devemos nós, analogamente, censurar Platão e dizer que ele desconfia da arte assim como os Cínicos do prazer? Do mesmo modo que ao lado da sofística vulgar há uma sofística nobre e bemnascida[4], não haveria, ao lado destas belezas adulteradas de uma arte "sofística", belezas mais altas as quais poderíamos tentar obter sem enfraquecer estas grandes alegrias que, dizia Demócrito[5], vinham da contemplação das belas obras? É ainda no *Filebo* que encontramos a resposta a esta questão: há coisas que não têm, como os quadros, somente uma beleza relativa; eternamente belas em si, elas comportam certos prazeres específicos[6] e verdadeiramente puros, a que nenhuma dor precede: são aqueles que têm por objeto as belas cores e as formas, a maior parte dos perfumes e dos sons[7]. Platão logo precisa o que entende pela beleza das formas; não é de modo algum aquela dos corpos vivos ou de certos quadros, mas a de retas e curvas, superfícies e sólidos engendrados pela revolução[8] a partir destes elementos, e das figuras que se constróem com o auxílio da régua e do esquadro[9]. Desta passagem do *Filebo* se aproxima aquela do *Timeu* em que Platão trata os triângulos constitutivos dos poliedros regulares, os famosos "corpos platônicos"[10]: trata-se de determinar os dois tipos de triângulos a partir dos quaisse construirão os sólidos elementares; um não se presta à discussão, é o triângulo retângulo isósceles, que tem apenas uma espécie; o outro, o triângulo retângulo escaleno, há uma infinidade: é preciso escolher o mais belo, se se quer começar na ordem[11]. Platão admite[12] que, de todos estes numerosos triângulos, o mais belo é aquele que gera o triângulo equilátero[13]: é aquele no qual a hipotenusa é o dobro do menor lado do ângulo[14]. "Se, contudo, acrescenta Platão, alguém pudesse descobrir e designar um outro desta espécie que fosse ainda mais belo, que ele ganhe o prêmio; nele não veremos um adversário, mas um aliado"[15]. Da combinação destes triângulos nascem os quatro corpos "mais belos"[16], todos diferentes em beleza[17]: o tetraedro, o octaedro, o icosaedro e o cubo. "E o que não permitiremos a ninguém é que se possa ver em algum lugar corpos mais belos do que aqueles, que constituem cada qual um gênero diferente"[18].

Após ter assim falado das belezas geométricas – a preferência que lhes é dedicada não há nada de surpreendente, pois elas deixam entrever as Idéias e os Números, com cujo auxílio o demiurgo deu sua forma definitiva aos elementos[19] – Platão retorna, no *Filebo*, às cores "do mesmo tipo"[20], e aos sons, associação que poderia surpreender se não se soubesse, por outros lugares, que estes realizam uma imitação da harmonia divina[21]; ele aqui pensa naqueles que, correntes e límpidos, produzem uma sonoridade pura; eles são belos, não em relação a outra coisa, mas neles mesmos, e a eles se seguem prazeres de "igual natureza"[22]. Quanto às cores "do mesmo tipo", Sócrates, apesar do pedido de Protarco, não explica o que entende por isso; mas, um pouco mais à frente, definindo a pureza das cores, ele indica que o mais belo branco é aquele que não tem mistura[23]. No *Hípias Maior*, Platão fala da beleza das qualidades sensíveis, discutindo o caráter estético de sensações outras do que as da vista e do ouvido[24]; descrevendo, no *Fédon*, o mundo superior, os cimos etéreos onde vivem os bem-aventurados, ele os mostra inteiramente pintados com cores cuja idéia apenas pode nos ser dada pelos pintores, mas muito mais brilhantes e mais puras[25]; ele não silencia sobre a maravilhosa beleza das terras e das gemas que lá radiam, mais belas, pois mais puras do que todas aquelas que jamais pudemos ver[26]: arrebatadora visão, ὥστε αὐτὴν ἰδεῖν εἶναι θέαμα εὐδαιμόνων θεατῶν[27] – espécie de equivalente sensível, ainda que já sublimado, do espetáculo que o mundo das essências oferece, no mito do *Fedro*, aos olhares daqueles que puderam levantar suas cabeças para além da abóbada celeste[28]: paisagem imaterial, sem cor e sem forma[29], mas banhada por uma luz pura[30]. Platão a descreve em termos que não deixam nenhuma dúvida sobre a origem deste tema da pureza: ele provém, evidentemente, da representação dos mistérios[31].

Pode-se encontrar nestas poucas linhas o esboço de uma estética liberada da preocupação da semelhança: já no *Górgias*, as coisas belas – corpos, cores, formas, sons, ocupações – são definidas como tais, seja de um ponto de vista totalmente socrático, em razão de sua utilidade[32], seja conforme um certo prazer[33], se a visão, por exemplo, quando se trata dos corpos, é agradável àqueles que os contemplam[34]; no *Crítias*, tal ponto de vista é aplicado, não sem um toque de ironia, à arte decorativa; os arquitetos que edificaram a capital de Atlântida construíram certas residências com pedras iguais; para outras, eles se serviram de pedras variadas, brancas, pretas e vermelhas, que eles se divertiram em misturar, dando assim aos edifícios um encanto natural[35]. Isso quer dizer que se deverá tomar, segundo a expressão de Demócrito[36], o prazer por norma? Isso seria desconhecer estranhamente uma das inspirações fundamentais do platonismo. No segundo livro das *Leis*, o Ateniense muitas vezes condena aqueles, tão numerosos[37], que julgam a beleza das obras de arte – trata-se aqui essencialmente da música – segundo o prazer dos ouvintes, sem levar em conta a relatividade dos gostos[38]; as inovações, pelas quais ele manifesta tanta aversão[39], não são devidas a esta busca desordenada de prazeres sempre novos a que por toda parte se entrega, salvo no Egito, em Creta e na Lacedemônia?[40] Ora, as belas-artes são essencialmente artes de imitação; o prazer que elas fornecem resulta sobretudo da descoberta da semelhança: a este prazer, Platão dá o nome de χάρις, a graça, o encanto[41]. Em tudo que provoca tal impressão ele distingue o próprio encanto, a correção e a utilidade[42]; após ter tomado como exemplos alimentos e conhecimentos, que podem ao mesmo tempo ser agradáveis, saudáveis ou verdadeiros, e enfim úteis, o segundo termo determinando os outros, ele aplica estas distinções nas artes de imitação: "o que produz a correção neste domínio, é, para dizer tudo em uma palavra, a igualdade (da imitação e do modelo) sob a relação da quantidade e da qualidade, e não o prazer[43]. — Certo. — Só se poderia, pois, corretamente julgar pelo prazer o que não apresenta nem utilidade, nem verdade, nem semelhança, nem, sem dúvida, nada prejudicial, mas tem como única razão de ser o encanto[44], que ordinariamente acompanha estas qualidades, e do qual o melhor nome é prazer, quando nenhuma delas a isso se une" – prazer inocente, "que eu chamo de jogo, diz o Ateniense, quando ele não faz nem bem nem mal que mereça que dele ou se ocupe ou se fale". Feita esta concessão, com uma desdenhosa cortesia a seus adversários, Platão sublinha que não se pode mais se referir ao prazer quando intervêm a semelhança e a igualdade, sob qualquer forma que seja[45]: "pois o que faz o igual ser igual e simétrico o simétrico[46], não é a opinião do primeiro que se encontra, nem o encanto que ele possa encontrar nisso, é antes de tudo a verdade, o resto praticamente não conta"[47]. "Aquele que quer ser bom juiz[48] deve, pois, antes de tudo, conhecer o objeto imitado; senão como ele poderia apreciar no que a cópia é bem feita, quer dizer, se ela reproduz os números do corpo, as posições de todas suas partes; como ele saberia quais são estes números, quais partes foram justapostas para obter a ordem que convém – e, além disso, quanto às cores e às formas, como ele saberia se tudo isso não foi mal feito[49]? Além disso, não basta saber que o objeto pintado ou esculpido é um homem, que as partes do corpo, as cores, as formas foram tratadas com arte para logo ver se ele é belo ou se falta algo a sua beleza, porque neste arrazoado seríamos todos conhecedores[50]; quer se trate de pintura ou de música, é preciso, para julgar bem qualquer imagem, possuir três elementos: saber qual é o objeto representado – se a imitação é correta – se, enfim, ela foi bem executada na relação entre texto, melodia e ritmos"[51]. O pensamento de Platão aqui deslizou das artes plásticas à música; mas talvez seja possível reencontrar no que precede um eco do ensinamento dos escultores: Crisipo dizia, segundo Galeno, que, se a saúde é a "simetria"[52] dos elementos, quentes, frios, secos e úmidos, a beleza é a simetria das partes do corpo, do dedo em relação ao dedo, e de todos eles em relação ao metacarpo e ao carpo, daqueles em relação ao antebraço e ao braço, e de todos em relação ao todo, como está escrito no *Canon* em que Policleto ensinava todas as simetrias do corpo[53]. Seu sistema de proporções parece, então, ter sido mais inspirado na vida do que em medidas abstratas[54]; a que corresponde o fato que Platão não requer, qualquer que seja sua preferência pelas formas geométricas, que a obra de arte apresente um caráter puramente matemático: eis aqui figuras excepcionalmente belas, desenhadas e executadas por Dédalo – Platão designa deste modo os escultores antigos[55] – ou por algum outro artista ou pintor.

Um homem que fosse competente em geometria pensaria, quando as visse, que são maravilhas da arte; mas ele acharia ridícula a idéia de submetê-las a um estudo minucioso para aí descobrir a verdade sobre a igualdade, a razão do dobro ou de qualquer outra proporção[56]. Quer dizer que a arte escapa à medida? Muito pelo contrário: no *Político*[57], o estrangeiro divide em duas partes a arte da medida "colocando numa todas as artes que medem com relação a seu contrário o número, o comprimento, as profundidades, as larguras, as velocidades; na outra, aqueles que se relacionam com o sentido da medida justa, da conveniência, do apropriado, da oportunidade; em geral, a tudo que é intermediário entre os extremos". — O JOVEM SÓCRATES: "Eis duas grandes divisões, e bem diferentes uma da outra!" — O ESTRANGEIRO: "É que, com efeito, Sócrates, o que muitos bons espíritos dizem, que pensam com isso enunciar uma sábia palavra, a saber que a arte da medida se estende a todo o mundo do devir, ocorre ser precisamente o que acabamos de dizer. Pois, de uma certa maneira, tudo o que é do domínio da arte comporta a medida"; mas é preciso distinguir medida e medida. Do mesmo modo, numa passagem do *Crátilo* totalmente matizada pela ironia, Platão indicava que, no domínio qualitativo e principalmente no que concerne às imagens, a correção difere da exatidão matemática; não é nem mesmo preciso que a cópia seja perfeita, senão isso não seria mais uma imagem; ela se tornaria o duplo do modelo, não se distinguiria mais do original! E a fantasia de Platão faz Crátilo imaginar um deus que saberia reproduzir, ele lhe diz, "não somente, como os pintores, tua cor e tua forma, mas também todo o interior, tal qual ele é, com sua suavidade[58] e seu calor, com o movimento, a alma, o pensamento[59], tais quais eles são em ti; em uma palavra, tudo o que tu és; se ele colocasse sua obra perto de ti, haveria um Crátilo e sua imagem, ou dois Crátilos"[60]? Tais passagens tenderiam a entrever em Platão o que Gustave Fougères pressentia em Sócrates: um "estudante de pintura" morto jovem, cuja sombra teria sobrevivido no fundo da alma do filósofo[61]; e de fato, se o filho de Sofronisco tinha começado por manejar o cinzel[62], os antigos biógrafos nos dizem que Platão, em sua juventude, tinha se ocupado não só de poesia, mas também de pintura[63]. Em todo caso, o alucinante Sósia que ele evoca no *Crátilo* nos faz ainda pensar nas discussões artísticas do tempo. Poder-se-ia ser tentado a reencontrar um eco das impressões ingênuas do público na passagem do *Fedro* em que Sócrates opõe ao ensino oral o discurso escrito, semelhante às obras de pintura, que se dispõem diante de nós como seres vivos, mas que, se se lhes puser uma questão, mantêm um augusto silêncio[64]; sem dúvida Platão aqui se lembra de que os sofistas comparavam a improvisação ao ser vivo, a redação previamente preparada à estátua muda[65]. Pode ser que se reencontrem as reflexões e as pilhérias atenienses em inesgotáveis gracejos sobre as estátuas de Dédalo, que Sócrates reivindicava como ancestral[66], estas belas obras que escapam e fogem se não são amarradas[67]: a alusão visa provavelmente à arte arcaica, que havia chegado a representar uma perna mais à frente que a outra, após ter figurado as duas sobre o mesmo plano, primeiro juntas, depois separadas[68]; mas os esforços que aparecem de Praxíteles[69] a Lisipo para dar mais liberdade ao corpo humano, que Policleto imobilizava "de acordo, quando se encontrou, com uma atitude racional e matemática[70]", lhes conferem uma espécie de atualidade. No *Político*[71], Platão fala da admiração que se tem pela vivacidade e a rapidez viris, sejam elas concernentes ao corpo, à alma ou à palavra, seja nelas mesmas, seja nas representações imitativas que delas dão a música e o desenho. Não sabemos como os pintores representavam o movimento; mas se assinalou o "caráter *momentâneo* das criações lisípicas"[72]: "parece-nos sempre que a personagem acaba no mesmo instante de interromper um gesto um pouco violento, que ainda pode ser pressentido; seu nervosismo denuncia a passagem da vida; os contornos dos músculos ainda estremecem [...] Apreender um movimento antes que ele terminasse, eis o que quis o artista[73] [...]" E seria tentador encontrar aplicada novamente em tais obras a teoria platônica do instante, esta estranha natureza que, residindo no intervalo intermediário entre o movimento e o repouso, escapa ao tempo; para quem se dirigem e de onde partem, transformados, o móvel para se imobilizar e o imóvel para se mover[74]: não é precisamente este instante que cabe ao escultor apreender, para sugerir o que lhe precede e o que lhe segue?

No *Crítias*, vimos Platão opor à indulgência, com a qual é julgada a pintura de paisagens[75], a semelhança que se exige do retrato[76]: estes diferentes textos atingem todo seu alcance se se lembra que, estando vivo Platão, apareceu ou ao menos se desenvolveu na Grécia o gênero do retrato no sentido pleno da palavra: alguns, com efeito, sustentaram que a semelhança aparece somente no fim do século V[77], com exceção de um texto em que Plínio nos ensina que Lisístrato, irmão de Lisipo, foi o primeiro a atingi-lo, chegando mesmo a utilizar moldagens[78]; neste caso, Demétrio de Alopece, que Luciano chamava de "o fazedor de homens"[79] seria – contrariamente à opinião anteriormente admitida[80] – seu contemporâneo, apenas um pouco mais jovem: sua atividade se estenderia de 380 a 340 ou 330[81]. Para outros estudiosos, a busca da semelhança se manifesta, pelo contrário, desde o século V, como parece indicar um busto de Temístocles descoberto em 1939 na Óstia[82]; e é preciso retroceder, para Demétrio em particular, a uma datação sensivelmente mais distante[83]. Não deixa de ser verdade que em geral nossos bustos de Sófocles, de Eurípides[84], do próprio Sócrates[85], são ou figuras idealizadas, ou obras posteriores; e, de qualquer maneira, um dos primeiros retratos que apresenta traços verdadeiramente individuais e que chegou até nós é precisamente o de Platão[86]. Ora, sabemos que um dinasta de Quios na Propontida, Mitridates, filho de Orontabates, ofereceu à Academia e dedicou às Musas uma estátua de Platão feita por Silânion[87]; os bustos que possuímos derivariam desta estátua, que teria sido feita em torno de 350 (digamos entre 350 e 365), no tempo de Demétrio e de Lisístrato[88]; o mesmo aspecto assim se encontraria na obra de três escultores. A existência de tal corrente, estando Platão ainda vivo, não é sem interesse para nós: exigindo da obra de arte uma semelhança fiel, Platão visava, nós o vimos, técnicas que deformavam as proporções verdadeiras[89]; se, inversamente, no *Crátilo*, ele se mostra hostil a uma imitação muito rigorosa, não seria por reação contra o realismo, julgado excessivo, de uma nova escola?

Notas

[1] 44c-d.

[2] δυσχέρεια. Trata-se, na verdade, acrescenta Platão, de um mau humor de uma natureza que não carece de nobreza, φύσεως οὐκ ἀγεννοῦς.

[3] λίαν μεμισηκότων τὴν τῆς ἡδονῆς δύναμιν καὶ νενομικότων οὐδὲν ὑγιές, ὥστε καὶ αὐτὸ τοῦτο αὐτῆς τὸ ἐπαγωγὸν γοήτευμα, οὐχ ἡδονήν, εἶναι ["dos que de fato têm ódio do poder do prazer e dos que o julgam nada saudável, de modo que este fascínio próprio dele não é prazer, mas feitiçaria"]. Platão emprega certas expressões análogas no livro IX da *República*, falando de certos estados da alma que só parecem ser prazeres pela relação com a dor: οὐδὲν ὑγιὲς τούτων τῶν φαντασμάτων πρὸς ἡδονῆς ἀλήθειαν, ἀλλὰ γοητεία τις (584a) ["e não há nada saudável em tais visões no que diz respeito à verdade do prazer, mas uma certa magia"], ver G. Rodier, Remarques sur le Philèbe, *R. É. A.*, 1900; reunido nos *Études de Philosophie grecque*, Paris, 1926, p. 106-11.

[4] *Sofista*, 231b: ἡ γένει γενναία σοφιστική.

[5] Diels, *Vors.*, 55 B, 194: αἱ μεγάλαι τέρψεις ἀπὸ τοῦ θεᾶσθαι τὰ καλὰ τῶν ἔργων γίνονται ["os grandes prazeres nascem do contemplar as belas obras." Tradução de A. L. A. A. P.].

[6] 51c-d: ...ταῦτα γὰρ οὐκ εἶναι πρός τι καλὰ λέγω, καθάπερ ἄλλα, ἀλλ' ἀεὶ καλὰ καθ' αὐτὰ πεφυκέναι καί τινας ἡδονὰς οἰκείας ἔχειν, οὐδὲν ταῖς τῶν κνήσεων προσφερεῖς ["pois digo que estas não são belas em relação a algo, como outras, mas que são sempre belas por natureza e que têm alguns prazeres habituais, em nada comparados com os prazeres dos que se coçam"]: estas últimas palavras fazem alusão às páginas 46a, 46d; estes prazeres nada têm em comum, diz Platão, com aquele do sarnento que se coça.

[7] 51b: τὰς περί τε τὰ καλὰ λεγόμενα χρώματα καὶ περὶ τὰ σχήματα καὶ τῶν ὀσμῶν τὰς πλείστας καὶ τὰς τῶν φθόγγων καὶ ὅσα τὰς ἐνδείας ἀναισθήτους ἔχοντα καὶ ἀλύπους τὰς πληρώσεις αἰσθητὰς καὶ ἡδείας [καθαρὰς λυπῶν] παραδίδωσιν ["os que surgem das chamadas cores belas, e das formas, e a maior parte dos odores e dos sons, e em geral os que carecem do que é não sentido e é sem dor, enquanto as plenitudes fornecidas por eles são de sentidos e prazeres, livres das dores"]. Sobre as relações do prazer e da dor, cf. *Fédon*, 60b-c; *República*, IX, 584b-c; *Fedro*, 258e; *Filebo*, 45 e ss.

[8] Literalmente: com a ajuda de voltas. Cf. *Leis*, X, 898a-b. Cf. nossos *Études sur la fabulation platonicienne*, 1947, p. 105-6.

[9] 51c: σχημάτων τε γὰρ κάλλος οὐχ ὅπερ ἂν ὑπολάβοιεν οἱ πολλοὶ πειρῶμαι νῦν λέγειν, ἢ ζῴων ἤ τινων ζωγραφημάτων, ἀλλ' εὐθύ τι λέγω, φησὶν ὁ λόγος, καὶ περιφερὲς καὶ ἀπὸ τούτων δὴ τά τε τοῖς τόρνοις γιγνόμενα ἐπίπεδά τε καὶ στερεὰ καὶ τὰ τοῖς κανόσι καὶ γωνίαις, εἴ μου μανθάνεις ["pois beleza de formas, tento agora expressar, não é isso que a maioria entenderia, como de certos animais ou de pinturas, mas digo, o argumento afirma, uma linha reta e o círculo, e o plano e o sólido formados a partir deles por arredondamento de um torno e as formadas por réguas e esquadros, se me entendes"].

[10] Sobre a constituição da estereometria, ver sobretudo *República*, VII, 528b-c; cf. sobre a descoberta dos poliedros regulares, Eva SACHS, Die fünf Platonischen Körper, *Phil. Unters.*, Berlim, 1917; E. FRANK, *Plato...*, Halle, 1923, Ap. XVI, p. 233; e a introdução de RIVAUD à edição do *Timeu* da coleção Guillaume Budé (Paris, 1925, t. X), p. 81-2. Ver igualmente Ch. MUGLER, *Platon et la recherche mathématique de son époque*, Strasbourg, 1948. Cf. também nosso estudo sobre Imagination et science des cristaux, ou platonisme et minéralogie, *J. Ps.*, 1949, p. 27-34.

[11] προαιρετέον οὖν αὖ τῶν ἀπείρων τὸ κάλλιστον, εἰ μέλλομεν ἄρξεσθαι κατὰ τρόπον (54a).

[12] 54a: τιθέμεθα δ' οὖν τῶν πολλῶν τριγώνων κάλλιστον ἕν κ. τ. λ. ["admitamos, pois, que dos vários triângulos, um é o mais belo etc."].

[13] Imaginemos, por exemplo, que um segundo triângulo retângulo, idêntico e sobreposto ao primeiro, gire em torno do maior lado do ângulo reto, servindo de charneira para mudar de direção no plano.

[14] 54d: τὸ τὴν ὑποτείνουσαν τῆς ἐλάττονος πλευρᾶς διπλασίαν ἔχον μήκει. Cf. a Introdução de RIVAUD, p. 75 e fig. 3.

[15] 54a, tradução de RIVAUD, p. 174.

[16] 53e: κάλλιστα σώματα...τέτταρα.

[17] 53e: διαφέροντα κάλλει.

[18] 53e. Cf. no período do Renascimento, Piero DELLA FRANCESCA, *De quinque corporibus*, 1492. O isocaedro e o dodecaedro figuram num vão das *Stanze* do Vaticano. Ver J.-Ch. MOREUX, Le jeu savant, la tradition ésotérique dans l'art, *Médecine de France*, s. d.

[19] *Timeu*, 53b: ...ταῦτα πρῶτον διεσχηματίσατο εἴδεσί τε καὶ ἀριθμοῖς ["a essas primeiramente deu forma definitiva com formas e números"]; cf. 56c, e ver em *La pensée hellénique* de L. ROBIN (Paris, 1942, p. 231 e ss.), *Études sur la signification et la place de la physique dans la philosophie de Platon* (e na edição separada de 1919, p. 44-50), com remissões a *La théorie platonicienne des Idées et des Nombres d'après Aristote*, Paris, 1908; A. RIVAUD, Introdução do *Timeu*, 1925, p. 34 e ss., p. 70-2; cf. igualmente J. STENZEI, *Zahl und Gestalt bei Platon und Aristoteles*, Leipzig, 1924.

[20] 51d: καὶ χρώματα δὴ τοῦτον τὸν τύπον ἔχοντα.

[21] *Timeu*, 80b; cf. *República*, VII, 531c, *Leis*, V, 747a, sobre a maneira pela qual os números se manifestam, entre outras, nos sons.

[22] 51d: λέγω δὴ ἠχὰς τῶν φθόγγων τὰς λείας καὶ λαμπράς, τὰς ἕν τι καθαρὸν ἱείσας μέλος, οὐ πρὸς ἕτερον καλὰς ἀλλ' αὐτὰς καθ' αὑτὰς εἶναι, καὶ τούτων συμφύτους ἡδονὰς ἑπομένας ["eu digo que os sons correntes e límpidos, enviando uma única nota pura, não são belos em relação a outra coisa, mas são belos em si e por si mesmos e destes nascem prazeres que a eles se seguem"], ver 58c-d; cf. *Político*, 307a, sobre os sons λεῖα καὶ βαρέα ["correntes e pesados"].

[23] 53a-b.

[24] 298a e ss. Sobre os odores, *República*, IX, 584b; *Filebo*, 51e.

[25] 110b-c; sobre as cores dos pintores, que são precisamente cores puras e elementares, ver Apêndice VI, p. 131 e ss. Cf. o estudo de J. MOREAU sobre Le platonisme de l' *Hippias Majeur*, *R. É. G.*, 1941, p. 37 e ss.

[26] 110d-e.

[27] 111a ["que vê-la constitui, já de si, um espetáculo de Bem-Aventurados". Tradução de M. T. S. A.].

[28] 248a.

[29] 247c: ἡ γὰρ ἀχρώματός τε καὶ ἀσχημάτιστος καὶ ἀναφὴς οὐσία ὄντως οὖσα κ. τ. λ. ["pois a realidade que é realmente sem cor, sem figura, intangível etc."].

[30] 250b-c: ...μακαρίαν ὄψιν τε καὶ θέαν ... εἶδόν τε καὶ ἐτελοῦντο τῶν τελετῶν ἣν θέμις λέγειν μακαριωτάτην, ἣν ὠργιάζομεν ὁλόκληροι μὲν αὐτοὶ ὄντες... ὁλόκληρα δὲ καὶ ἁπλᾶ καὶ ἀτρεμῆ καὶ εὐδαίμονα φάσματα μυούμενοί τε καὶ ἐποπτεύοντες ἐν αὐγῇ καθαρᾷ, καθαροὶ ὄντες. ["[...] visão feliz e divina [...] inicia-

dos nos Mistérios em que é justo dizer que ela alcança a perfeição divina, mistério que celebrávamos por inteiro [...] integridade, simplicidade, imobilidade, felicidade eram as aparições, quando éramos iniciados nos mistérios e neles atingindo o mais alto grau no meio de uma pura brilhante luz, estando nós purificados..."].

[31] "Quae ab Eleusinis translata esse recte judicat Hermias" ["Que Hérmias corretamente acredita serem transpostas dos mistérios de Elêusis"], diz LOBECK ao falar do texto citado na nota precedente (*Aglaophamus, sive de theologiae mysticae Graecorum causis*, Regismontii Pruss., 1829, I, p. 57); cf. P. FRIEDLÄNDER, *Platon*, 1928, cap. III (Arrheton), p. 83. Sobre a importância das metáforas visuais nos textos inspirados pelos mistérios, ver KRANZ, Diotima von Mantinea, *H.*, 1926, p. 446. A mesma imagem reaparece em Plotino (ver É. BRÉHIER, *La Philosophie de Plotin*, Paris, 1928, p. 31-2): no oitavo tratado da V *Enéada*, ele descreve a beleza luminosa do mundo inteligível, inspirando-se no mito do *Fedro* (Bréhier, Col. G. Budé, t. V, 1931, 8, 3-4, p. 139 e ss.); alhures ele fala da beleza dos dados sensíveis: beleza das cores, da luz do sol, do ouro, de um clarão na noite (*ibidem*, t. I, 1924, 6, 1, p. 96, l. 30 e ss.).

[32] 474d: κατὰ τὴν χρείαν... πρὸς ὃ ἂν ἕκαστον χρήσιμον ᾖ ["pelo uso [...] para o qual cada um é utilizável"]. 474e: διὰ ὠφελίαν ["por utilidade"]. Cf. *Híp. Mai.*, 290e: a colher de madeira da figueira é mais bela que a colher de ouro; cf. 295e e ss.

[33] 474d: κατὰ ἡδονήν τινα.

[34] *Ibid.*: ἐὰν ἐν τῷ θεωρεῖσθαι χαίρειν ποιῇ τοὺς θεωροῦντας ["se no contemplar produz prazer aos que contemplam"]; cf. *Híp. Mai.*, 297e, 298a, em que o belo é definido pelo prazer do visto e do ouvido: ... τὰ ποικίλματα πάντα καὶ τὰ ζωγραφήματα καὶ τὰ πλάσματα τέρπει ἡμᾶς ὁρῶντας, ἃ ἂν καλὰ ᾖ ["todas as decorações, pinturas e esculturas que são belas, agradam-nos quando as vemos"] (cf. *Górgias, supra*, p. 61) ... τὸ καλόν ἐστι τὸ δι' ἀκοῆς τε καὶ ὄψεως ἡδύ ["o belo por meio de ouvir e ver é agradável"].

[35] 116b: καὶ τῶν οἰκοδομημάτων τὰ μὲν ἁπλᾶ, τὰ δὲ μειγνύντες τοὺς λίθους ["algumas dessas construções eram de colorido simples; noutras foram aplicadas pedras de cores diferentes"] (cf. 116a: τὸν μὲν λευκόν, τὸν δὲ μέλανα, τὸν δὲ ἐρυθρὸν ὄντα ["havia brancas, pretas e vermelhas"]) ποικίλα ὕφαινον παιδιᾶς χάριν, ἡδονὴν αὐτοῖς σύμφυτον ἀπονέμοντες ["para agradar a vista, o que lhes emprestava especial encanto." Tradução de C. A. N.].

[36] DIELS, *Vors.*, 55 B 4 e 188: τέρψις γὰρ καὶ ἀτερπίη οὖρος ["limite das coisas vantajosas e desvantajosas é o prazer e o desprazer". Tradução de A. L. A. A. P.].

[37] 655d: καίτοι λέγουσίν γε οἱ πλεῖστοι μουσικῆς ὀρθότητα εἶναι τὴν ἡδονὴν ταῖς ψυχαῖς πορίζουσαν δύναμιν ["embora a maioria diga que o maior valor da música é o poder de transmitir prazer às almas"].

[38] Ver 655d-656a; 658b-e; se for preciso julgar a música pelo prazer, será pelo do mais competente; 668b; cf. *República*, VI, 493d.

[39] Cf. *supra*, p. 33 e 37.

[40] 657b: as belas melodias deveriam ser consagradas, como no Egito, ὡς ἡ τῆς ἡδονῆς καὶ λύπης ζήτησις τοῦ καινῇ ζητεῖν ἀεὶ μουσικῇ χρῆσθαι σχεδὸν οὐ μεγάλην τινὰ δύναμιν ἔχει πρὸς τὸ διαφθεῖραι τὴν καθιερωθεῖσαν χορείαν ἐπικαλοῦσα ἀρχαιότητα ["desde que a busca do prazer e da dor do procurar sempre utilizar nova música, quase não tem poder algum no tocante a corromper a consagrada forma dos coros ao acusá-las de antiquadas"].

[41] 667c-d: τί δὲ τῇ τῶν ὁμοίων ἐργασίᾳ ὅσαι τέχναι εἰκαστικαί; ἆρ' οὐκ, ἂν τοῦτο ἐξεργάζωνται, τὸ μὲν ἡδονὴν ἐν αὐτοῖς γίγνεσθαι παρεπόμενον, ἐὰν γίγνηται, χάριν αὐτὸ δικαιότατον ἂν εἴη προσαγορεύειν ["o que são tais artes que imitam pela produção das semelhanças? Se isso realizam, o ocorrer nelas prazer, conseqüentemente, se ocorre, não deveria do modo mais justo chamar-se graça?"].

[42] 667b: οὐκοῦν πρῶτον μὲν δεῖ τόδε γε ὑπάρχειν ἅπασιν ὅσοις συμπαρέπεταί τις χάρις, ἢ τοῦτο αὐτὸ μόνον αὐτοῦ τὸ σπουδαιότατον εἶναι, ἤ τινα ὀρθότητα, ἢ τὸ τρίτον ὠφελίαν ["primeiramente, então, é preciso que isso seja conveniente a tudo quanto acompanha certo prazer: ou o mais importante é somente ele mesmo, ou alguma correção, ou, em terceiro, utilidade"];

[43] 667d: τὴν δέ γε ὀρθότητά που τῶν τοιούτων ἡ ἰσότης ἄν, ὡς ἐπὶ τὸ πᾶν εἰπεῖν, ἐξεργάζοιτο τοῦ τε τοσούτου καὶ τοῦ τοιούτου πρότερον, ἀλλ' οὐχ ἡδονή.

[44] 667e: τῆς χάριτος, ἣν δὴ κάλλιστά τις ὀνομάσαι ἂν ἡδονήν, ὅταν μηδὲν αὐτῇ τούτων ἐπακολουθῇ; cf. 667d (*supra*, n. 41 e 43); cf. *República*, II, 357b. Platão reconhece aqui o encanto de uma arte graciosa e fantasista, sem dúvida puramente decorativa, independente da semelhança, e que busca apenas agradar.

[45] 667e-668 a: πᾶσαν μίμησιν ... καὶ πᾶσαν ἰσότητα.

⁴⁶ Sem dúvida a palavra aqui tem o sentido de "bem proporcionado": cf. GALENO, *De temp.*, I, 9, 42 (DIELS, *Vors.*, 28 A 3): καί πού τις ἀνδριὰς ἐπαινεῖται Πολυκλείτου Κανὼν ὀνομαζόμενος ἐκ τοῦ πάντων τῶν μορίων ἀκριβῆ τὴν πρὸς ἄλληλα συμμετρίαν ἔχειν ὀνόματος τοιούτου τυχών ["e, penso eu, uma estátua é louvada ao ser nomeada Cânon de Policleto por ter exatas de todas as partes a boa proporção uma em relação a outra, obtendo tal nome"].

⁴⁷ 668a: οὐ γὰρ εἴ τῳ δοκεῖ ἢ μή τις χαίρει τῳ, τό γε ἴσον ἴσον οὐδὲ τὸ σύμμετρον ἂν εἴη σύμμετρον ὅλως – ἀλλὰ τῷ ἀληθεῖ πάντων μάλιστα, ἥκιστα δὲ ὁτῳοῦν ἄλλῳ.

⁴⁸ Cf. 669a: ἔμφρονα κριτήν.

⁴⁹ 668d-e: ... τοὺς ἀριθμοὺς τοῦ σώματος καὶ ἑκάστων τῶν μερῶν τὰς θέσεις εἰ ἔχει, ὅσοι τέ εἰσιν καὶ ὁποῖα παρ' ὁποῖα αὐτῶν κείμενα τὴν προσήκουσαν τάξιν ἀπείληφεν – καὶ ἔτι δὴ χρώματά τε καὶ σχήματα – ἢ πάντα ταῦτα τεταραγμένως εἴργασται – Cf. *Político*, 277a, sobre os erros que cometem os escultores muito apressados; sobre a maneira de julgar a verdade da imagem ver *Crátilo*, 439a-b.

⁵⁰ 668e-669a.

⁵¹ 669a-b: ἆρ' οὖν οὐ περὶ ἑκάστην εἰκόνα, καὶ ἐν γραφικῇ καὶ ἐν μουσικῇ καὶ πάντῃ, τὸν μέλλοντα ἔμφρονα κριτὴν ἔσεσθαι δεῖ ταῦτα τρία ἔχειν, ὅ τέ ἐστι πρῶτον γιγνώσκειν, ἔπειτα ὡς ὀρθῶς, ἔπειθ' ὡς εὖ, τὸ τρίτον, εἴργασται τῶν εἰκόνων ἡτισοῦν ῥήμασί τε καὶ μέλεσι καὶ τοῖς ῥυθμοῖς.

⁵² Cf. *supra*, n. 46.

⁵³ ...τὸ δὲ κάλλος οὐκ ἐν τῇ τῶν στοιχείων, ἀλλὰ ἐν τῇ τῶν μορίων συμμετρίᾳ συνίστασθαι νομίζει, δακτύλου πρὸς δάκτυλον δηλονότι καὶ συμπάντων αὐτῶν πρός τε μετακάρπιον καὶ καρπὸν καὶ τούτων πρὸς πῆχυν καὶ πήχεως πρὸς βραχίονα καὶ πάντων πρὸς πάντα, καθάπερ ἐν τῷ Πολυκλείτου Κανόνι γέγραπται. πάσας γὰρ ἐκδιδάξας ἡμᾶς ἐν ἐκείνῳ τῷ συγγράμματι τὰς συμμετρίας τοῦ σώματος ὁ Πολύκλειτος ἔργῳ τὸν λόγον ἐβεβαίωσε κ. τ. λ. (GALENO, *De placitis Hippocratis et Platonis*, V, p. 425 Müll.= DIELS, *Vors.*, 28 A 3; ARNIM, *St. vet. fr.*, III, n. 472, p. 122, cf. n. 592, 279, 392.)

⁵⁴ Cf. Ch. PICARD, *S. A.*, I, p. 379; *A. G. S.*, II (ver *supra*, p. 42, n. 31), e as observações de J. CHARBONNEAUX, *La sculpture grecque classique*, 1943, p. 41.

⁵⁵ Ver *supra*, p. 83. Cf. *Íon*, 533a-b.

[56] *República*, VII, 529d-530a: ... εἴ τις ἐντύχοι ὑπὸ Δαιδάλου ἤ τινος ἄλλου δημιουργοῦ ἢ γραφέως διαφερόντως γεγραμμένοις καὶ ἐκπεπονημένοις διαγράμμασιν. ἡγήσαιτο γὰρ ἄν πού τις ἔμπειρος γεωμετρίας, ἰδὼν τὰ τοιαῦτα, κάλλιστα μὲν ἔχειν ἀπεργασίᾳ, γελοῖον μὴν ἐπισκοπεῖν αὐτὰ σπουδῇ ὡς τὴν ἀλήθειαν ἐν αὐτοῖς ληψόμενον ἴσων ἢ διπλασίων ἢ ἄλλης τινὸς συμμετρίας.

[57] 284e-285a: Ξε. Δῆλον ὅτι διαιροῖμεν ἂν τὴν μετρητικήν, καθάπερ ἐρρήθη, ταύτῃ δίχα τέμνοντες, ἐν μὲν τιθέντες αὐτῆς μόριον συμπάσας τέχνας ὁπόσαι τὸν ἀριθμὸν καὶ μήκη καὶ βάθη καὶ πλάτη καὶ ταχυτῆτας πρὸς τοὐναντίον μετροῦσιν, τὸ δὲ ἕτερον, ὁπόσαι πρὸς τὸ μέτριον καὶ τὸ πρέπον καὶ τὸν καιρὸν καὶ τὸ δέον καὶ πάνθ' ὁπόσα εἰς τὸ μέσον ἀπῳκίσθη τῶν ἐσχάτων. – Νε. Σω. καὶ μέγα γε ἑκάτερον τμῆμα εἶπες, καὶ πολὺ διαφέρον ἀλλήλοιν. – Ξε. Ὁ γὰρ ἐνίοτε, ὦ Σώκρατες, οἰόμενοι δή τι σοφὸν φράζειν πολλοὶ τῶν κομψῶν λέγουσιν, ὡς ἄρα μετρητικὴ περὶ πάντ' ἐστὶ τὰ γιγνόμενα, τοῦτ' αὐτὸ τὸ νῦν λεχθὲν ὂν τυγχάνει· μετρήσεως μὲν γὰρ δή τινα τρόπον πάνθ' ὁπόσα ἔντεχνα μετείληφεν. Para a interpretação deste texto, cf. L. ROBIN, *La pensée grecque et les origines de l'esprit scientifique*, 4. ed., Paris, 1948, p. 263. G. RODIER – que, por outro lado, não põe em destaque as alusões feitas às diferentes artes – vê nos κομψοί uma alusão a Demócrito (Les mathématiques et la dialectique dans le système de Platon, *A. G. Ph.*, XV, 4, 1902; recolhido nos *Études de philosophie grecque*, Paris, 1926, p. 37-48, e n. 1, p. 48). Cf. *Filebo*, 53c e 55e-56c, *supra*, p. 59, e ver P. CHANTRAINE, [Le mot] grec Κομψός, *R. É. G.*, t. LVIII, 1945, p. 94.

[58] μαλακότητας: há no emprego desta palavra uma brincadeira de um homem que conhece a linguagem dos ateliês; cf. os textos citados mais à frente, p. 117, n. 74 e p. 130; trata-se do que os pintores chamam hoje de morbidez, cf. REINACH, *R. M.*, n. 37.

[59] Cf. as observações que Xenofonte atribui a Sócrates nas *Memoráveis*, III, 10; ver *infra*, Apêndice V, p. 130.

[60] Quem subtrai ou acrescenta algo a um número o modifica: τοῦ δὲ ποιοῦ τινος καὶ ξυμπάσης εἰκόνος μὴ οὐχ αὕτη ᾖ ὀρθότης, ἀλλὰ τὸ ἐναντίον οὐδὲ τὸ παράπαν δέῃ πάντα ἀποδοῦναι οἷόν ἐστιν ὃ εἰκάζει, εἰ μέλλει εἰκὼν εἶναι. Σκόπει δὲ εἰ τι λέγω, Ἆρ' ἂν δύο πράγματα εἴη τοιάδε, οἷον Κρατύλος καὶ Κρατύλου εἰκών, εἴ τις θεῶν μὴ μόνον τὸ σὸν χρῶμα καὶ σχῆμα ἀπεικάσειεν

ὥσπερ οἱ ζωγράφοι, ἀλλὰ καὶ τὰ ἐντὸς πάντα τοιαῦτα ποιήσειεν οἷάπερ τὰ σά, καὶ μαλακότητας καὶ θερμότητας τὰς αὐτὰς ἀποδοίη, καὶ κίνησιν καὶ ψυχὴν καὶ φρόνησιν οἵαπερ ἡ παρὰ σοὶ ἐνθείη αὐτοῖς, καὶ ἑνὶ λόγῳ πάντα ἅπερ σὺ ἔχεις, τοιαῦτα ἕτερα καταστήσειεν πλησίον σου; πότερον Κρατύλος ἂν καὶ εἰκὼν Κρατύλου τότ' εἴη τὸ τοιοῦτον, ἢ δύο Κρατύλοι; (432b-c; cf. 432d ἢ οὐκ αἰσθάνει ὅσου ἐνδέουσιν αἱ εἰκόνες τὰ αὐτὰ ἔχειν ἐκείνοις ὧν εἰκόνες εἰσίν ["ou não percebes quão longe estão as imagens de possuir todas as propriedades dos originais que elas imitam?" Tradução de C. A. N.]). Assim os deuses modelaram e animaram Pandora, παρθένῳ αἰδοίη ἴκελον ["semelhante a uma virgem recatada"], segundo HESÍODO (*Teogonia*, v. 571 e ss.; *Os trabalhos e os dias*, v. 59 e ss.; cf. Ch. PICARD, Le Péché de Pandora, *A.*, t. VII, 1932, p. 41-2).

61 *Socrate critique d'art*, por G. FOUGÈRES, membro da Academia das Inscrições e Belas-Artes, discurso lido na sessão pública anual de sexta-feira, 16 de novembro de 1923, Paris, 1923, p. 6.

62 Ver FOUGÈRES, *op. cit*, p. 2-6.

63 Ver *infra*, Apêndice VI, p. 131.

64 275d: Δεινὸν γάρ που, ὦ Φαῖδρε, τοῦτ' ἔχει γραφή, καὶ ὡς ἀληθῶς ὅμοιον ζωγραφίᾳ· καὶ γὰρ τὰ ἐκείνης ἔκγονα ἕστηκε μὲν ὡς ζῶντα, ἐὰν δ' ἀνέρῃ τι, σεμνῶς πάνυ σιγᾷ: estas últimas palavras evocam o silêncio religioso dos místicos. Cf. nosso *Fabulation platonicienne*, p. 119-20. – No *Górgias*, 450c, Sócrates designa pintura e escultura como as artes do silêncio: ἔνιαι δὲ (scil. τῶν τεχνῶν) οὐδενὸς (scil. λόγου δέονται) ἀλλὰ τὸ τῆς τέχνης περαίνοιτο ἂν καὶ διὰ σιγῆς, οἷον γραφικὴ καὶ ἀνδριαντοποιία καὶ ἄλλαι πολλαί ["algumas (das artes) de nenhum (não precisam de nenhum discurso), mas o que é próprio da arte pode ser levado a termo até pelo silêncio, como a pintura, a escultura e muitas outras"].

65 Cf. W. SÜSS, *Ethos*, p. 87-8; M. J. MILNE, *A study in Alcidamas and his relation to contemporary sophistic*, BRYN MAWR, 1924, p. 11. ALCIDAMAS comparava a obra escrita a um espelho onde se refletiria a vida humana (*Sobre os sofistas*, §32 *ad fin.*).

66 *Alcibíades*, 121a; *Eutífron*, 11b.

67 *Eutífron*, 11b-d, 15b; *Mênon* 97d-e; cf. *Timeu*, 19b-c. Sobre as correntes de pensamento com as quais se pode relacionar estas diversas imagens, ver *infra*, Apêndice VII, p. 134 e ss.

[68] Ver W. Deonna, *Dédale ou la statue de la Grèce archaïque*, I, p. 216 e ss.; fig. 9, p. 219; cf. *idem*, II, p. 20; *Miracle Grec*, I, p. 109 e ss.; cf. Ch. Picard, *A. G. S.*, I, p. 233.

[69] Cf. Ch. Picard, *S. A.*, II, p. 120: "Sob a poderosa impulsão determinada pelos artistas em bronze do Peloponeso, a estatuária se propunha, principalmente, um problema de saber próprio da Estática. Com Praxíteles, é então, poder-se-ia dizer, que a dinâmica se impõe, busca suprema de toda estética de posse de todos seus meios os mais hábeis". Cf. *A. G. S.*, II, p. 261 e 281.

[70] *S. A.*, II, p. 120.

[71] 306c-d: o estrangeiro busca ἐν τοῖς σύμπασι [...] ὅσα καλὰ μὲν λέγομεν ... ὀξύτητα καὶ τάχος, εἴτε κατὰ σώματα εἴτ' ἐν ψυχαῖς εἴτε κατὰ φωνῆς φοράν, εἴτε αὐτῶν τούτων εἴτε ἐν εἰδώλοις ὄντων, ὁπόσα μουσικὴ μιμουμένη καὶ ἔτι γραφικὴ μιμήματα παρέχεται, τούτων τινὸς ἐπαινέτης εἴτε αὐτὸς πώποτε γέγονας εἴτε ἄλλου παρὼν ἐπαινοῦντος ᾔσθησαι; — τί μήν ["procurando, em todos os domínios, as coisas que chamamos belas [...] já elogiaste ou ouviste elogiar diante de ti a rapidez e a velocidade, quer se revelem nos corpos, nas almas ou nos movimentos da voz, quer pertençam às próprias realidades ou às imagens realizadas pelo esforço de imitação da música ou da pintura? — E então?" Tradução de J. P. e J. C. C.]; cf. 306e: quando se faz o elogio destas qualidades, elas são nomeadas τῆς ἀνδρείας.

[72] Ch. Picard, *S. A.*, II, p. 180. Sobre a representação do movimento em escultura, ver Ch. Picard, *A. G. S.*, II, p. 237; cf. as indicações dadas por J. Charbonneaux a respeito da influência da dança sobre a escultura (*La sculpture grecque classique*, 1943, p. 50), e os estudos de Prudhommeau sobre as atitudes escolhidas pelos escultores ou pintores de vasos quando eles figuram dançarinos: projetando um filme sobre o qual ela tinha justaposto as fotografias das poses sucessivas representadas pelos artistas, ela pôde reestabelecer o encadeamento que reúne os diversos momentos da dança (*Revue d'Esthétique*, II, 1, p. 98).

[73] *Ibidem*.

[74] *Parmênides*, 156d-e: ...ἡ ἐξαίφνης αὕτη φύσις ἄτοπός τις ἐγκάθηται μεταξὺ τῆς κινήσεώς τε καὶ στάσεως, ἐν χρόνῳ οὐδενὶ οὖσα, καὶ εἰς ταύτην δὴ καὶ ἐκ ταύτης τό τε κινούμενον μεταβάλλει ἐπὶ τὸ ἑστάναι καὶ τὸ ἑστὸς ἐπὶ τὸ κινεῖσθαι ["esta

natureza, a do instante, é estranha, esta reside entre o movimento e a imobilidade, não existindo em tempo algum, e para esta e desta o que está em movimento muda-se para o permanecer e o que permanece para o movimentar-se"]. Cf. nossa Note sur le discontinu temporel dans la philosophie grecque, A. G. Ph., XL, 2, 1931, p. 182-4.

[75] Cf. *supra*, p. 46, n. 48.

[76] 107d: τὰ δὲ ἡμέτερα ὁπόταν τις ἐπιχειρῇ σώματα ἀπεικάζειν, ὀξέως αἰσθανόμενοι τὸ παραλειπόμενον διὰ τὴν ἀεὶ σύνοικον κατανόησιν χαλεποὶ κριταὶ γιγνόμεθα τῷ μὴ πάσας πάντως τὰς ὁμοιότητας ἀποδιδόντι ["mas, se alguém se abalança a reproduzir a forma humana, de pronto percebemos os defeitos do desenho, pois nosso conhecimento familiar de nós mesmos nos transforma em juízes severos, com relação a quem não conseguiu a semelhança desejada." Tradução de C. A. N.].

[77] E. PFUHL, *Die Anfänge der griechischen Bildniskunst, ein Beitrag zur Geschichte der Individualität*, Munique, 1927, p. 3, e cf. W. DEONNA, *Dédale*, I, p. 539: até aí o "retrato permanece ainda no nome e na intenção, e não nos traços impessoais da imagem". Por outro lado, em 319, o adulador de TEOFRASTO dirá a seu hóspede que seu retrato é semelhante, τὴν εἰκόνα ὁμοίαν εἶναι (*Caractères*, II, l. 37, Ed. Navarre, Col. G. Budé, 1920, p. 14; cf. PFUHL, p. 15).

[78] *N. H.*, XXXV, 153; OVERBECK n. 1514: "Hominis autem imaginem gypso e facie primus omnium expressit ceraque in eam formam gypsi infusa emendare instituit Lysistratus Sicyonius frater Lysippi, de quo diximus, hic et similitudines reddere instituit; ante eum quam pulcherrimas facere studebant" ["ele, primeiro dentre todos, representou o retrato de um homem com gesso molhado sobre a face e, fundida a cera nesta molda de gesso, Lisístrato da Siciônia, irmão de Lisipo, do qual falamos, reajustou-a. Ele também se empenhou em torná-las semelhantes; antes dele se esforçavam em torná-las as mais belas possíveis"]. Cf. PFUHL, *op. cit.*, p. 1-2.

[79] *Philops*, 20: Δημήτριος ὁ Ἀλωπεκῆθεν... οὐ θεοποιός τις ἀλλ' ἀνθρωποποιὸς ὤν ["Demétrio de Alopece [...] não sendo um fazedor de deuses, mas de homens"]; cf. *ibid.*, 18, OVERBECK, n. 900. Cf. QUINTILIANO, *Inst. Or.*, XII, 10, 9: "Ad veritatem Lysippum et Praxitelem accessisse optime affirmant, nam Demetrius tanquam nimius in ea reprehenditur et fuit similitudinis quam pulchritudinis amantior" ["Afirmam que Lisipo e Praxíteles tinham se aproximado de

modo excelente da realidade; pois Demétrio, visto excessivo, é censurado nisso e foi mais amante da similitude do que da beleza"] (OVERBECK, 903).

[80] Aristófanes cita desde 424 um hiparco Símon, cuja estátua é atribuída a Demétrio; PFUHL nota que Símon podia ainda viver no primeiro quarto do século IV; pode também se tratar de uma estátua póstuma; *op. cit.*, p. 6-7.

[81] *Ibid.*, p. 8.

[82] Ch. PICARD, Bulletin archéologique, *R. É. G.*, 1942, II, p. 276 e ss.

[83] Ch. PICARD, *A. G. S.*, II, p. 176, 676 n. 5; III, p. 123, 126 e ss., 145. Fr. POULSEN pronunciou-se num sentido análogo (*From the collection of the Ny Carlsberg Glyptothek*, I, 1933, p. 24 e ss.).

[84] PFUHL, *ibid.*, p. 12-3, 25-7.

[85] *Ibid*, p. 8-9.

[86] *Ibid.*, p. 8, 13, 28-31. As melhores réplicas – possuímos quatorze – se encontram no Vaticano (boas reproduções delas são dadas por H. BRUNN, L. ARNDT, Fr. BRUCKMANN, *Griechische und römische Porträts*, Munique, 1894, n. 776-7; J. J. BERNOUILLI, *Griechische Ikonographie*, Munique, 1901, pr. V; A. HEKLER, *Die Bildniskunst der Griechen und Römer*, Stuttgart, 1912; *Greek and Roman portraits*, Londres, 1912, pr. 22, cf. PFUHL, *op. cit.*, pr. IV, 1) e na gliptoteca Ny Carlsberg de Copenhagem (HEKLER, pr. 23); cf. na *Ikonographie* de BERNOUILLI os bustos de Berlim (pr. IV), de Aix e do Louvre (pr. VI).

[87] DIOG. LAÉRC., III, 25: ἐν δὲ τῷ α' τῶν Ἀπομνημονευμάτων Φαβωρίνου φέρεται ὅτι Μιθριδάτης ὁ Πέρσης ἀνδριάντα Πλάτωνος ἀνέθετο εἰς τὴν Ἀκαδημίαν καὶ ἐπέγραψε "Μιθραδάτης [ε] Ῥοδοβάτου [=Ὀροντοβάτου. Marres] Πέρσης Μούσαις [εἰκόνα ἀνέθηκε Πλάτωνος, ἣν] Σιλανίων ἐποίησε" ["No primeiro livro de suas *Memórias*, Favorinos afirma que o persa Mitridates erigiu uma estátua a Platão na Academia e inscreveu na mesma as seguintes palavras: 'O persa Mitridates, filho de Orontabates, dedicou às Musas esta estátua de Platão, feita por Silânion'." Tradução de M. G. K.]. Mitridates (ou Mitradate) era sem dúvida um destes "déspotas esclarecidos" que, como Hérmias, tirano de Atarneia, tinham estabelecido relação com a Academia. Ver Th. REINACH, *Mithridates Eupator, roi de Pont*, Paris, 1890, p. 4, n. 5 e p. 5; WILAMOWITZ, *Platon*², II, p. 4-5. PLÍNIO fixa a *akmé* de Silânion na 113ª Olimpíada (328-325, *N. H.*, XXXIV, 51); cf. COLLIGNON, *Sculpture grecque*, p. 344; Ch.

PICARD, *Manuel d'archéologie, sculpture*, t. III, 1, 1948, p. 781 e ss.: Silânion teria nascido em torno de 390.

[88] PFUHL, *op. cit.*, p. 30. Mitridates parece ter morrido por volta de 363, o que fornece um termo *ante quem*; cf. Ch. PICARD, *A. G. S.*, III, p. 784, n. 1. Apesar das reservas de WILAMOWITZ (*Platon*², p. 713), parece que os diferentes bustos que chegaram até nós derivam de um mesmo tipo (PFUHL, p. 29, n. 59; LIPPOLD, art. Silanion em PAULY). Reconheceu-se, há pouco tempo, Platão num belo mármore de Holkham Hall, no Norfolk, e se quis vê-lo como a única cópia autêntica de Silânion (Fr. POULSEN, A new portrait of Platon, *J. H. S.*, XL, 1920, p. 190-6 e pr. VIII; *Greek and Roman portraits in English Countryhouses*, Oxford, 1923, p. 32 e ss.; frontispício, pr. 5 e fig. 31, p. 24); os outros tipos derivariam de uma estátua funerária erigida sobre a tumba de Platão. Esta hipótese foi criticada por S. REINACH, que não crê que se trate de Platão (*R. A.*, 1921, II, p. 408, *Sur un prétendu portrait de Platon*); PFUHL, *op. cit.*, p. 29: esta seria uma cópia retocada por uma artista da época helenística; cf. LIPPOLD, *l. c.* Ver Ed. SCHMIDT, Silanion der Meister des Platonbildes, *J. A. S.*, 47, 1932, p. 23 e ss.; R. BÖHRINGER, *Das Antlitz des Genius, Platon*, 1935; Ch. PICARD, *Manuel d'archéologie, sculpture*, III, I, p. 781-816.

[89] *Supra*, p. 31 e ss.; cf. p. 80 e ss.

IV

VALOR DA ARTE

"Tu crês que seria um pintor pior, pergunta Sócrates a Glauco, no livro V da *República*, aquele que, após ter desenhado o mais belo modelo de homem que possa existir, e ter colocado todos os traços dele em seu desenho, não tivesse condições de mostrar que realmente possa existir um homem semelhante? Por Zeus, não, a mim pelo menos, ele diz"[1]. Trata-se aqui, sem dúvida, como justamente se notou, apenas de uma observação feita de passagem[2]; ela também indica que a arte não é submetida a uma imitação servil da realidade, e permitirá aos artistas reivindicar, na ausência da idéia, o ideal – esta noção ambígua que oscila entre o sensível e o suprasensível[3].

— "Mas, nos objetará Glauco ou seu irmão Adimanto, as obras dos escultores ou dos pintores não poderiam, tanto quanto as figuras geométricas, nos revelar ao menos um reflexo das Idéias, ao menos dos Números? Se Praxíteles, esculpindo a estátua de Afrodite, se contentava em reproduzir os traços de Fríneo[4], Zêuxis e Parrásio se inspiraram, para uma mesma personagem, em vários modelos diferentes: é desse modo que Zêuxis, convidado pelos crotônidas para decorar o templo de Hera Laciniana, lhes propôs pintar uma Helena, mas exigiu o direito de escolher cinco modelos entre as mais belas jovens da cidade; o que lhe foi concedido por decisão oficial[5]. Esta não é uma maneira de libertar a idéia, de atingir a essência das coisas ou dos seres?" — "Admirável Glauco, respondemos, falta muito para que você apreenda bem a natureza da idéia e sua distinção para com a imagem, até mesmo e principalmente a composta: não basta de modo algum justapor uma série de belos objetos para extrair a idéia do Belo[6]; de uma à outra, a distância não é menor que da aparência das coisas a suas essências. A esfera e o círculo divinos são bem diferentes da esfera e dos círculos humanos, de que é preciso nos servir bem, mas que são falsos[7]: porque eles se aplicam em todas as suas partes à reta, com a qual o círculo em si nada tem em comum[8]. O círculo pintado se apaga, o círculo torneado se quebra; mas a essência do círculo é impassível[9], e apenas o dialético possui o verdadeiro conhecimento disso[10]: assim como o músico imita apenas o som, o pintor, por mais perfeita que seja a cópia, pode apenas reproduzir a cor, a forma[11], e os aspectos sempre diferentes sob os quais se apresenta um mesmo objeto. Uma cama vista de frente parece diferente de uma cama vista de viés, ou vista em três quartos: não é nada disso, porque a cama é a mesma; mas o pintor não se importa com isso; ele não imita o ser verdadeiro, tal qual ele é, mas a aparência que ele apresenta[12]; em outros termos, ele não exprime a Idéia, mas o Ídolo das coisas[13]. Ele não é, propriamente falando, um poeta, um criador[14], como o artista que fabrica a cama se inspirando na essência da cama, da cama-modelo, criada por Deus[15]; se ele pinta uma rédea ou um freio, ele não tem nem sequer a competência do seleiro ou do ferreiro, sendo esta inferior à do cavaleiro[16]. — De fato, aprovará Glauco, não há oficina onde não se tenha se divertido com a desventura deste ilustre pintor, que pôs cílios nas pálpebras inferiores de um cavalo"[17]. O pintor está, pois, distanciado três graus da verdade e do Rei[18]; em vez de novamente subir, como o filósofo, a inclinação que desce do Uno para o Infinito, ele se deixa deslizar até o mais baixo; em vez de voltar-se, por uma conversão completa da alma, para a fonte de toda luz[19], ele se esforça em fixar, no muro da caverna, as sombras fugitivas que aí se sucedem[20], em dar uma consistência ilusória àquilo que disso nada mais tem do que os reflexos cambiantes das águas e dos espelhos[21] — que Platão pensaria do procedimento de um grande retratista, que trabalhava a partir da imagem que um espelho lhe refletia de seu modelo[22]? — inquietante magia, que projeta visões de um sonho diante de olhos despertos[23]; o que, com efeito, é sonhar, senão tomar o que parece com uma coisa como a própria coisa[24]? Tal é o caso destes amantes[25] que, conhecendo as coisas belas, ignoram a Beleza verdadeira[26] à revelação da qual chega, no *Banquete*, a dialética do Amor: "Beleza eterna, que não conhece devir nem perecer, crescimento nem destruição; Beleza que não é de modo algum bela por um lado, feia por outro; nem ora bela, ora feia; nem bela em relação a isso, feia em relação àquilo; nem também bela aqui, feia lá, no sentido em que, para alguns bela, feia para outros; beleza que não revestirá para um belo rosto as aparências dele, nem de belas mãos, nem de nenhuma beleza corpórea, nem de um discurso, nem de uma ciência nem de nada que seja imanente a uma coisa, a um ser vivo, à terra, ao céu nem a nada mais; mas [se manifestará] em si, por si, consigo, na eternidade de sua forma única, ela da qual todas as outras belezas participam de uma maneira tal que, por seu crescimento ou sua destruição, ela não se torna em nada nem maior nem menor, nem de modo algum sofre"[27].

Apolódoto de Cízico, o democritiano, via o fim supremo da vida humana na "psicagogia", a volúpia enfeitiçante da arte[28]; Platão a isso opõe a visão serena da Beleza perfeita: "é então, se é que em outro mais, que a vida vale a pena de ser vivida pelo homem, meu caro Sócrates: quando ele contempla o Belo em si [...] simples, puro, sem mistura, e não sujo de carnes humanas, de cores, e de todas espécies de futilidades mortais"[29].

A Beleza absoluta se opõe não apenas às belezas sensíveis, tomadas no fluxo movente do devir, mas também, e com mais forte razão, a todas as belezas relativas da arte, sobretudo àquelas de uma arte sofisticada que são belas vistas daqui, feias vistas de lá[30]. De uma às outras, há toda a distância que separa, no *Fedro*[31], o φιλόκαλος, encarnação das almas de elite, a mesmo título que o φιλόσοφος, o μουσικός ou o ἐρωτικός, e os artistas, que em muito pouco precedem sofistas ou demagogos e tiranos; as obras que eles criam, e que a multidão admira, têm uma beleza falsa e ambígua, da qual não se pode dizer nem que ela é, nem que não é[32]: elas giram nos espaços intermediários entre o ser e o não-ser[33], objetos, não de ciência, mas de opinião[34]; e a própria opinião logo perde para Platão seu valor intermediário[35]. A arte nada mais é do que um jogo – tanto a arte de imitação quanto a arte puramente decorativa[36] – e não se poderia emprestar a ela uma seriedade que ela não pretende[37]: é um simples divertimento[38]; mas, de todos os jogos, é o mais sutil e o mais encantador[39]. Aliás, se o jogo não é nada, quase tudo é apenas um jogo: este é um dos temas fundamentais da ironia platônica[40]. A redação dos diálogos é um jogo – um belo jogo, acrescenta Fedro[41]; a dialética do *Parmênides* é um jogo laborioso[42]; o grande mito do *Político* é um jogo[43]; a física do *Timeu* é um jogo muito razoável, um descanso[44]; jogos, as doutas conversas dos anciãos das *Leis*[45]; e o próprio homem não é um joguete dos deuses[46]? A vida não é mais que um jogo; as coisas humanas não merecem ser levadas a sério; e, contudo, não é possível delas se desobrigar[47]; por toda parte, em Platão, o sério e o divertimento são inseparavelmente mesclados[48]: como poderia ser de outro modo, se, desde que intervenha a representação sensível[49] – quer se trate de figuração plástica ou de enunciação verbal – recaímos no nível do mito, ele mesmo uma forma –

mais ou menos séria – de jogo? "Presta atenção, diz Crítias[50]: uma imitação, uma imagem, eis a que conduz necessariamente tudo isso que todos nós dizemos". Desse modo, só podemos nos representar Deus por alguma imagem; e aquela que retorna com mais freqüência é precisamente a do fazedor de imagens, do artista supremo, que trabalha a partir não de um modelo sensível, mas eterno[51]. A arte apenas imita desajeitadamente a criação verdadeira; esta é de algum modo uma forma, transcendente é verdade, da arte[52], à qual será necessário desde então dar a importância que há pouco recusávamos: reencontra-se aqui a transformação profunda pela qual Platão foi conduzido a opor uma doutrina nova às teorias que, no seu tempo, estavam difundidas por toda parte[53] – a estas teorias segundo as quais as maiores e mais belas coisas do universo são obra da natureza e do acaso, o céu e tudo que ele contém, os animais, as plantas e as estações tendo nascido, segundo leis necessárias, do encontro fortuito dos elementos, sem plano inteligente e sem intervenção da arte[54]: a arte foi inventada, há não mais do que mil ou dois mil anos, por mortais como Dédalo, Orfeu, Palamedes, Marsias, Olimpo, Anfíon[55]. – Mas o mundo que estes filósofos assim construíram é, na realidade, um mundo invertido[56]: eles não viram que o movimento em geral, e o movimento regular que descrevem os astros em particular, supõem como primeiro princípio uma substância que tenha a faculdade de mover a si mesma[57], o que é a própria definição da alma[58]: anterior aos corpos, ela preside com sabedoria as suas transformações e as evoluções celestes[59], ordenando e regulando os anos, as estações e os meses[60]. Às qualidades puramente físicas – tais como o duro, o mole, o pesado e o leve – preexistiu, portanto, tudo o que se relaciona com a alma: a opinião, a solicitude, a inteligência, a lei e a arte[61]; as grandes, as primeiras produções são a obra da arte, que é portanto anterior à natureza[62]; ou, então, o que é chamado de "obras da natureza" é a obra de uma arte divina[63]: a arte não existe menos por natureza do que a própria natureza[64]. O mundo é um ἄγαλμα[65], um objeto de arte, a mais bela das coisas criadas; e o astrônomo terá, em relação ao céu visível, a mesma atitude que o geômetra em presença das obras de Dédalo ou de um pintor: quaisquer que sejam as reservas que possa fazer sobre o valor geométrico destas aparências, ele reconhecerá que, assim como o artista terrestre, o artista que construiu o céu fez a obra mais bela possível[66]. A preocupação com a beleza reaparece a todo instante na cosmogonia do *Timeu*[67]; e como os bons operários, Deus mostra um cuidado igual nas pequenas e nas grandes coisas[68]. O grande plasmador se serve da extensão do receptáculo como os modeladores da matéria mole que utilizam: eles começam por lhe retirar toda forma tornando-a bem lisa[69]. A idéia, ao mesmo tempo que o modelo, aparece como um molde cuja impressão é aplicada de uma maneira que Platão evita precisar[70]. Depois, seguindo o uso dos escultores[71], o demiurgo, a fim de perfazer sua obra, a coloriu: para dar uma idéia do aspecto que apresentaria a terra para quem a contemplasse do alto, o Sócrates do *Fédon* – ele se assemelha muito àquele que, nas *Nuvens*, se eleva para os céus num cesto[72] – a mostra matizada como as bolas de couro formadas de doze gomos, suas partes diferenciadas por cores variadas, que se assemelham àquelas de que se servem os pintores[73]. Sabemos, por outro lado, que, quando acabou de pintar o universo[74], o demiurgo se serviu do quinto dentre os sólidos perfeitos, cuja resolução Platão mostrou em triângulos[75]: o dodecaedro regular, que é ele próprio formado por doze pentágonos – texto misterioso, que admite diversas interpretações: pode-se ver aí, com Plutarco[76], uma segunda alusão à fabricação das bolas, os doze gomos de que trata o *Fédon*[77], podendo ser de forma pentagonal; mas se se recorda que, na *República*[78], uma cor distinta é atribuída a cada um dos círculos planetários, isso levará à idéia de que Platão podia pensar na arte dos cartógrafos e na esferopoética[79]; pode-se imediatamente se perguntar se o dodecaedro não era empregado, como se pensou[80], para definir a posição das estrelas, facilitar-lhes a localização e a inscrição na esfera.

Nos dois casos, o demiurgo é ao mesmo tempo artista e artesão[81]. O do *Timeu* procede verdadeiramente como o oleiro ateniense que modela um vaso. Ét. Souriau mostrou isso muito bem[82]; mas o demiurgo também se assemelha a "algum fabricante de instrumentos de precisão, sentado diante de seu torno, cortando pedaços de metal com uma serra, finalizando-os com a lima ou forjando-os delicadamente com o martelo. Não seria", pergunta Rivaud[83], "por que Platão pensa ao mesmo tempo no Deus todo poderoso, organizador das coisas, e no praticante sutil que realizou suas concepções astronômicas no latão ou em alguma outra liga de metais cuidadosamente estudada?" O demiurgo do *Político*, do mesmo modo, apresenta os traços do operário que vigia o funcionamento de um aparelho destinado a representar as revoluções celestes[84]. Platão, detrator dos ofícios *banausicos*[85], colocará, pois, em posição muito elevada a técnica que permite representar a ronda que os astros conduzem[86], dança mais bela e mais grandiosa do que as evoluções de todos os coros[87]. É que, se a harmonia existe por toda parte, em todas as obras dos operários[88], é na natureza que ela se realiza do modo mais perfeito: na sua grande cratera[89], o demiurgo não fez, como queria o escanção do *Filebo*[90], a mistura mais bela e mais harmoniosa? A fórmula da mistura de Mesmo, de Outro e de Mesmo mesclado a Outro de que são compostos os círculos que constituem a invisível armadura, a Alma do Mundo, é uma harmoniosa progressão de duplos e triplos[91]; uma dupla proporção define as relações dos elementos materiais que, com isso, compõem o corpo visível[92]. Corpo e alma, adaptados um ao outro pelo operário; giram sobre si mesmos em torno do mesmo centro[93]; para tornar sua obra ainda mais semelhante ao modelo[94], o demiurgo, não podendo lhe conferir a eternidade[95], dela fez uma imagem móvel – o que chamamos de tempo – construindo o céu, ajustando as revoluções dos astros[96], revoluções que o movimento dos círculos do Mesmo e do Outro determina[97]; do jogo silencioso destes círculos resulta, por outro lado, o pensamento do Universo[98].

As revoluções de nossa alma também deveriam ser regulares[99]: elas foram compostas por uma mistura análoga àquela da Alma do Mundo, exceto que o elemento puro do Mesmo disso está ausente[100]; e os deuses, que o demiurgo tinha encarregado de terminar sua obra[101], as encerraram num corpo esférico – isso que hoje chamamos de cabeça – e cuja forma imita a do Todo[102]. Mas a semelhança pára por aí: pois o Universo não tem necessidade de nenhum órgão para subsistir, nem de pés para se mover[103], enquanto os deuses tiveram de munir nossa cabeça de um corpo e de membros para lhe permitir se deslocar na terra sem ser detida nem diante das alturas nem no fundo das profundezas[104]; mas, principalmente, quando as almas foram introduzidas em corpos feitos de fogo, de terra, de ar e de água[105], o delicado mecanismo submergiu pela torrente desprovida de razão em que ele fora imerso[106]; por todas as partes choques, colisões chegavam até a alma e a abalavam[107], alterando e quebrando a textura dos círculos cujas sábias proporções eles deformavam, criando obstáculo à revolução do Mesmo, desviando e perturbando a do Outro[108]: o primeiro efeito da encarnação é uma espécie de loucura[109]; mas pouco a pouco a calma se restabelece; com o tempo, e graças a uma boa educação, os círculos reencontram seus movimentos naturais[110]. A destinação do homem é precisamente restaurar na sua integridade os movimentos que foram perturbados pelo fluxo do devir[111], conduzir e submeter à revolução do Mesmo o escoamento desta massa corporal, fluente e turva, em que o nascimento a implantou[112]; e é precisamente por isso que a visão lhe foi dada: a fim de que, vendo no céu as estrelas seguirem sem desvio as órbitas harmoniosas da Inteligência, estudando as leis do curso delas, corrijamos em nós a evolução aberrante de nosso pensamento[113], assimilando, assim, o sujeito contemplante ao objeto contemplado[114] – se se pode exprimir nestes termos o pensamento de Platão. Uma tal assimilação será necessária se é verdade que não é possível não se parecer com aquilo pelo qual se tem uma admiração sólida[115]. Assim se explicaria a predileção de Platão pelos instrumentos que tornam a harmonia celeste sensível a nossos olhos e nos auxiliam, como a audição de uma música bem composta[116], a introduzi-la em nossas almas. Mas não se pode dizer também que, na medida em que aí se reencontram medida e proporção – porque medida e proporção são beleza, virtude, substitutos do Bem inacessível[117] –, as obras de pintura e principalmente de escultura são, também elas, belas e até mesmo boas? Somente por isso pode-se explicar a influência beneficente que reconhecemos na contemplação de certas obras de arte[118]. Qualquer que seja a distância que separa as belezas terrestres da Beleza verdadeira, aqueles que a viram brilhar com esplendor entre todas as idéias no mundo supraceleste, estes mesmos saberão reconhecê-la nas belezas aqui de baixo, que disso são a imitação distante e degradada[119].

Notas

[1] 472d: "οἴει ἂν οὖν ἧττόν τι ἀγαθὸν ζωγράφον εἶναι ὃς ἂν γράψας παράδειγμα οἷον ἂν εἴη ὁ κάλλιστος ἄνθρωπος καὶ πάντα εἰς τὸ γράμμα ἱκανῶς ἀποδοὺς μὴ ἔχῃ ἀποδεῖξαι ὡς καὶ δυνατὸν γενέσθαι τοιοῦτον ἄνδρα; – Μὰ Δί' οὐκ ἔγωγ', ἔφη". Assim Fídias não teria se servido de nenhum modelo sensível para fazer sua estátua de Zeus: τὸν Δία πρὸς οὐδὲν αἰσθητὸν ποιήσας, ἀλλὰ λαβὼν οἷος ἂν γένοιτο, εἰ ἡμῖν ὁ Ζεὺς δι' ὀμμάτων ἐθέλοι φανῆναι ["não tendo feito o seu Zeus a partir de algo sensível, mas tendo compreendido o que ele seria, se a nós Zeus pelos olhos quisesse aparecer"], diz dele PLOTINO (*Eneadas*, V, 8, 1, Bréhier, t. V, 1931, p. 136, 1, l. 38-40); οὐ πρὸς γεγονὸς ἀπέβλεψεν, ἀλλ' εἰς ἔννοιαν ἀφίκετο τοῦ παρ' Ὁμήρου Διός ["não tendo olhado para o que é, mas o concebeu a partir do Zeus de Homero"], escreve PROCLUS, que o compara ao demiurgo do *Timeu* (in *Timeu*, 84d; DIEHL, I, 265, 18; cf. *Timeu*, 28b, Ed. Rivaud, p. 140 e n. 3). A anedota foi freqüentemente citada pelos antigos; ver OVERBECK, n. 698 e ss., p. 125 e ss.; cf. A. KALKMANN, *Die Proportionen des Gesichts in der griechischen Kunst*, 55er Winckelmanns-programm, Berlim, 1893, p. 6. Do mesmo modo, numa carta a Castiglione, Rafael explica como, na ausência de múltiplos modelos, ele utiliza "certa idea" (J.-D. PASSAVANT, *Raphael d'Urbin*, 1860, I, p. 194 e 502; PANOFSKY, *Idea*, p. 32 e n. 139).

[2] G. FINSLER tinha observado, a propósito deste texto, que "a lei da verdade artística subtraída à realidade acidental deriva de Platão" (*Platon und die aristotelische Poetik*, Leipzig, 1900, p. 57); mas cf. U. GALLI, *op. cit.*, p. 301: "nel caso nostro specifico l'esempio della pittura e adotto come per analogia, senza che Platone, come questa frase fugace, voglia punto affermare un principio estetico" ["no nosso caso específico, o exemplo da pintura é adotado como por analogia, sem que Platão, com esta frase fugaz, queira afirmar um princípio estético"]; cf. WILAMOWITZ, *Platon*[2], I, p. 703, n. 1.

[3] Sobre o caráter ambíguo da noção de ideal, ver E. CASSIRER, Eidos und Eidolon ..., *B. W. V.*, 1922-23, I (Leipzig, 1924), p. 17; cf. E. PANOFSKY, Idea..., *B. W. S.* (Leipzig, 1924).

[4] Sobre esta tradição, ver OVERBECK, n. 1241, 1269 e ss.; cf. a crítica de G. LIPPOLD, *Zur griechischen Künstlergeschichte*, 3. Praxiteles und Phryne, *J. A. I.*, t. 38-39, 1923-24, p. 155 e ss., e ver Ch. PICARD, *A. G. S.*, III, 2, parte I, p. 557 e ss.

⁵ CÍCERO, *De Inventione*, II, 2, 1 (*R. M.*, n. 214); cf. GÓRGIAS, *Elogio de Helena*, Vors. 76 B 11, § 18; DENIS DE HALICARNASSO, *De priscis script. cens.*, I, 5, 417, Reiske (*R. M.*, n. 215); e PLÍNIO, *N. H.*, XXXV, 64 (*R. M.*, n. 216), que estabece o episódio em Agrigento. Sobre Parrásio, cf. XENOFONTE, *Memoráveis*, III, 10: "Se você quiser pintar figuras irrepreensíveis, lhe diz Sócrates, como é difícil encontrar um corpo humano sem nenhum defeito, você não retira de diversos modelos o que cada um tem de mais belo, de modo a disso compor conjuntos perfeitos? — Sim, é certamente deste modo que nós procedemos" (traduzido por FOUGÈRES, *op. cit.*, p. 9). Uma idéia análoga aparece em PLOTINO (V, 8, l. 11): ἄγαλμα... ὂν ἐκ πάντων καλῶν πεποίηκεν ἡ τέχνη ["uma estátua [...] de todas as formas mais belas a arte fabricou"].

⁶ *República*, V, 476b: "Estas pessoas que têm amor por audições e espetáculos buscam com diligência as belas vozes, as belas cores, as belas formas, e todas as belas obras em que entram tais elementos; mas o Belo em si, sua razão é incapaz de ver a natureza dele e a ela se conformar". Cf. *Fédon*, 74a e ss., em que Sócrates analisa a relação dos objetos iguais e da Igualdade, exemplo que se aplica igualmente ao Belo em si, como ao Bom e ao Justo (75d): e *República*, VI, 510d-511a.

⁷ *Filebo*, 62a-b.

⁸ *Carta* VII, 343a; ver Apêndice VIII, p. 136.

⁹ *Carta* VII, 342c.

¹⁰ Cf. *República*, VII, 534b.

¹¹ *Crátilo*, 423d-e.

¹² *República*, X, 598a-b: κλίνη, ἐάντε ἐκ πλαγίου αὐτὴν θεᾷ ἐάντε καταντικρὺ ἢ ὁπῃοῦν, μή τι διαφέρει αὐτὴ ἑαυτῆς, ἢ διαφέρει μὲν οὐδέν, φαίνεται δὲ ἀλλοία; [...] Τοῦτο δὴ αὐτὸ σκόπει· πρὸς πότερον ἡ γραφικὴ πεποίηται περὶ ἕκαστον; πότερα πρὸς τὸ ὄν, ὡς ἔχει, μιμήσασθαι, ἢ πρὸς τὸ φαινόμενον, ὡς φαίνεται, φαντάσματος ἢ ἀληθείας οὖσα μίμησις; — Φαντάσματος, ἔφη ["se olhares para uma cama de lado, se a olhares de frente ou de qualquer outro ângulo, é diferente de si mesma, ou não difere nada, mas parece distinta [...] Considera então o seguinte: relativamente a cada objeto, com que fim faz a pintura? Com o de imitar a realidade, como ela é realmente, ou a aparência, como ela aparece? É imitação da aparência ou da realidade? – Da aparência."]. Cf. 601b-c: ὁ τοῦ εἰδώλου ποιητής, ὁ μιμητής, φαμέν, τοῦ μὲν ὄντος οὐδὲν ἐπαΐει, τοῦ δὲ

φαινομένου οὐχ οὕτως; — Ναί ["o criador de fantasmas, o imitador, segundo dissemos, nada entende da realidade, mas só da aparência. Não é assim? — É." Tradução de M. H. R. P.].

[13] Cf. E. Cassirer, Eidos und Eidolon. Das Problem des Schönen und der Kunst in Platons Dialogen, B. W. V., 1922-23, I, p. 1-27 (Leipzig, 1924).

[14] República, 597d-e; cf. Sofista, 265a e ss.; cf. supra, p. 47-8, n. 57.

[15] República, X, 596b, 597b-d; também Crátilo, 389a-b: se a lançadeira se quebra antes de estar terminada, o marceneiro faz uma outra tomando por modelo não a lançadeira quebrada, mas ἐκεῖνο τὸ εἶδος πρὸς ὅπερ καὶ ἦν κατέαξεν ἐποίει ["a forma de acordo com a qual também fazia a que se quebrou"]; este modelo é a lançadeira em si, αὐτὸ ὃ ἔστιν κερκίς.

[16] República, X, 601c, cf. 598b-c, 600e-601a.

[17] A aventura é, em geral, atribuída a Mícon, que pintou uma amazonamaquia em Poécilo, mas às vezes também a Polignoto e até mesmo a Apeles (Pólux, II, 69; Elien, Nat. Ant., IV, 50; Tzetzes, Chil., XII, 559 e ss.; R. M., n. 138-139-140; ver p. 154, n. 2; p. 156, n. 1-3).

[18] República, X, 597e; cf. IX, 587b e ss. Para a interpretação da palavra βασιλεύς no nosso texto, cf. República, VI, 509d, onde Platão compara o Bem ao sol: βασιλεύειν τὸ μὲν νοητοῦ γένους τε καὶ τόπου, τὸ δ' αὖ ὁρατοῦ ["são dois e que reinam, um na espécie e no mundo inteligível, o outro no visível"] (ver nosso estudo sobre Le joug du Bien, nos Mélanges Ch. Picard, 1949, t. II, p. 960), e cf. a Alma real e o Noûs real no Filebo, 30d, assim como Leis, X, 904a, e a Carta II, 312e-313a.

[19] República, VII, 532b-c, cf. 515e-516c, 518c, 521c. Sobre o sentido da expressão σὺν ὅλῃ τῇ ψυχῇ ["com toda a alma"], ver L. Robin, Th. plat. de l'amour, 1933, § 152, p. 190.

[20] Cf. República, VII, 515a; cf. supra, p. 44 e n. 37, e nossos Études sur la fabulation platonicienne, p. 60-1. De acordo com as tradições antigas, teria se começado por discernir com um traço a sombra de um homem sobre o muro, e isso seria a origem da pintura: a anedota é atribuída à filha do ceramista Boutades de Corinto, "quae capta amore iuvenis, abeunte illo peregre, umbram ex facie eius ad lucernam in pariete liniis circumscripsit [...]" ["tomada de amor pelo jovem, indo ele para longe, traçou-lhe, com linhas na parede, à luz do candeeiro, a sombra da face ..."], Plínio, N. H., XXXV, 151 (Overbeck, 259);

cf. ATENÁGORAS, *Legat. Pro Christ.*, 14, p. 59, Ed. Dechair (OVERBECK, 261); cf. *ibid*. 17, p. 59 (*R. M.*, n. 61); PLÍNIO, XXXV, 15 (*R. M.*, 56).

[21] No *Sofista* (239d-e), Teeteto indica indistintamente como exemplos do que é preciso entender por imagem (εἴδωλον), τά τε ἐν τοῖς ὕδασι καὶ κατόπτροις εἴδωλα, ἔτι καὶ τὰ γεγραμμένα καὶ τὰ τετυπωμένα καὶ τἆλλα ὅσα που τοιαῦτ' ἔσθ' ἕτερα ["as imagens das águas e dos espelhos, as imagens pintadas ou gravadas, e todas as demais, da mesma espécie." Tradução de J. P.]. Cf. *República*, VI, 509e-510a: λέγω δὲ τὰς εἰκόνας πρῶτον μὲν τὰς σκιάς, ἔπειτα τὰ ἐν τοῖς ὕδασι φαντάσματα καὶ ἐν τοῖς ὅσα πυκνά τε καὶ λεῖα καὶ φανὰ συνέστηκεν, καὶ πᾶν τὸ τοιοῦτον, εἰ κατανοεῖς ["chamo imagens, em primeiro lugar, às sombras; seguidamente, aos reflexos nas águas, e àqueles que se formam em todos os corpos compactos, lisos e brilhantes, e a tudo mais que for do mesmo gênero, se estás a entender-me." Tradução de M. H. R. P.]. Cf. 510e.

[22] Tal era a técnica adotada pelo pintor Marcel Baschet.

[23] *Sofista*, 266c: a casa pintada é οἷον ὄναρ ἀνθρώπινον ἐγρηγορόσιν ἀπειργασμένην ["espécie de sonho apresentado pela mão de um homem a olhos despertos"].

[24] *República*, V, 476c; cf. *Timeu*, 52c.

[25] Aos φιλοθεάμονες da *República* (V, 475d e ss.) se opõe, no *Fedro*, ὁ τῶν τότε πολυθεάμων (251a) ["que contemplou outrora muitas destas"], aquele que contemplou com avidez as essências no lugar supraceleste (cf. p. 79).

[26] *República*, V, 476c; cf. VI, 493e, 507b.

[27] *Banquete*, 211a-b; cf. *Crátilo*, 439c-d e ss., e as passagens do *Hípias Maior* sobre o Belo em si (289d, 291d). Sobre as relações deste último texto com os grandes diálogos de maturidade, ver o estudo de J. MOREAU sobre Le platonisme de l' Hippias majeur, *R. É. G.*, 1941, p. 19 e ss.

[28] Cf. *supra*, p. 70, n. 59.

[29] *Banquete*, 211d-212a. Cf. nosso ensaio sobre Lyncée et l'anatomie, *Études philosophiques*, 1947, I, p. 11.

[30] Ver *supra*, p. 33 e ss.; cf. contudo *Fedro*, 249d-251a (*infra*, p. 106-7). Ver também PLOTINO, p. ex. VI, 6, 18.

[31] 248c-d: τότε νόμος... τὴν μὲν πλεῖστα ἰδοῦσαν εἰς γονὴν ἀνδρὸς γενησομένου φιλοσόφου ἢ φιλοκάλου ἢ μουσικοῦ τινος καὶ

ἐρωτικοῦ... ἕκτη ποιητικὸς ἢ τῶν περὶ μίμησίν τις ἄλλος ἁρμόσει, ἑβδόμη δημιουργικὸς ἢ γεωργικός, ὀγδόη σοφιστικὸς ἢ δημοκοπικός, ἐνάτη τυραννικός ["uma lei estabelece [...] aquela que mais contemplou gerará um filósofo, um amante do belo, ou algum cultuador das musas e amante [...] a sexta, a um poeta ou a algum outro imitador convirá; a sétima, um artesão ou agricultor; a oitava, a de um sofista ou demagogo; a nona, de um tirano"]: cf. *supra*, p. 48, n. 57.

[32] *República*, V, 479a e ss.

[33] *Ibid*, 479d: ... τὰ τῶν πολλῶν πολλὰ νόμιμα καλοῦ τε πέρι καὶ τῶν ἄλλων μεταξύ που κυλινδεῖται τοῦ τε μὴ ὄντος καὶ τοῦ ὄντος εἰλικρινῶς ["[...] as múltiplas noções da multidão acerca da beleza e das restantes coisas como que andam a rolar entre o Não-ser e o Ser absoluto." Tradução de M. H. R. P.].

[34] 479e.

[35] *Teeteto*, 201b, etc.; cf. É. BRÉHIER, *Histoire de la Philosophie*, I, *L'Antiquité et le Moyen Âge*, t. I (Paris, 1926), p. 125-6.

[36] *Polít.*, 288c: τὸ περὶ τὸν κόσμον καὶ γραφικὴν... καὶ ὅσα ταύτῃ προσχρώμενα καὶ μουσικῇ μιμήματα τελεῖται, πρὸς τὰς ἡδονὰς μόνον ἡμῶν ἀπειργασμένα... παίγνιόν πού τι λέγεται ["uma quinta espécie constituída pele ornamentação e a pintura, com todas as imitações que esta última ou a música produzem, e cuja finalidade é nosso prazer [...] chamam-lhe, creio, divertimento", tradução de J. P.]; cf. *Leis*, II, 667d e ss., e *supra*, p. 80.

[37] *Polít.*, 288c: οὐ γὰρ σπουδῆς οὐδὲν αὐτῶν χάριν, ἀλλὰ παιδιᾶς ἕνεκα πάντα δρᾶται ["pois entre elas nenhuma possui propósito sério: constituem todas, unicamente, uma distração"]. *Leis*, X, 889d: παιδιάς τινας, ἀληθείας οὐ σφόδρα μετεχούσας, ἀλλὰ εἴδωλ᾽ ἄττα συγγενῆ ἑαυτῶν, οἷ᾽ ἡ γραφικὴ γεννᾷ καὶ μουσικὴ καὶ ὅσαι ταύταις εἰσὶν συνέριθοι τέχναι ["tendo de alguma brincadeira participado, não muito a verdade, produziram certas imagens com afinidade às artes que as geraram, tais como música e pintura criam e tantas artes quantas são dessas companheiras"] (opostas às artes que produzem também algo sério τι καὶ σπουδαῖον ἄρα γεννῶσι). *Epinomis*, 975d: παιδιά τις... μιμητικὴ μὲν τὸ πλεῖστον ἀλλ᾽ οὐδαμῇ σπουδαία ["um certo jogo [...] na maior parte dos casos uma imitação, mas de modo algum séria"] e as linhas seguintes; cf. *Sofista*, 234a.

[38] Afortunado se este jogo não é prejudicial e não corrompe as cidades: o Estado são começa a fermentar quando o supérfulo torna-se aí necessário, e quando não mais se contenta em possuir casas, vestes, calçados, ἀλλὰ τήν τε ζωγραφίαν κινητέον καὶ τὴν ποικιλίαν ["ir-se-á buscar a pintura e o colorido"]; então, se introduzem οἵ τε μιμηταί, πολλοὶ μὲν οἱ περὶ τὰ σχήματά τε καὶ χρώματα, πολλοὶ δὲ οἱ περὶ μουσικήν, κ. τ. λ. ["imitadores, muitos dos quais são os que se ocupam de desenhos e cores, muitos outros das artes das Musas etc." Tradução de M. H. R. P.] (*República*, II, 373a-b; cf. DEMÓCRITO, 55 B 144.) Sobre esse texto, ver WILAMOWITZ, *Platon*², II, p. 214.

[39] *Sofista*, 234b.

[40] Ver ainda *República*, 376d-e; *Epinomis*, 975d.

[41] *Fedro*, 276d-e, 277e. Cf. as observações feitas por Paul MAZON num estudo, *Sur une lettre de Platon*, lido na Academia das Inscrições e Belas-Letras, na sessão anual de 20 de novembro de 1930 (Paris, 1930). Os diálogos de Platão são comparados "aos ensaios que nós próprios lemos nas sessões públicas de nossas academias". O tema do jogo aparece também em GÓRGIAS no fim do *Elogio de Helena* (DIELS, *Vors.*, 76 B 11, § 21; cf. W. SÜSS, *Ethos*, p. 55): ἐβουλήθην γράψαι τὸν λόγον Ἑλένης μὲν ἐγκώμιον, ἐμὸν δὲ παίγνιον ["quis escrever este discurso como um elogio de Helena, como meu jogo"]: é um exercício de virtuosismo. Encontram-se outros exemplos de παίγνια dos retores – elogio do sal, dos zangões etc. – no *Elogio de Helena* de ISÓCRATES (§ 12) e no *Banquete* de Platão (177b, e cf. a apresentação de L. ROBIN, p. XI, n. 2).

[42] *Parmênides*, 137b: πραγματειώδη παιδιὰν παίζειν (Tradução de DIÈS, p. 71).

[43] *Político*, 268d.

[44] *Timeu*, 59c-d: ... ὅταν τις ἀναπαύσεως ἕνεκα τοὺς περὶ τῶν ὄντων ἀεὶ καταθέμενος λόγους, τοὺς γενέσεως πέρι διαθεώμενος εἰκότας ἀμεταμέλητον ἡδονὴν κτᾶται, μέτριον ἂν ἐν τῷ βίῳ παιδιὰν καὶ φρόνιμον ποιοῖτο ["[...] quando alguém põe de lado o estudo dos seres eternos, à guisa de recreio, se entrega ao inocente jogo de considerar as razões plausíveis das coisas sujeitas ao nascimento, opulenta sua vida como uma distração inocente e em tudo sábia." Tradução de C. A. N.]. Cf. *Filebo*, 30e: ἀνάπαυλα γάρ, ὦ Πρώταρχε, τῆς σπουδῆς γίγνεται ἐνίοτε ἡ παιδιά ["às vezes o jogo se torna, Protarco, repouso do esforço"]. Num tratado περὶ σπουδῆς καὶ

παιδιᾶς, Atenodoro de Tarso deu uma série de exemplos de interrupções do sério por alguma παιδιά (Conrad Hense, Ein Fragment des Athenodorus von Tarsus, *Rh. M.*, LXII, 1907, p. 313-5; K. Praechter, Der Topos περὶ σ., *H.*, t. 47, 1912, p. 471).

[45] *Leis*, VII, 820c: διατριβὴν τῆς πεττείας πολὺ χαριεστέραν πρεσβυτῶν κ. τ. λ. ["é um muito mais refinado passatempo do que a petéia para os velhos"].

[46] *Leis*, VII, 803c: ἄνθρωπον,... θεοῦ τι παίγνιον εἶναι μεμηχανημένον ["homem, [...] é um joguete fabricado pelo deus"], cf. 804b (θαύματα ὄντες κ. τ. λ. ["sendo marionetes"]) e sobretudo I, 644d: θαῦμα μὲν ἕκαστον ἡμῶν ἡγησώμεθα τῶν ζῴων θεῖον, εἴτε ὡς παίγνιον ἐκείνων εἴτε ὡς σπουδῇ τινι συνεστηκός... ["Pensamos que cada um de nós viventes é uma marionete divina, seja como um joguete deles, seja criado com um propósito [...]"]. Cf. igualmente a passagem inspirada de Heráclito sobre o grande πεττευτής ["jogador de petéia"], *Leis*, X, 903d.

[47] *Leis*, VII, 803b: ἔστι δὴ τοίνυν τὰ τῶν ἀνθρώπων πράγματα μεγάλης μὲν σπουδῆς οὐκ ἄξια, ἀναγκαῖον γε μὴν σπουδάζειν · τοῦτο δὲ οὐκ εὐτυχές ["As coisas humanas não são assim dignas de grande preocupação, mas é necessário preocupar-se com elas: e isso não é algo afortunado"], cf. 803c e *República*, X, 604b-c: οὔτε τι τῶν ἀνθρωπίνων ἄξιον ὂν μεγάλης σπουδῆς ["nem tudo que é humano merece que se lhe dê muita importância." Tradução de M. H. R. P.].

[48] A fórmula mais característica é a do Ateniense das *Leis* (III, 688b): καὶ... νῦν λέγω πάλιν ἅπερ τότε, εἰ μὲν βούλεσθε, ὡς παίζων, εἰ δ', ὡς σπουδάζων... ["e [...] agora digo de novo como antes, se quiserdes, como jogo, mas se não, seriamente [...]"]. Cf. *Banquete*, 197e; *República*, VIII, 545e; *Leis*, X, 887d; *Epinomis*, 992b; *Carta VI*, 323d (ἐπομνύντας σπουδῇ τε ἅμα μὴ ἀμούσῳ καὶ τῇ τῆς σπουδῆς ἀδελφῇ παιδιᾷ ["jurando com seriedade e, ao mesmo tempo, não privada das musas, com aquela jocosidade que é amiga da seriedade"]); cf. Friedländer, *Platon*, I, p. 143, e G. J. De Vries, *Spel bij Plato*, Amsterdam, 1949.

[49] A oposição dos livros VII e X da *República* é, quanto a isso, impressionante: cf. nosso *Fabulation platonicienne*, p. 21, 32, 82.

[50] *Crítias*, 107b: Μίμησιν μὲν γὰρ δὴ καὶ ἀπεικασίαν τὰ παρὰ πάντων ἡμῶν ῥηθέντα χρεών που γενέσθαι. Cf. *Carta VII*, 342a, 344b (ver Cassirer, *op. cit.*, p. 25), texto que é interessante comparar com o *Crátilo*, 423d e ss.

51 *Timeu*, 28b-29b; cf. *supra*, p. 108, n. 1; ver A. RIVAUD, Introdução do *Timeu*, p. 33. Cf. V. GOLDSCHMIDT, Le paradigme dans la théorie platonicienne de l'action, *R. É.G.*, 1945, p. 118 e ss.

52 Cf. *Sofista*, 219a-b, 265b e ss. *Banquete*, 205b-c; cf. p. 47-8, n. 17.

53 *Leis*, X, 891b: εἰ μὴ κατεσπαρμένοι ἦσαν οἱ τοιοῦτοι λόγοι ἐν τοῖς πᾶσιν ὡς ἔπος εἰπεῖν ἀνθρώποις ["se tais discursos não estivessem disseminados, por assim dizer, entre todos os homens"]. Ver nosso *Essai sur la formation de la pensée grecque*, p. 371-2. Cf. J. MOREAU, *L'âme du monde de Platon aux Stoïciens*, Paris, 1939, cap. II.

54 *Leis*, X, 889 bc; cf. *Leis*, XII, 967 a e c, e ver GUEROULT, Le Xe livre des Lois et la Physique platonicienne, *R. É. G.*, t. XXXVII, 1924, p. 31 e ss.

55 *Leis*, III, 677d; cf. X, 889c e a seqüência: τέχνην δὲ ὕστερον ἐκ τούτων ὑστέραν γενομένην, αὐτὴν θνητὴν ἐκ θνητῶν ὕστερα γεγεννηκέναι παιδιάς τινας κ. τ. λ. ["a arte depois surgiu a partir destas coisas posteriores, sendo ela própria uma coisa mortal feita de coisas mortais, gerando por fim certos jogos etc."], (*supra*, p. 112, n. 37). São em seguida resumidas as teses bem conhecidas sobre a legislação, os deuses, a moral, consideradas como obras de arte, não da natureza. Para as diferentes teorias sobre a origem da civilização, ver ANAXÁGORAS, 46 B 21[b]; DEMÓCRITO em DIELS, *Vors.*, 55 B 154, 144 (cf. *supra*, p. 113, n. 38) e *Nachträge*, p. XII-XIV; PROTÁGORAS, 74 B 5, 8a, 8b (cf. *Protágoras*, 322 a) e sobretudo *Crítias*, DIELS 81 B 25; ver UXKULL-GYLLENBAND, *Griechische Kulturentstehungslehren*, Berlim, 1924, p. 10, 23, 30, e nosso estudo Sur le mythe du Politique (em *Fabulation platonicienne*, p. 89 e ss.), assim como a *Formation de la pensée grecque*, p. 347 e ss. No livro III das *Leis*, PLATÃO parece adotar uma teoria de inspiração democritiana (se se pode designar por este nome o conjunto destas tendências), que ele rejeita, no livro X, ao mesmo tempo que a física materialista.

56 *Leis*, X, 891e: ... ὃ δὲ ὕστερον, πρότερον (scil. ἀπεφήναντο εἶναι γεγονός) ["o que é último, primeiro (scil. foram declarados vir a ser)"], cf. XII, 967b-c: ... ἅπανθ ὡς εἰπεῖν ἔπος ἀνέτρεψαν πάλιν κ. τ. λ. ["tudo, por assim dizer, viraram novamente de ponta cabeça"].

57 *Leis*, X, 892a e ss. (cf. GUEROULT, *l. c.*) e XII, 966 e ss.

58 *Leis*, X, 895a-b, 896a, 899b; *Fedro*, 245b-e; cf. L. ROBIN, *Théorie platonicienne de l'Amour*, p. 85-94.

59 *Leis*, X, 892a: σωμάτων ἔμπροσθεν πάντων γενομένη, καὶ μεταβολῆς τε αὐτῶν καὶ μετακοσμήσεως ἁπάσης ἄρχει παντὸς μᾶλλον ["tendo surgido antes de todos os corpos, comanda todas as mudanças e as transformações deles mais do que qualquer outra coisa"], cf. 896c-899b; *Filebo*, 28d-e; *Sofista*, 265c e ss.

60 *Filebo*, 30c.

61 *Leis*, X, 892b: Δόξα δὴ καὶ ἐπιμέλεια καὶ νοῦς καὶ τέχνη καὶ νόμος σκληρῶν καὶ μαλακῶν καὶ βαρέων καὶ κούφων πρότερα ἂν εἴη ["a opinião, a solicitude, a inteligência, a arte e a lei precederão no tempo ao que é duro e mole, pesado e leve"]. Cf. 896e-897a.

62 *Leis*, X, 892b: καὶ δὴ καὶ τὰ μεγάλα καὶ πρῶτα ἔργα καὶ πράξεις τέχνης ἂν γίγνοιτο... ["e as coisas grandes e primeiras serão obras e ações da arte [...]"].

63 *Sofista*, 265e: θήσω τὰ μὲν φύσει λεγόμενα ποιεῖσθαι θείᾳ τέχνῃ ["afirmarei, entretanto, que as obras ditas da natureza são obras de uma arte divina." Tradução de J. P.].

64 *Leis*, X, 890d: τέχνῃ, ὡς ἐστὸν φύσει ἢ φύσεως οὐχ ἧττον ["a arte, que ambas são por natureza ou que ambas são da natureza"].

65 *Timeu*, 37c; cf. *Cármides*, 154c, ὥσπερ ἄγαλμα ἐθεῶντο αὐτόν, eles o contemplavam como uma estátua.

66 *República*, VII, 530a, ver *supra*, p. 81.

67 29a, 30b, 31c, 33b-d, 40a, 42d, 68e.

68 *Leis*, X, 902e: μὴ τοίνυν τόν γε θεὸν ἀξιώσομέν ποτε θνητῶν δημιουργῶν φαυλότερον κ. τ. λ. ["não avaliemos jamais que a divindade seja inferior aos artesãos mortais"]: cf. *Górgias*, 503e (*supra*, p. 47-8, n. 57).

69 *Timeu*, 50e: [...] ὅσοι τε ἔν τισιν τῶν μαλακῶν σχήματα ἀπομάττειν ἐπιχειροῦσι, τὸ παράπαν σχῆμα οὐδὲν ἔνδηλον ὑπάρχειν ἐῶσι, προομαλύναντες δὲ ὅτι λειότατον ἀπεργάζονται ["[...] quem se dispõe a imprimir figuras nalguma substância mole, não permite que nela apareça nenhuma forma, cuidando, pelo contrário, de deixar a superfície tão lisa e plana quanto possível." Tradução de C. A. N.]. Da mesma forma, o reformador social – cuja atividade é paralela à do criador – considera o Estado como tábua para pintar (ὥσπερ πίνακα), que ele deve começar, por tornar limpa, se ele não a recebeu assim ([...] ἢ παραλαβεῖν καθαρὰν ἢ αὐτοὶ ποιῆσαι), *República*, VI, 501a.

70 *Timeu*, 50c: τὰ δὲ εἰσιόντα καὶ ἐξιόντα τῶν ὄντων ἀεὶ μιμήματα, τυπωθέντα ἀπ' αὐτῶν τρόπον τινὰ δύσφραστον καὶ θαυμαστόν, ὃν

εἰς αὖθις μέτιμεν ["quanto às coisas que entram e saem, devem ser consideradas cópias da substância eterna, cunhadas sobre esse modelo, por maneira admirável e difícil de explicar. Mais para diante, voltaremos a tratar desse ponto"]. Platão não manteve esta promessa. Sobre este texto, ver L. ROBIN, *Études sur la signification et la place de la Physique dans la Philosophie de Platon*, Paris, 1933, p. 20 e ss.; A. RIVAUD, Introdução do *Timeu*, p. 66-7. Sobre os τύποι dos escultores, ver *supra*, p. 51-2, n. 77; cf. a criação dos que vivem no *Timeu*, 39e: πρὸς τὴν τοῦ παραδείγματος ἀποτυπούμενος φύσιν ["moldando-o de acordo com a natureza do modelo"] – a alusão à argila que utilizam os fabricantes de bonecas no *Teeteto* (147a-b: πηλός... ὁ τῶν κοροπλαθῶν) – e o mito da criação do homem no *Protágoras* (320d): τυποῦσιν αὐτὰ θεοὶ γῆς ἔνδον ἐκ γῆς καὶ πυρὸς μείξαντες καὶ τῶν ὅσα πυρὶ καὶ γῇ κεράννυται ["os deuses os modelam no interior da terra, mesclando terra e fogo e tudo o mais que se compõe de terra e fogo"]. Cf. L. SÉCHAN, Pandora, L'Ève Grecque, *B. B.*, n. 23, abril de 1929, p. 9, n. 6.

[71] Ver *supra*, p. 29 e ss.; p. 50, n. 72.

[72] *Nuvens*, 218 e ss.

[73] *Fédon*, 110b: Λέγεται τοίνυν, ἔφη, ὦ ἑταῖρε, πρῶτον μὲν εἶναι τοιαύτη ἡ γῆ αὐτὴ ἰδεῖν, εἴ τις ἄνωθεν θεῷτο, ὥσπερ αἱ δωδεκάσκυτοι σφαῖραι, ποικίλη, χρώμασι διειλημμένη, ὧν καὶ τὰ ἐνθάδε εἶναι χρώματα ὥσπερ δείγματα, οἷς δὴ οἱ γραφεῖς καταχρῶνται ["Aí tens, pois, meu caro, o que se conta [...] Antes de mais, a imagem da Terra, vista de cima, é idêntica a essas esferas de doze peças de pele: toda ela variegada, com cores bem distintas em cada uma das partes, de que estas nossas, e em particular as que os pintores utilizam, são, por assim dizer, amostras." Tradução de M. T. S. A.]. "Talvez as cores da terra sejam as doze cores fundamentais do *Timeu*, 67e-68c", como sugere L. ROBIN (*Phédon*, p. 89, n. 3); cf. *supra*, p. 79, e ver Apêndice VI, p. 131.

[74] *Timeu*, 55c: Ἔτι δὲ οὔσης συστάσεως μιᾶς πέμπτης, ἐπὶ τὸ πᾶν ὁ θεὸς αὐτῇ κατεχρήσατο ἐκεῖνο διαζωγραφῶν ["da combinação restante, a quinta, utilizou-se a divindade para configurar o universo." Tradução de C. A. N.]. Aristóteles também compara a natureza a um pintor: "Ela começa por delimitar os contornos, depois vêm, sem artifícios, as cores, as suavidades (μαλακότητας, cf. p. 92, n. 58) e as durezas, como se fosse a obra de um pintor da natureza; e, com efeito, os pintores, depois de terem feito o esboço de seus desenhos,

untam então de cores seus temas" (*De anim. gen.*, II, 6, p. 743 b 20 e ss.; *R. M.*, n. 37). Cf. *Pol.*, do ponto de vista da técnica do pintor, 277c, onde Platão compara seu discurso a uma personagem, "cujos contornos são convenientemente desenhados, mas a quem falta a precisão que dão as cores e as misturas das tintas" ὥσπερ ζῷον τὴν ἔξωθεν μὲν περιγραφὴν ἔοικεν ἱκανῶς ἔχειν, τὴν δὲ οἷον τοῖς φαρμάκοις καὶ τῇ συγκράσει τῶν χρωμάτων ἐνάργειαν οὐκ ἀπειληφέναι πω. Ver *infra*, Apêndice VI, p. 131 e ss.

[75] Cf. *supra*, p. 77-8.

[76] *Platon. quaest.*, ζήτημα Ε΄, p. 1003 cd (Ed. Bernardakis, Col. Teubner, 1895, p. 129 e ss.).

[77] Ver *supra*, p. 117, n. 73.

[78] X, p. 616 e ss.; ver A. Rivaud, Études platoniciennes, I, *R. H. Ph.*, 1928, p. 10, 18. Cf. J. Bidez, *Eos ou Platon et l'Orient*, Bruxelles, 1945, Apêndice I.

[79] Cf. *Nuvens*, v. 203 e ss., em que Aristófanes zomba dos alunos do φροντιστήριον ["pensatório", tradução de G. M. R. S.] que estudam o céu, medem a terra e dela projetam a circunferência num mapa (206: αὕτη δέ σοι γῆς περίοδος πάσης). Pode-se aproximar desta cena uma passagem do *Icaromênipo* (cuja fonte parece remontar ao começo do século III, cf. R. Helm, *Lucian und Menipp*, Leipzig-Berlim, 1906, p. 96 e ss.), no qual Luciano mostra os filósofos, ἀέρος τε ὕψη καὶ θαλάττης βάθη καὶ γῆς περιόδους ἀναμετροῦντες, ἔτι δὲ κύκλους καταγράφοντες καὶ τρίγωνα καὶ τετραγώνοις διασχηματίζοντες καὶ σφαίρας τινὰς ποικίλας τὸν οὐρανὸν δῆθεν αὐτὸν ἐπιμετροῦντες ["medindo os cumes da atmosfera, as profundezas do mar e as circunferências da terra, desenhando também círculos e triângulos sobre quadrados e algumas variegadas esferas modelando, medindo também daí o próprio firmamento"]; passagem que pode concernir a Eudoxo (ver F. Gisinger *apud* Alois Schlachter, *Der Globus, seine Entstehung und Verwendung in der Antike*, Leipzig-Berlim, 1927 (ΣΤΟΙΧΕΙΑ, VIII), p. 33, n. 3. – Cf. a pequena esfera, σφαιρίον, à qual se faz alusão na *Carta II* (312d), aliás, provavelmente apócrifa; ver nosso *Fabulation platonicienne*, p. 92 e ss.

[80] W. R. Newbold, Philolaus, *A. G. Ph.*, t. XIX, p. 203, cf. p. 200, onde são agrupados exemplos de medidas das dimensões celestes com a ajuda de polígonos inscritos. Do mesmo modo Frank (*Plato*, p. 187, n.) vê aí o equivalente de uma graduação ("eine Art Analogon zur Gradnetzteilung").

Sobre os procedimentos empregados depois, ver PTOLOMEU, *Synt. Math.*, l. VIII, cap. III, περὶ κατασκευῆς στερεᾶς σφαίρας (Ed. Heiberg, p. 179 e ss.) e cf. SCHLACHTER, *op. cit.*, p. 34 e ss. Ver ainda, sobre o papel do dodecaedro, Ch. MUGLER, La philosophie physique et biologique de l'Épinomis, *R. É. G.*, t. LXII, 1949, p. 32 e ss.

[81] Sobre o sentido do termo, cf. *supra*, p. 47-8, n. 57.

[82] Philosophie des procédés artistiques, *R. C. C.*, 1928-29, p. 236.

[83] *Op. cit.*, p. 15. *R. H. Ph.*, 1928. Ver também Erich FRANK, *Plato und die sogenannten Pythagoreer*, 1923, p. 238 e 344, n. 69.

[84] Ver *Político*, 270a, 273b, e cf. nosso estudo Sur le mythe du Politique, *Fabulation platonicienne*, p. 89 e ss.

[85] *República*, VII, 522b: αἵ τε γὰρ τέχναι βάναυσοί που ἅπασαι ἔδοξαν εἶναι ["já que as artes pareciam todas simples trabalho manual", tradução de M. H. R. P.]; cf. VI, 495e e IX, 590c: βαναυσία δὲ καὶ χειροτεχνία διὰ τί οἴει ὄνειδος φέρει ["e a profissão de artífice e de trabalhador manual, por que motivo julgas tu que acarreta censuras?" Tradução de M. H. R. P.]. Cf. nosso *Machinisme et philosophie*, p. 13. É preciso, antes de mais nada, nuançar esta apreciação: tentamos fazê-lo num ensaio sobre *Platon et les techniques*, que será publicado num volume de textos reunidos em homenagem a R. Mondolfo.

[86] *Timeu*, 40c-d: χορείας δὲ τούτων αὐτῶν... τὸ λέγειν ἄνευ δι' ὄψεως τούτων αὖ τῶν μιμημάτων μάταιος ἂν εἴη πόνος ["o coro de danças dessas mesmas divindades [...] descrever tudo sem recorrer aos seus modelos visíveis, seria trabalho perdido." Tradução de C. A. N.]. Ver A. RIVAUD, *op. cit.*, p. 4.

[87] *Epinomis*, 982e: ... τὴν τῶν ἄστρων φύσιν, ἰδεῖν μὲν καλλίστην, πορείαν δὲ καὶ χορείαν πάντων χορῶν καλλίστην καὶ μεγαλοπρεπεστάτην χορεύοντα... ["é assim a natureza dos astros, bela de ver, evolução e dança coral mais bela e grandiosamente decorosa de todos os coros [...]"].

[88] Cf. *supra*, p. 47-8, n. 57.

[89] *Timeu*, 41d.

[90] 61b.

[91] *Timeu*, 35a-36c; cf. A. RIVAUD, *Notice*, p. 41 e ss.; Études platoniciennes, II, *R. H. Ph.*, 1929, p. 8 e ss., cf. p. 28-9.

[92] *Timeu*, 31c-32c.

93 *Ibid.*, 36e, cf. 34a-b, 37a.

94 37c e ss.: γεγονὸς ἄγαλμα... ἔτι δὴ μᾶλλον ὅμοιον πρὸς τὸ παράδειγμα ἐπενόησεν ἀπεργάσασθαι κ. τ. λ. ["tornado imagem... ele ainda decidiu fazê-lo mais semelhante ao modelo etc."] – 38b e ss.: κατὰ τὸ παράδειγμα τῆς διαιωνίας φύσεως, ἵν' ὡς ὁμοιότατος αὐτῷ κατὰ δύναμιν ᾖ κ. τ. λ. ["segundo o modelo da natureza eterna para que lhe seja o mais semelhante possível"] – 39e: ἵνα τόδε ὡς ὁμοιότατον ᾖ τῷ τελέῳ καὶ νοητῷ ζῴῳ πρὸς τὴν τῆς διαιωνίας μίμησιν φύσεως ["para que este mundo fosse o mais semelhante possível ao animal perfeito e inteligível em relação à imitação de sua natureza eterna"].

95 Um mundo criado não pode, evidentemente, ser eterno (37d); e, além disso, a imitação não pode jamais ser idêntica ao modelo (cf. *supra*, p. 82).

96 37d-e, 38c-e.

97 38e, 39a-b; sobre a astronomia platônica, ver a Introdução do *Timeu*, A. Rivaud, 1925, p. 52 e ss., e o estudo citado, *R. H. Ph.*, 1928.

98 *Timeu*, 37b-c.

99 Cf. 90d.

100 41d.

101 41b-c.

102 44d: τὰς μὲν δὴ θείας περιόδους δύο οὔσας, τὸ τοῦ παντὸς σχῆμα ἀπομιμησάμενοι περιφερὲς ὄν, εἰς σφαιροειδὲς σῶμα ἐνέδησαν, τοῦτο ὃ νῦν κεφαλὴν ἐπονομάζομεν ["as revoluções divinas, que são duas, eles limitaram dentro de um corpo de forma esférica, imitando a forma esférica do todo, corpo o qual nós chamamos agora a cabeça"]. Cf. a forma circular que os homens míticos descritos por Aristófanes, no *Banquete*, têm de seus parentes o Sol, a Terra e a Lua (189d-190c). Ver também as observações de J. Charbonneaux sobre as proporções da cabeça no Cânon de Policleto (*La sculpture grecque classique*, 1943, p. 41).

103 33c-34a.

104 44d-e: ἵν' οὖν μὴ κυλινδούμενον ἐπὶ γῆς ὕψη τε καὶ βάθη παντοδαπὰ ἐχούσης ἀποροῖ τὰ μὲν ὑπερβαίνειν, ἔνθεν δὲ ἐκβαίνειν, κ. τ. λ. ["para que, portanto, rolando sobre a terra, que tem altura e profundidade de todo tipo, não encontrasse dificuldade em superar umas e sair das outras"] – Cf. o modo de andar de cambalhotas dos

homens-bolas de Aristófanes no *Banquete*, 190a; e sobre todo este conjunto de idéias, ver J. Stenzel, *Über zwei Begriffe der platonischen Mystik;* Ζωιον *und* Κινησισ, Breslau, 1914.

[105] 42c-d, 42e, 43a.

[106] 42c-d: ὄχλον...θορυβώδη καὶ ἄλογον ["massa [...] tumultuosa e irracional"], 43a: αἱ δ' εἰς ποταμὸν ἐνδεθεῖσαι πολὺν ["as almas presas a um violento rio"]. 43b: πολλοῦ γὰρ ὄντος τοῦ κατακλύζοντος καὶ ἀπορρέοντος κύματος, κ. τ. λ. ["pois mesmo sendo enorme a onda afluente e refluente etc."].

[107] 43c.

[108] 43d-e.

[109] 44a; cf. *Leis*, II, 672c.

[110] 44b.

[111] 47b-c: ἵνα... τὰς ἐν ἡμῖν πεπλανημένας καταστησαίμεθα ["para que [...] corrijamos os errantes em nós (os giros)"] (scil. περιφοράς); cf. 90d: τὰς περὶ τὴν γένεσιν ἐν τῇ κεφαλῇ διεφθαρμένας ἡμῶν περιόδους ἐξορθοῦντα... ["para corrigir os circuitos que ao nascimento se iniciaram erroneamente em nossa cabeça [...]" Tradução de C. A. N.].

[112] 42c: τῇ ταὐτοῦ καὶ ὁμοίου περιόδῳ τῇ ἐν αὐτῷ συνεπισπώμενος τὸν πολὺν ὄχλον καὶ ὕστερον προσφύντα κ. τ. λ. ["lançando-se à revolução do mesmo e do semelhante em si mesmo, a excessiva massa depois disso acrescida etc."] (cf. 42a: ὁπότε δὴ σώμασιν ἐμφυτευθεῖεν ἐξ ἀνάγκης ["quando, a partir da necessidade, eles seriam implantados nos corpos"]). Somente quando nós chegarmos a um tal resultado, disse o demiurgo ao promulgar as leis que nos foram dadas em comum (41e: νόμους τε τοὺς εἱμαρμένους εἶπεν αὐταῖς, cf. 42d: διαθεσμοθετήσας), é que, escapando ao ciclo das metamorfoses, nós poderemos novamente nos elevar até os astros, entre os quais ele havia distribuído nossas almas (46d-e) para aí viver eternamente uma vida feliz, que nós passaremos a meditar, como eles, sempre os mesmos pensamentos sobre os mesmos objetos (42b, cf. 40a-b e 90d).

[113] 47b-c: ἵνα τὰς ἐν οὐρανῷ τοῦ νοῦ κατιδόντες περιόδους χρησαίμεθα ἐπὶ τὰς περιφορὰς τὰς τῆς παρ' ἡμῖν διανοήσεως, συγγενεῖς ἐκείναις οὔσας ἀτχράκτοις τεταραγμένας, ἐκμα-Οόντες δὲ νκὶ ϛογομῶν κατὰ φύσιν ὀρθότητος μετασχόυτες, μϛμουμενοι τὰς τοῦ Οεοῶ Πάντως ἀπλανεῖς οὔτας "para que

possamos contemplar as revoluções da inteligência no céu e as usemos para as revoluções do raciocínio em nós, os quais são aparentados àquelas, perturbáveis às imperturbáveis, tendo bem aprendido e partilhado da correção por natureza de raciocínios, imitando as revoluções completamente invariáveis do [...]" Tradução de C. A. N.]. Cf. 90d.

[114] τῷ κατανοουμένῳ τὸ κατανοοῦν ἐξομοιῶσαι ["tornando semelhante o que pensa ao que é pensado"] (90d).

[115] *República*, VI, 500c: ἢ οἴει τινὰ μηχανὴν εἶναι, ὅτῳ τις ὁμιλεῖ ἀγάμενος, μὴ μιμεῖσθαι ἐκεῖνο ["ou achas que há alguma maneira de não imitar aquele com quem convivemos, se o admirarmos?"]; cf. X, 606b: ἀπολαύειν ἀνάγκη ἀπὸ τῶν ἀλλοτρίων εἰς τὰ οἰκεῖα ["o que usufruímos dos outros inevitavelmente recai sobre o que nos é próprio"] (a propósito do teatro).

[116] *Timeu*, 47d.

[117] *Filebo*, 64d-e: μετριότης γὰρ καὶ συμμετρία κάλλος δήπου καὶ ἀρετὴ πανταχοῦ συμβαίνει γίγνεσθαι ["pois a medida e a proporção sem dúvida ocorrem ser, em toda a parte, beleza e virtude"]. Cf. *Timeu*, 87c: τὸ δὲ καλὸν οὐκ ἄμετρον ["o belo não é desproporcional"].

[118] Cf. *supra*, p. 18, 33-4, 35.

[119] *Fedro*, 249d-251a.

APÊNDICES

I

AS TENDÊNCIAS ARCAIZANTES EM ATENAS NOS SÉCULOS IV E V
(p. 53, n. 81)

Reconheceu-se, ao longo dos últimos anos, que a corrente arcaizante, que se manifesta em Atenas em todos os domínios, remonta a um período mais distante do que se pensava. E. Schmidt reuniu vários monumentos datados dos anos 390-360, e mostrou que, neste momento, Atenas apresenta-se não mais sob traços arcaicos, mas arcaizantes, por exemplo, na série de ânforas panatenaicas[1]. Mas estas tendências já se manifestam nas vinhetas esculpidas sobre os decretos públicos de Atenas em torno de 400[2]; encontram-se em Tasos, onde as escavações da Escola francesa recuperaram obras de arte arcaizantes datadas do final do século V[3]; elas aparecem desde o começo do século em Delfos, numa metope do Tesouro de Atenas[4], e mesmo em Atenas: E. Pfuhl estudou um relevo da Acrópole que remontava a esta época, em que Atena já é representada sob traços de um arcaísmo intencional, que contrastam com os de outras personagens[5]. "Este movimento, escreve Ch. Picard, deveu-se a uma fermentação de idéias ao mesmo tempo religiosas e políticas, alimentadas precisamente pelo partido dos *conservadores;* e os destinos da tendência arcaizante foram sempre muito ligados às peripécias das lutas deste partido, que teve, de acordo com o momento, vitórias e derrotas. – Por exemplo, ele acrescenta, os arcaizantes da segunda metade do século V (Alcamenos, Calímaco etc.) exprimem o ponto de vista de um Nícias[6]." Este também parece ser o de Platão, que assim pertenceria, por suas preferências, ao grupo dos neófobos e, ao mesmo tempo, fosse apenas pelo estilo e a forma de suas obras, ao dos inovadores.

II
Τί τὸ σκηνογραφικόν;
(p. 67, n. 30)

Τὸ σκηνογραφικὸν τῆς ὀπτικῆς μέρος ζητεῖ πῶς προσήκει γράφειν τὰς εἰκόνας τῶν οἰκοδομημάτων· ἐπειδὴ γὰρ οὐχ οἷά [τε] ἐστι τὰ ὄντα, τοιαῦτα καὶ φαίνεται, σκοποῦσιν πῶς μὴ τοὺς ὑποκειμένους ῥυθμοὺς ἐπιδείξονται, ἀλλ' ὁποῖοι φανήσονται ἐξεργάσονται. τέλος δὲ τῷ ἀρχιτέκτονι τὸ πρὸς φαντασίαν εὔρυθμον ποιῆσαι τὸ ἔργον καὶ ὁπόσον ἐγχωρεῖ πρὸς τὰς τῆς ὄψεως ἀπάτας ἀλεξήματα ἀνευρίσκειν, οὐ τῆς κατ' ἀλήθειαν ἰσότητος ἢ εὐρυθμίας, ἀλλὰ τῆς πρὸς ὄψιν στοχαζομένῳ· οὕτω γοῦν τὸν μὲν κύλινδ[ρι]κὸν κίονα, ἐπεὶ κατεαγότα ἔμελλε θεωρήσειν κατὰ μέσον πρὸς ὄψιν στενούμενον, εὐρύτερον κατὰ ταῦτα ποιεῖ καὶ τὸν μὲν κύκλον ἔστιν ὅτε οὐ κύκλον γράφει, ἀλλ' ὀξυγωνίου κώνου τομήν, τὸ δὲ τετράγωνον προμηκέστερον, καὶ τοὺς πολλοὺς καὶ μεγέθει διαφέροντας κίονας ἐν ἄλλαις ἀναλογίαις κατὰ πλῆθος καὶ μέγεθος· τοιοῦτος δ' ἐστὶ λόγος καὶ τῷ κολοσσοποιῷ διδοὺς τὴν φανησομένην τοῦ ἀποτελέσματος συμμετρίαν, ἵνα πρὸς τὴν ὄψιν εὔρυθμος εἴη, ἀλλὰ μὴ μάτην ἐργασθείη κατὰ οὐσίαν σύμμετρος · οὐ γάρ, οἷά ἔστι τὰ ἔργα, τοιαῦτα φαίνεται ἐν πολλῷ ἀναστήματι τιθέμενα. ["A cenografia é a parte da ótica que investiga como convém desenhar as imagens dos edifícios. Dado que os seres não são como aparecem, eles não se esforçam em mostrar as proporções reais, mas as realizam tais quais aparecerão. Como o fim próprio ao arquiteto é a tarefa de fazer o que é de aparência harmo-niosa e, tanto quanto é permitido, de encontrar impedimentos para os enganos da visão, ele não tem como finalidade a igualdade e a harmonia de acordo com a verdade, mas de acordo com a visão. É assim quanto à coluna cilíndrica, dado que devesse parecer quebrada no meio porque se torna mais estreita para o olhar, ele a torna neste ponto mais larga. Quanto ao círculo, há casos em que não desenha um círculo, mas um corte de um cone com ângulo agudo, e um quadrado mais alongado, e de muitas colunas diferindo em grandeza ele as faz em outras proporções segundo a quantidade e a grandeza. É a mesma razão que indica a quem constrói colossos a simetria aparente da obra ao ser terminada, a fim de que haja harmonia para a visão, e a fim de que não trabalhasse em vão segundo a simetria do que é de fato, pois as obras aparecem não como são quando postas em lugar muito elevado"].

Este texto, às vezes atribuído a Geminos, é muito difícil de datar, porque:
1. A atribuição a Geminos não é assegurada com certeza;
2. A cronologia de Geminos é incerta.

1. O fragmento chegou até nós sem nome de autor: em todos os manuscritos, os trechos aos quais ele se liga sucedem ora aos escritos atribuídos a Heron (nos quais, como apêndice, ele foi publicado em 1864 por Hultsch)[7], ora ao pequeno tratado de ótica Δαμιανοῦ τοῦ Ἡλιοδώρου Λαρισσαίου,

no qual eles foram reunidos no século XVI pelo copista Ange Vergèce, a quem devemos dois manuscritos da biblioteca Barberini em Roma[8]. Schöne publicou este texto com o escrito de Damiano em 1897[9] em nome de Geminos, mas isso apenas "para ser breve"[10]. A atribuição a Geminos repousa unicamente sobre uma certa analogia que este fragmento apresenta com os trechos de Geminos em outros autores, especialmente em Proclus[11].

2. Sabemos por Simplício[12] que Geminos fora citado por Alexandre de Afrodísia; ele era, portanto, anterior ao fim do século II.

Por outro lado, chegou até nós com o seu nome uma Εἰσαγωγὴ εἰς τὰ φαινόμενα[13] ["Introdução às aparências"], na qual ele repreende o erro dos gregos, que crêem que a festa egípcia de Ísis ocorre no momento do solstício de inverno, enquanto ela é celebrada um mês mais tarde; acrescenta que houve uma coincidência cento e vinte anos antes[14]. Esta indicação permite calcular que ele a deve ter escrito em torno de 70 a.C. – entre 70 e 30, de acordo com a interpretação de Tannery[15].

Geralmente admite-se que ele nasceu em Rodes, de forma que ele teria podido, em nosso texto, pensar no Colosso de Cares (aliás, já há muito tempo destruído por um tremor de terra); mas é "unicamente porque suas determinações astronômicas se relacionam em geral com o horizonte desta cidade", o que "significa apenas que ele utiliza os números fornecidos por Hiparco[16]". Por outro lado, Simplício nos diz que a citação que Alexandre fez dele fora tirada ἐκ τοῦ ἐπιτομῆς τῶν Ποσειδωνίου μετεωρολογικῶν ἐξηγήσεως[17] ["da epítome do relato dos assuntos celestes de Posidônio"]. Pensou-se, pois, que ele expusera teorias de Posidônio, opinião que diversas aproximações confirmam[18]. Ao contrário, Tannery avalia que a Εἰσαγωγή é independente de Posidônio[19], e crê, por outro lado, que o fragmento sobre a Ótica foi tirado de Geminos por meio de Anatólio (século III)[20]. Por fim, K. Reinhardt atribui a Εἰσαγωγή à geração imediatamente anterior à de Posidônio[21]; tratar-se-ia, quanto ao restante, de escritos pseudoepigráficos.

III
ORIGENS EMPÍRICAS DA PERSPECTIVA MODERNA
(p. 68, n. 38)

No começo dos tempos modernos, os mestres das Escolas do Norte parecem ter chegado, somente por aproximações sucessivas, a constituir uma perspectiva central[22]; distinguem-se as mesmas tentativas entre os primeiros pintores do *Trecento*, em Duccio, particularmente[23]: os sieneses, diz Jacques Mesnil, "proporcionavam as figuras aos edifícios, não com uma exatidão matemática, mas como era possível a empiristas ingênuos que não tinham recorrido à medida e se fiavam nas impressões em que os fatores psíquicos transformavam as sensações puramente visuais"[24]. Somente no *Quattrocento* se observa a construção matemática[25] se impor. É preciso notar que no momento em que se constitui a perspectiva moderna, a técnica do cenário [*décor*] cumpre igualmente um papel importante; num estudo sobre *La perspective linéaire chez Léonard de Vinci*[26], Mesnil nota que o uso corrente do efeito ilusório [*trompe-l'œil*] corresponde a uma influência do teatro; pode-se ver ainda hoje, no teatro Olímpico de Vicensa, iniciado por Palladio em 1580, tendo como modelo os teatros antigos, o cenário ilusório [*décor en trompe-l'œil*] desenhado por Scamozzi para a representação inaugural de *Édipo Rei*, em 1585[27]: os artifícios são bastante visíveis de perto. "A perspectiva", diz com muita justiça Mesnil, "tem um efeito duplo: de um lado, ela é estrutura lógica; de outro, ilusão ótica. É precisamente como meio de ilusão ótica que ela impressiona o indivíduo desprovido de educação e de dons artísticos; como tal, ela não pertence especialmente à arte, assemelha-se bem mais a um expediente de maquinaria teatral ou do princípio de um aparelho de ótica[28]."

IV
GÓRGIAS E A ESTÉTICA DA ILUSÃO
(p. 73, n. 77)

Contrariamente à tradição que fazia de Górgias um aluno de Tísias, W. Süss o mostrou opondo à retórica siciliana, arsenal de lugares comuns, a maleabilidade vivaz de um discurso adaptado às circunstâncias, com a preocupação de agir sobre o espírito do ouvinte pela magia do verbo; desta concepção do *lógos*, ele já aproximava aquela da poesia e da tragédia em particular[29]. Estes estudos prosseguiram com Max Pohlenz, que encontra em Górgias a fonte de idéias atribuídas por Aristófanes a Ésquilo e Eurípides no Agone das *Rãs*[30]. E. Howald[31], revelando na poética aristotélica uma concepção irracionalista da arte, a liga ao pitagorismo, sem, contudo, apresentar provas suficientes[32]. Rostagni crê numa influência do pitagorismo sobre Górgias por intermédio de Empédocles[33]. S. Tolstaja-Melikowa também liga a Empédocles a doutrina de Górgias[34]. Enfim, M. Untersteiner retomou a questão no seu conjunto, mostrando a importância da noção de ἀπάτη no pensamento de Górgias[35].

No que concerne à influência exercida pela teoria da ilusão, eis aqui alguns dos textos que lhes revelam os traços em diferentes domínios:

No *Menexeno*[36], Platão atribui a Sócrates um elogio irônico dos oradores fúnebres: "Eles fazem elogios tão belos, dizendo de cada um o que merece e o que não merece, colorindo maravilhosamente seus discursos com palavras matizadas, que enfeitiçam nossas almas; elogiam de todos os modos a cidade, louvando os mortos caídos em batalha, e todos os ancestrais que nos precederam e a nós mesmos que ainda vivemos, de modo que eu mesmo, Menexeno, me sinto cheio de nobreza quando sou elogiado por eles; e cada vez que escuto, imóvel e encantado, crendo ter me tornado no mesmo instante maior, mais nobre e mais belo [...] e esta majestade permanece em mim por mais de três dias; o discurso do orador e o som de sua voz penetram em meus ouvidos com uma tal ressonância que, com dificuldade, no final de quatro ou cinco dias, eu me lembro de mim mesmo e percebo em que lugar da terra estou: até lá, sei apenas que não habito a Ilha dos Bem-Aventurados: como nossos oradores são hábeis!"

Foi desta ação mágica da palavra que os juízes de Sócrates não souberam se livrar: em sua ignorância, foram enganados e enfeitiçados pelo discurso que Polícrates escrevera para Ânito[37].

A poesia produz efeitos análogos: no *Íon*, o rapsodo que recita versos épicos se encontra fora de si, sua alma crê assistir aos acontecimentos de que fala com entusiasmo, quer eles tenham ocorrido em Ítaca, em Tróia ou outro lugar qualquer[38].

Aproximaram este texto aos versos de Horácio:

[...] poeta, meum qui pectus inaniter angit,
Irritat, mulcet, falsis terroribus implet
Ut magus, et modo me Thebis, modo ponit Athenis[39].
["...poeta, que em vão oprime meu peito,
irrita e acalma, como um mago enche de falsos
                          [tremores,
e ora me leva a Tebas ora a Atenas."]

A própria expressão que empregava Górgias reaparece numa anedota que narra Plutarco[40]; foi posta a Simônides de

Céos a seguinte questão: "Por que tu apenas não enganas[41] os tessálios? – Porque eles são muito ignorantes para poderem ser enganados por mim". Ela se reencontra em Políbio que opõe a história, considerada como disciplina da verdade, à tragédia que deve, enquanto se desenrola, impressionar e seduzir os ouvintes com palavras verossímeis: o verossímil aí é crido, mesmo que seja falso, pelo engano dos espectadores[42].

Não seria difícil citar textos modernos em que se exprime um ponto de vista análogo[43].

V

O EXPRESSIONISMO NAS MEMORÁVEIS
(p. 92, n. 59)

Nas *Memoráveis*, Sócrates, dirigindo-se a Parrásio e ao escultor que Xenofonte designa pelo nome de Cleitos, censura os artistas por não representarem a alma de seus modelos: "Diga-me, Parrásio: a pintura não consiste na representação do que se vê? Assim as reentrâncias e as saliências, as sombras e os claros, as durezas e as levezas (τα μαλακά), os relevos e os planos, a juventude e a senilidade dos corpos, tudo isso representas com a ajuda das cores? – Perfeitamente. – Mas, então, o que há de mais atraente, de mais encantador, de mais amável, de mais desejável, de mais sedutor, o estado moral da alma, isso não imitas? Seria isso, pois, inimitável? – Mas, Sócrates, quais os meios de imitá-lo? Não há nem proporções, nem cor, nem qualquer outra qualidade que tu agora mesmo descrevias. Em uma palavra, ele não é visível. – O quê? Não vês no homem os olhares exprimirem ora o afeto, ora o ódio? – Seguramente. – Pois bem. Não é preciso representar estas expressões dos olhos? – Certamente, é preciso[44]." E mais à frente, na conversa com o escultor: "Não é preciso representar a ameaça que se lê nos olhares dos combatentes e a alegria que brilha nos dos vencedores?

Do mesmo modo, pois, um estatuário tem de traduzir plasticamente as impressões da alma[45]". – "Como não ficar impressionado", diz G. Fougères[46], "com a coincidência que se constata entre a insistência de Sócrates sobre o valor expressivo dos olhos e a importância significativa que este órgão toma, de repente, na escultura do século IV? A angústia romântica dos olhares *escopásicos* é uma novidade na arte grega. O que seria, então, o encanto de Praxíteles sem o langor dos olhos doces, com as pálpebras atenuadas, em misteriosa harmonia com a discrição do sorriso?" Mas se Xenofonte alude assim ao expressionismo, tal como ele se manifesta em Escopas, mas também em Silânion – *nec hominem ex aere fecit, sed iracundiam* ["nem a um homem do bronze ele fez, mas à ira"] – diz Plínio[47] ao falar da estátua de Apolodoro – para Platão, só a música pode "imitar" a alma.

VI
PLATÃO E A TÉCNICA DAS ARTES
(p. 93, n. 63)

Diógenes Laércio[48] e Apuleio[49] nos dizem que Platão se dedicou à pintura; mais tarde, Olimpiodoro[50] acrescenta que ele devia aos artistas que freqüentava seus conhecimentos sobre a mistura das cores.

À primeira vista, os textos parecem confirmar esta alegação: as cores que são designadas no *Timeu*[51] como primitivas são o branco (λευκόν), o preto (μέλαν), o vermelho (ἐρυθρόν) e o brilhante (λαμπρόν τε καὶ στίλβον) que, misturado ao vermelho e ao branco, dá o amarelo (ξανθόν); e as cores que Platão indica no *Fédon* como sendo aquelas do mundo superior, cores cuja idéia as dos pintores nos podem dar, são quase as mesmas: púrpura, ouro, branco[52] etc. Ora, dizem-nos que os antigos pintores utilizaram apenas quatro cores: o branco, o vermelho, o amarelo e o preto[53]. Além disso, as próprias expressões que Platão utiliza no *Timeu* parecem técnicas: se, por exemplo, após ter misturado o vermelho ao preto e ao branco, o que dá a cor púrpura[54], calcina-se mais e acrescenta-se o preto, obtém-se o castanho escuro[55]; para obter o azul, é preciso deixar cair no preto saturado o branco combinado com o brilhante[56]. Mas os elementos da mistura parecem escolhidos de modo um pouco fantasioso e não correspondem nem um pouco ao que sabemos por outras fontes dos materiais empregados pelos pintores[57]: para os amarelos, por exemplo, utilizava-se o ocre ático, de que já se servira Polignoto e Mícon[58]. Além disso, o próprio Platão nos indica que seria vão procurar "controlar tudo isso pela experiência[59]"; mesmo que se conhecessem as proporções exatas das misturas, não se poderia justificá-las de alguma maneira[60]: só a um deus cabe misturar o múltiplo em um todo único e novamente retirar desta unidade a multiplicidade[61]; trata-se para nós somente de conceber as misturas que permitem salvar as aparências por um mito verossímil[62]. O testemunho de Olimpiodoro não parece, pois, que deva ser mantido; mas isso não implica que se deva rejeitar também o de Apuleio e de Diógenes[63], que ele provavelmente se contentou em interpretar à sua maneira; vimos muito freqüentemente Platão empregar de maneira bastante segura os termos técnicos da pintura[64] ou da escultura para não ver com Zeller nestas indicações antigas nada mais que conjecturas "pragmáticas" tiradas do *Timeu*[65]: não parece nem um pouco impossível, mas é mesmo provável que Platão tenha freqüentado artistas.

Mais de uma vez, além disso, sua imaginação se inspira nas obras deles. Plínio nos fala de um quadro de Parrásio que se poderia acreditar destinado a ilustrar as páginas da *República* sobre o Estado democrático: ele representou, dizem-nos, o *Demos* de Atenas da maneira mais engenhosa: era-lhe preciso, com efeito, representá-lo variado, irritado, injusto, inconstante, mas também indulgente, clemente, misericordioso; glorioso, altaneiro, mas humilde, valente e medroso, e assim tudo mais[66]. Estamos muito próximos da hidra do livro IX; Platão aí configura pelo pensamento uma imagem "como se conta, nos mitos, que a natureza outrora produzia: a Quimera, Cila, Cérbero e todos estes seres tão numerosos que reuniam, diz-se, várias formas num único ser. – Isso se diz, de fato. – Modela, pois, uma forma única para um animal diverso[67], com várias cabeças: cabeças de animais domésticos e de animais selvagens, inteiramente ao redor dela – capaz, a seu bel-prazer, de as mudar ou de aumentá-las. – Seria preciso um famoso modelador para este trabalho, diz Glauco; contudo, como é mais fácil modelar em pensamento que na cera e em materiais análogos, façamos que ele seja modelado. – Pois bem, configure uma outra forma, a do leão, e ainda uma outra, a de um homem; que a primeira seja de longe a maior das três, a segunda vindo em segundo. – Isso é mais fácil, o outro diz, já está feito. – Pois bem, então reúna todas as três numa única, como se elas fossem, de alguma maneira, unidas de nascença. – A união está feita. – Agora modela bem em torno delas, por fora, a imagem de um ser único, a de um homem, de tal maneira que quem não pudesse ver o interior, mas somente o invólucro externo, acreditasse ver este ser único que é o homem"[68]. Esta imagem fantástica nos parece assemelhar-se ao mesmo tempo a quadros como o *Demos* de Parrásio[69] – Platão nos fala também, na *República*, de pintores que representam animais monstruosos, metade bodes, metade cervos[70] – e esculturas como o Tritopator ou o Nereu da Acrópole[71], com seus três torsos alados que terminam em caudas de serpente, e os silenos que Alcibíades, no *Banquete*[72], nos mostra residindo nas oficinas dos escultores[73]: os artistas os modelam, tendo na mão um pifre ou flautas: se são abertos em dois, vê-se que contêm no interior estátuas de deuses. Do mesmo modo, aproximou-se das carruagens celestes do *Fedro* a carruagem de Zeus atrelada aos Pégasos na sétima metope leste da gigantomaquia leste do Partenão[74].

Não faltam textos, enfim, que poderiam ilustrar numerosos vasos pintados: assim, no *Teeteto*, Platão evoca Protágoras após ter falado em seu nome: "Se, de repente, aqui mesmo, ele tirasse a cabeça até o pescoço para fora da terra, certamente refutaria as tolices ditas por mim, sem dúvida, e aprovadas por ti, e depois, enfiando-se na terra, ele iria embora o mais rápido possível[75]". Tais cenas são freqüentemente o tema de pinturas de vasos, daqueles, especialmente, que representam o Ânodos de Pandora[76].

VII
ESTÁTUAS ANIMADAS E IMAGENS INERTES
(p. 93, n. 67)

Os gregos, que deram às estátuas de seus deuses "uma vida secreta, se preciso hostil, e sempre prestes a se manifestar"[77], conheciam certas tradições que lembram as *estátuas do Egito*, "*imagens vivas*"[78], ou a lenda de Pigmalião, o rei de Chipre, a quem se reputava o fato de ter obtido dos deuses que se animasse a estátua de bronze que ele amava[79].

Homero mostra Hefesto criando tripés animados capazes de seguirem sozinhos para a assembléia dos deuses[80]. Segundo Píndaro, Atena tinha aprendido com os rodésios a fabricar estátuas parecidas com os seres vivos, as quais caminhavam pelas estradas[81]. Dédalo sabia fazer algo semelhante: Eurípides escreve que suas obras pareciam dotadas do movimento e do olhar[82].

Os esforços da arte contemporânea para realizar obras "vivas" poderiam evocar estas lembranças da fábula: percebe-se que elas reaparecem, em particular, nas páginas onde se trata destas estátuas de Dédalo, sempre prestes a fugir, que só permaneceriam imóveis se fossem amarradas[83].

Se certos textos nos colocam, assim, na presença de estátuas que são ou parecem animadas, outros sublinham a repugnância dos gregos em confundir dois gêneros que a própria língua que falavam lhes ensinava a distinguir: o animado e o inanimado[84]. Os autores sublinharam à porfia a imobilidade estúpida da estátua[85].

"Bela cabeça, diz a raposa da fábula de Esopo, mas nada de cérebro[86]!" No início da V *Neméia*, Píndaro opõe sua arte à do escultor, criando estátuas que permanecem, imóveis, eretas sobre suas bases[87]; Ésquilo compara Efigênia, amordaçada no altar, com "uma imagem incapaz de falar"[88]; e nas moradas desertas onde a imagem de Helena fugitiva reina só, Menelau acha odiosa a graça das belas estátuas e seu olhar vazio, de que Afrodite está ausente[89]. Igualmente, no livro primeiro das *Memoráveis*, Sócrates opõe, durante sua conversa com o pequeno Aristodemo, as imagens ininteligentes e imóveis aos seres vivos, inteligentes e ativos[90].

É a esta corrente, ou a esta contracorrente, que reuniríamos o texto do *Fedro*, citado anteriormente[91], em que Platão compara, como os Sofistas, o discurso escrito às pinturas que parecem vivas, mas que só respondem às questões com um silêncio religioso. Uma antítese análoga reaparece numa passagem do livro XI das *Leis*, na qual Platão opõe, às estátuas que veneramos – ainda que elas sejam inanimadas, porque pensamos, ele diz, que os deuses animados assim reconhecem que lhes somos gratos – as estátuas vivas, que são nosso pai e nossa mãe e os avós totalmente enfraquecidos pela idade, que vivem no nosso lar[92].

Assim se cruzam, no pensamento platônico, temas que se ligam às diversas tendências que tentamos opor[93].

VIII
A NOÇÃO DE TANGÊNCIA
(p. 109, n. 8)

"Cada um dos círculos que são utilizados na prática, desenhados ou fabricados no torno, é cheio do elemento oposto ao quinto[94]" (o autor da *Carta* VII distinguiu cinco elementos: o nome, a definição, a imagem, a ciência, o próprio objeto)[95]. Ele prossegue: τοῦ γὰρ εὐθέος ἐφάπτεται πάντῃ – αὐτὸς δέ, φαμέν, ὁ κύκλος οὔτε τι σμικρότερον οὔτε μεῖζον τῆς ἐναντίας ἔχει ἐν αὑτῷ φύσεως[96].

Estes textos se vinculam a um conjunto de discussões a que a noção de tangência dera lugar. Sabemos, por Aristóteles, que Protágoras tinha destacado, para refutar os geômetras, que o círculo toca a reta em mais de um ponto[97]. A questão tinha sido objeto de um tratado de Demócrito intitulado περὶ διαφορῆς γνώμης ἢ περὶ ψαύσιος κύκλου καὶ σφαίρης[98] ["Sobre a divergência de entendimento ou Sobre o contato do círculo com a esfera", tradução de A. L. A. A. P.]; o título "Sobre uma diferença na maneira de conhecer" indica que ele tinha recorrido, para resolver a dificuldade, à distinção entre duas formas de conhecimento, a verdadeira e a falsa, que é o conhecimento pelos sentidos[99]. Sobre esse ponto, o acordo é completo entre Demócrito, Platão e Aristóteles, o qual se serve do mesmo exemplo para mostrar que a geometria não concerne às grandezas sensíveis[100]. Em compensação, a noção de tangência, que este último exprime na sua forma clássica, se apresenta de modo diferente na *Carta* VII, cujo texto implica que os pontos que constituem a reta são, eles mesmos, retas indivisíveis: é exatamente esta a concepção atribuída a Platão por Aristóteles[101].

Segue-se que um ponto, sendo um fragmento de reta, não pode jamais coincidir com um fragmento de círculo, por menor que ele seja.

IX
LIVRE PESQUISA OU CODIFICAÇÃO DA ARTE
(p. 47, n. 50)

Viu-se como Platão, nas *Leis*, elogia os egípcios, que proíbem aos artistas "inovar e imaginar algo que não esteja de acordo com a tradição ancestral" (*supra*, p. 58). Mas houve um tempo em que ele defendeu, com uma ironia mordaz, a liberdade da pesquisa nas artes, nas técnicas e nas ciências: se o artista, escreve num texto do *Político*, para o qual Bréhier chamou nossa atenção, devia sempre se conformar a regras escritas, codificadas nos tratados (κατὰ συγγράμματα), se uma lei o impedisse de investigar (ζητεῖν), as artes desapareceriam totalmente para jamais reaparecer; "de modo que a existência, hoje já tão penosa, tornar-se-ia absolutamente impossível de se viver[102]". Platão escreveu estas linhas no momento em que submeteu a uma forte crítica a noção de lei, à qual ele não tardaria em dar o valor que ele então lhe negava[103].

Notas

[1] *Archaïstische Kunst in Griechenland und Rom*, Munique, 1922.

[2] Ch. PICARD, *S. A.*, II, p. 54.

[3] Ver PICARD, La porte de Zeus à Thasos, *R. A.*, 1912, II, p. 72 e ss. La sculpture grecque de Thasos jusqu'à la fin du Ve siècle avant J.-C., II, *R. A. M.*, t. XXXVII, 1920, p. 22 e 25; Fouilles de Thasos, 1914-1920, *B. C. H.*, 1927, p. 129; *A. G. S.*, II, p. 557 e ss.; cf. P. DEVAMBEZ, La stèle de Philis et les tendances archaïsantes à Thasos, *B. C. H.*, 1931, p. 413-22.

[4] LA COSTE-MESSELIÈRE et PICARD, *Sculptures grecques de Delphes*, Paris, 1927, p. 24.

[5] *Bemerkungen zur archaïschen Kunst*, III, Hieratischer Archaïsmus zur Zeit der Perserkriege, *M. A. I.*, t. XLVIII, 1923, p. 132-6 e fig. 4.

[6] Les antécédentes des "Astragalizontes" polyclétéens, *R. É. G.*, t. XLII, 1929, p. 127 e n. 3; cf. *S. A.*, II, p. 36, 140, 224; cf. W. DEONNA, *Dédale*, II, Paris, 1931, p. 313-24 e ss. Sobre os *Dedálidos* arcaizantes, cf. Ch. PICARD, Une source possible de Platon pour le Jugement des Rois de l'Atlantide, *Acropole*, VIII, 1933, p. 3-13, e *Manuel d'Archéologie grecque*, II, 2, p. 557; III, 1, p. 27.

[7] *Heronis Alexandrini Geometricorum et Stereometricorum reliquiae. Accedunt... Anonymi variae collectiones ex Herone Euclide Gemino Proclo Anatolio aliisque*, Berlim, 1864, p. 252 (n. 14, ad. fin.).

[8] Ver Paul TANNERY, *Rapport sur une mission en Italie du 24 janvier au 24 février 1886*: IV, les hypothèses optiques de Damien et Ange Vergèce (*Archives des Missions scientifiques et littéraires*, série III, t. XIV, 1888, p. 446-50 = *Mémoires scientifiques*, t. II, Paris-Toulouse, 1912, p. 269 e ss.).

[9] *Damianos Schrift über Optik mit Auszügen aux Geminos, griechisch und deutsch heraugegeben* de R. SCHÖNE, Berlim, 1897, p. 28-30; nós aqui adotamos o texto desta edição.

[10] *Op. cit.*, p. IX: "Ich habe sie der Kürze wegen als Auszüge aus Geminos bezeichnet, ohne damit behaupten zu wollen, dass sie aus diesem direct geflossen seien." – Th. Heni MARTIN, que tinha publicado e traduzido estes fragmentos como apêndice a suas *Recherches sur la vie et les ouvrages d'Héron d'Alexandrie*, neles via um resumo da *Optique* de DAMIEN (M. P., série I, t. IV, 1851, p. 54-5 e 413 e ss., 419-20).

[11] Em particular no *Commentaire au Ier livre d'Euclide*, no qual PROCLUS menciona entre as partes da Ótica, ao lado da catóptrica, τὴν λεγομένην σκηνογραφικὴν δεικνῦσαν πῶς ἂν τὰ φαινόμενα μὴ ἄριθμα ἢ ἄμορφα φαντάζοιτο ἐν ταῖς εἰκόσι παρὰ τὰς ἀποστάσεις καὶ τὰ ὕψη τῶν γεγραμμένων ["a chamada cenografia mostra como as aparências aparecem inimeráveis ou informes nas imagens à distância e as elevações dos desenhos"] (Ed. Friedlein, p. 40, n. 19).

[12] SIMPLÍCIO, *in Phys.*, p. 291-2, Diels (I).

[13] GEMINIO, *Elementa astronomiae*, Ed. C. Manitius, Lipsiae, 1898.

[14] *Op. cit.*, VIII, §20-22 (p. 108).

[15] P. TANNERY, *Géométrie grecque*, p. 31.

[16] *Ibid.*, p. 30; cf., todavia, C. TITTEL em *Pauly*, t. XIII, p. 1029, § 4.

[17] *Op. cit.*, p. 291, l. 21; cf. *ibid.*, p. 292, 31: οὕτω μὲν οὖν καὶ ὁ Γέμινος ἤτοι ὁ παρὰ τῷ Γεμίνῳ Ποσειδώνιος ["assim, pois, certamente se trata de Gemínio ou Posidônio em Gemínio"].

[18] F. BLASS, *De Gemino et Poseidonio*, Kiel, 1883; cf. C. TITTEL em PAULY, *l. c.*, § 3, 5 e 15; É. BRÉHIER, Posidonius d'Apamée théoricien de la géométrie, *R. É. G.*, t. XVII, 1914, p. 46 e ss.

[19] *Op. cit.*, p. 32-7.

[20] *Ibid.*, p. 18, n. 1, p. 44-5, 59.

[21] *Poseidonios*, Munique, 1921, p. 178-83.

[22] Ver PANOFSKY, Die Perspektive als symbolische Form, *B. W. V.*, 1924-25. Leipzig, 1927, p. 281-2; fig. 6 e 7, pr. XIV e ss.

[23] *Ibid.*, p. 277 e ss., pr. XII-XIV.

[24] Masaccio et la théorie de la perspective, *R. A. M.*, t. XXXV, 1914, p. 145-56.

[25] PANOFSKY, *op. cit.*, p. 203-5. Ver *De prospettiva pingendi* de Piero DELLA FRANCESCA, Ed. G. Niceo Fasola, Florença, 1942.

[26] *R. A.*, 1925, t. XVI, p. 125.

[27] Cf. J. MESNIL, *Italie du Nord*, Paris, 1916, p. 295.

[28] Die Kunstlehre der Frührenaissance im Werke Masaccios, *B. W. V.*, 1925-1926, Leipzig-Berlim, 1928. Cf. L. GUERRY, *Cézanne et l'expression de l'espace*, Paris, 1951. Ver também os importantes estudos de Pierre FRANCASTEL: Naissance d'un space, mythes et géométrie au Quattrocento, *Revue d'Esthétique*, 1951, p. 1-45; Destruction d'un espace plastique, *Journal de Psychologie*, 1951, p. 128; e seu livro (no

prelo), *Peinture et Société* – agradecemos por ter se disposto a nos oferecer o manuscrito; neste livro encontrar-se-ão numerosas indicações e referências sobre estes problemas. Ver, em particular, Myriam SCHILD-BUNIM, *Space in mediaeval painting and the forerunners of perspective*, New York, 1940; Paul FRANCK, The secret of mediaeval masons with an explanation of Stornacolo's formula by E. PANOFSKY (*Art bulletin*, 1942); John WHITE, Developments in Renaissance perspective (*Journal of the Warburg and Courtauld Institutes*, XI, 1949); R. WITTKOWER, *Perspective theory in the age of Humanism* (Warburg Institute, 1950). Enfim, Virieux chama nossa atenção para os dados interessantes concernentes às relações entre perspectiva empírica e geometria no século XVII, que R. TATON fornece em sua tese sobre *L'œuvre mathématique de Desargues*, Paris, 1951.

[29] *Ethos, Studien zur älteren griechischen Rhetorik*, Leipzig-Berlim, 1910; ver p. 16 e ss., 35, 52, 60, 79, 83, 87; cf. igualmente as observações de W. NESTLE, Bemerkungen zu den Vorsokratikern und Sophisten, *Ph.*, t. LXVII, 1908, p. 561; Spuren der Sophistik bei Isokrates, *Ph.*, LXX, 1911, p. 8; Die Schrift des Gorgias "über die Natur oder über das Nichtseiende", *H.*, t. 57, 1922, p. 553.

[30] Die Anfänge der griechischen Poetik, *N. W. G.*, 1920, p. 142-77. Cf. as reservas de W. KRANZ, *Stasimon*, Berlim, 1933, p. 268, e M. UNTERSTEINER, *I Sofisti*, Turim, 1949, p. 229-31.

[31] Eine vorplatonische Kunsttheorie, *H.*, t. 54, 1919, p. 187-207.

[32] Cf. POHLENZ, *op. cit.*, p. 173, n. 2.

[33] Aristotele e Aristotelismo nella Storia dell'Estetica Antica, *S. F. C.*, II, Florença, 1922, p. 74 e ss.; *Un nuovo capitolo nella storia della Retorica e della Sofistica, ibid.*, p. 148-201; cf. o prefácio de sua edição da *Poética* (*la Poetica di Aristotele con Introduzione, Commento e Appendice critica*, Turim, 1927). Cf. *supra*, p. 76, n. 72.

[34] La doctrine de l'imitation et de l'illusion dans la théorie grecque de l'art avant Aristote, *B. A. R.*, série VI, t. XX, 1926, p. 1151-8 (em russo, breve resumo em francês no *Recueil Gébélev, Exposé sommaire*, Leningrado, 1926, p. 6-7).

[35] Ver em sua obra citada no n. 30, e na p. 77, n. 76, as p. 229-48.

[36] 234c-235a: οἳ οὕτως καλῶς ἐπαινοῦσιν, ὥστε καὶ τὰ προσόντα καὶ τὰ μὴ περὶ ἑκάστου λέγοντες, κάλλιστά πως τοῖς ὀνόμασι ποικίλλοντες, γοητεύουσιν ἡμῶν τὰς ψυχάς, καὶ τὴν πόλιν ἐγκωμιάζοντες κατὰ πάντας τρόπους καὶ τοὺς τετελευτηκότας ἐν

τῷ πολέμῳ καὶ τοὺς προγόνους ἡμῶν ἅπαντας τοὺς ἔμπροσθεν καὶ αὐτοὺς ἡμᾶς τοὺς ἔτι ζῶντας ἐπαινοῦντες, ὥστ' ἔγωγε, ὦ Μενέξενε, γενναίως πάνυ διατίθεμαι ἐπαινούμενος ὑπ' αὐτῶν, καὶ ἑκάστοτε ἕστηκα ἀκροώμενος καὶ κηλούμενος, ἡγούμενος ἐν τῷ παραχρῆμα μείζων καὶ γενναιότερος καὶ καλλίων γεγονέναι... καί μοι αὕτη ἡ σεμνότης παραμένει ἡμέρας πλείω ἢ τρεῖς · οὕτως ἔναυλος ὁ λόγος τε καὶ ὁ φθόγγος παρὰ τοῦ λέγοντος ἐνδύεται εἰς τὰ ὦτα, ὥστε μόγις τετάρτῃ ἢ πέμπτῃ ἡμέρᾳ ἀναμιμνῄσκομαι ἐμαυτοῦ καὶ αἰσθάνομαι οὗ γῆς εἰμι,τέως δὲ οἶμαι μόνον οὐκ ἐν μακάρων νήσοις οἰκεῖν · οὕτως ἡμῖν οἱ ῥήτορες δεξιοί εἰσιν.

[37] THEMISTIUS, *Or.*, 23, p. 357, DINDORF: οἱ δικασταὶ ὑπ' ἀγνωμοσύνης τὸ παραυτίκα ἐξηπατήθησαν καὶ ἐγοητεύθησαν ὑπὸτοῦ λόγου ὃν ξυνέγραψε Πολυκράτης, Ἄνυτος δὲ ἐμισθώσατο ["os juízes, por ignorância, imediatamente foram enganados e enfeitiçados pelo discurso que Polícrates escreveu e Ânito comprou"], citado por Jean HUMBERT, *Polycrates, l'Accusation de Socrate et le Gorgias*, Paris, 1931, p. 9.

[38] 535b-c: ὅταν εὖ εἴπῃς ἔπη καὶ ἐκπλήξῃς μάλιστα τοὺς θεωμένους, ... τότε πότερον ἔμφρων εἶ ἢ ἔξω σαυτοῦ γίγνει καὶ παρὰ τοῖς πράγμασιν οἴεταί σου εἶναι ἡ ψυχὴ οἷς λέγεις ἐνθουσιάζουσα · ἢ ἐν Ἰθάκῃ οὖσιν ἢ ἐν Τροίᾳ ἢ ὅπως ἂν καὶ τὰ ἔπη ἔχῃ; ["quando declamas bem versos épicos e abalas ao máximo os espectadores ... estás então consciente ou te ocorre estar fora de ti e nos acontecimentos de que falas tua alma, tomada por um deus, pensa neles estar, seja em Ítaca, em Tróia ou em qualquer parte a que os versos conduzam?"] – cf. 535c-e, em que é descrito o efeito psicológico sobre o recitador e os ouvintes.

[39] *Epist.*, II, 1, 211; ver POHLENZ, *op. cit.*, p. 161; cf. *supra*, p. 61-2.

[40] *Quomodo adol. poet. aud. debeat*, 15d; citado por ROSTAGNI, *Aristotele...*, p. 77, n. 1.

[41] ἐξαπατᾷς. Cf. *supra*, p. 72, n. 75.

[42] POLÍBIO, *Hist.*, II, 56, 11: ἐκεῖ μὲν γὰρ δεῖ διὰ τῶν πιθανωτάτων λόγων ἐκπλῆξαι καὶ ψυχαγωγῆσαι κατὰ τὸ παρὸν τοὺς ἀκούοντας ... ἐπειδήπερ ἐν ἐκείνοις μὲν ἡγεῖται τὸ πιθανόν, κἂν ᾖ ψεῦδος, διὰ τὴν ἀπάτην τῶν θεωμένων ["pois lá, é preciso por meio de discursos verossímeis abalar os ouvintes e conduzir-lhes a alma de acordo com o momentâneo [...] já que entre eles o verossímil

comanda, mesmo que seja falso, por meio do engano dos espectadores"]. Políbio opõe sua concepção da história à de Filarco, que queria εἰς ἔλεον ἐκκαλεῖσθαι τοὺς ἀναγιγνώσκοντας καὶ συμπαθεῖς ποιεῖν τοῖς λεγομένοις ["à piedade chamar os leitores e torná-los simpáticos aos ditos"]. (Citado por POHLENZ, *op. cit.*, p. 160).

[43] "Eu perguntaria [...] se o primeiro talento desta espécie de encantador, que se chama poeta, não é o da ilusão", *Discurso pronunciado na Academia Francesa quinta-feira, 4 de março de 1779, pelo Sr. Ducis, que sucedia a Voltaire* (*Œuvres* de J.-F. DUCIS, Paris, 1813, p. 24). Em *Plato's theory of Ideas* (Oxford, 1951, p. 78), Sir David Ross lembra o ponto de vista de Charles Lamb, para quem a atitude do espectador não era a ilusão, mas uma suspensão desejada da atitude negativa no tocante a esta ilusão (*willing* suspension of disbelief).

[44] *Memoráveis*, III, 10; tradução para o francês de FOUGÈRES (*Socrate critique d'art*, Paris, 1923, p. 9-10). Cf. a edição comentada das *Souvenirs socratiques*, por A. DELATTE, Liège, 1933, e as observações de Ch. PICARD, *Manuel d'archéologie, sculpture*, II, p. 259.

[45] *Ibid.*, p. 12.

[46] *Op. cit.*, p. 20-1.

[47] *N. H.*, XXXIV, 81.

[48] λέγεται δ' ὅτι καὶ γραφικῆς ἐπεμελήθη καὶ ποιήματα ἔγραψε κ. τ. λ. ["diz-se que se dedicou à pintura e escreveu poemas, etc."], (*D. L.*, III, 5).

[49] "Picturae non aspernatur artem" ["não despreza a arte da pintura"], *Dogm. Plat.*, I, 2.

[50] ἐφοίτησε δὲ καὶ παρὰ γραφεῦσι, παρ' ὧν ὠφελήθη τὴν μίξιν τῶν χρωμάτων, ὧν ἐν Τιμαίῳ μέμνηται ["freqüentou também os pintores, aos quais deveu a mistura das cores, que é lembrada no *Timeu*"] (*Vita Platonis*, II, Appendix Platonica, p. 47, em *Platonis Dialogi*, ex rec. C. F. Hermann, Ed. Teubner, Leipzig, 1853, vol. II, p. 101; cf. *ibid.*, p. 199 (55), *Prolegomena philosophiae Platonicae*: ἐφοίτησεν δὲ καὶ γραφεῦσιν, τὴν τῶν χρωμάτων ποικίλην μῖξιν ἐκμαθεῖν βουλόμενος ὅθεν ἐν Τιμαίῳ πολὺν λόγον καταβάλλεται περὶ χρωμάτων καὶ ταῦτα μὲν αὐτῷ διεπράττετο ἄχρις ἐτῶν εἴκοσι · μετὰ δὲ τοῦτο ἐφοίτησε Σωκράτει κ. τ. λ. ["freqüentou os pintores, querendo aprender a mistura variegada das cores, pelo que no *Timeu* estabeleceu muito discurso sobre as cores e de fato fez isso durante vários anos. Depois disso freqüentou Sócrates etc."]. (Os sete primeiros capítulos destes *Prolegômenos* são

idênticos à *Vida de Platão*, publicado por A. WESTERMANN nos Βιογράφοι (*Vitarum scriptores graeci minores*, Brusvigae, 1845, p. 391, l. 106 e ss.). Sobre Platão e a pintura, cf. Nicolau DE CUSA, *De mente*, I, 115: "*Philosophus.* – [...] et Plato intercise pinxisse legitur, quod nequaquam fecisse creditur, nisi quia speculacioni non adversabatur. – *Orator.* – Ob hoc fortassis erant Platoni de arte pingendi familiaria exempla, per quae res grandes faciles reddit" ["*Filósofo.* – [...] e dizem que Platão por vezes pintou, o que de modo algum se acredita que ele tenha feito, a não ser que não fosse contrário à sua especulação. *Orador.* – Por isso talvez fossem familiares a Platão os exemplos da arte da pintura, pelos quais torna as coisas elevadas fáceis"]. (O tratado foi publicado por E. CASSIRER, Individuum und Kosmos in der Philosophie der Renaissance, *B. W. S.*, Leipzig, 1927, p. 206.)

51 67e e ss.

52 110c: τὴν μὲν γὰρ ἀλουργῆ εἶναι καὶ θαυμαστὴν τὸ κάλλος, τὴν δὲ χρυσοειδῆ, τὴν δὲ ὅση λευκὴ, γύψου ἢ χιόνος λευκοτέραν, κ. τ. λ. ["aqui, é uma púrpura de inigualável beleza; além, uma cor de ouro; acolá, um branco mais branco do que giz ou neve etc." Tradução de M. T. S. A.]. Cf. *supra*, p. 79 e 117, n. 73.

53 Ps. ARIST., *De Mundo*, 5, 396 b 12: ζωγραφία μὲν γὰρ λευκῶν τε καὶ μελάνων, ὠχρῶν τε καὶ ἐρυθρῶν, χρωμάτων ἐγκερασαμένη φύσεις τὰς εἰκόνας τοῖς προηγουμένοις ἀπετέλεσε συμφώνους ["pois a pintura, misturando espécies de cores, brancos e pretos, amarelos e vermelhos, criou as imagens de acordo com os originais"]. CÍCERO, *Brutus*, XVIII, 70: "Similis in pictura ratio est: in qua Zeuxim et Polygnotum et Timanthem et eorum qui non usi sunt plus quam quattuor coloribus, formas et liniamenta laudamus" ["a razão é semelhante na pintura, na qual louvamos Zêuxis, Polignoto, Timante e as formas e os traços daqueles que não usaram mais de quatro cores"] etc. (*R. M.*, p. 8, n. 3). PLÍNIO, *N. H.*, XXX, 32: "Quattuor coloribus solis immortalia illa fecere [...] Apelles, Aetion, Melanthius, Nicomachus, clarissimi pictores, quum tabulae eorum singulae oppidorum venirent opibus" ["Com apenas quatro cores realizaram obras imortais [...] Apeles, Aécio, Melâncio, Nicômaco, pintores ilustres, visto que cada um de seus quadros levasse à opulência das cidades"] (*R. M.*, n. 5). Cf. FILOSTRATO, *Vita Apoll.*, II, 22: ἓν χρῶμα ἐς αὐτὴν (scil. ζωγραφίαν) ἤρκεσε τοῖς γε ἀρχαιοτέροις τῶν γραφέων καὶ προιοῦσα τεττάρων εἶτα πλειόνων ἥψατο ["uma única cor para esta pintura foi suficiente, pelo menos aos mais antigos pintores, e avançando depois se chegou em todas as quatro"] (*R. M.*, 52, p. 55).

[54] 68c: Ἐρυθρὸν δὲ δὴ μέλανι λευκῷ τε κραθὲν ἁλουργόν ["o vermelho misturado ao preto e branco resulta púrpura"].Cf. Demócrito de acordo com Teofrasto, De sens., 77 (Diels, Vors., 55 A 135): τὸ δὲ πορφυροῦν ἐκ λευκοῦ καὶ μέλανος καὶ ἐρυθροῦ κ. τ. λ. ["a cor do fogo de branco, preto e vermelho etc."].

[55] 68c: ὄρφνινον δέ, ὅταν τούτοις μεμειγμένοις καυθεῖσίν τε μᾶλλον συγκραθῇ μέλαν ["castanho escuro, quando a estas misturas consumidas no fogo acrescenta-se preto"].

[56] 68c: Λαμπρῷ δὲ λευκὸν συνελθὸν καὶ εἰς μέλαν κατακορὲς ἐμπεσὸν κυανοῦν χρῶμα ἀποτελεῖται ["branco combinado com brilhante e fundido em preto saturado resulta cor azul"]

[57] Ver W. Sartorius, Plato und die Malerei, A. G. Ph., IX, 1896, p. 125; W. Kranz, Die ältesten Farbenlehren der Griechen, H., t. 47, 1912, p. 139 e n. 1, e ver a nota seguinte.

[58] Cf. Plínio, N. H., XXXIII, 56, 122: "Sile pingere instituere primi Polygnotus et Micon, Attico duntaxat" ["Polignoto e Mícon foram os primeiros que começaram a pintar em ocre, limitando-se ao ático"] (R. M., p. 11, n. 9) e XXX, 32 (ver p. 139, n. 1): "ex albis Melino, ex silaceis Attico, ex rubris Sinopide Pontica, ex nigris atramento" ["dos brancos o melino, dos ocres, o ático, dos vermelhos de Sinope Pôntico"] (R. M., n. 5); ver R. M., n. 6, p. 9 e ss., onde Reinach reuniu todas as indicações que chegaram até nós sobre a preparação das cores; cf. igualmente Ed. Bertrand, op. cit., p. 133 e ss.; J. André, Étude sur les termes de couleur de la langue latine, Paris, 1949.

[59] Εἰ δέ τις τούτων ἔργῳ σκοπούμενος βάσανον λαμβάνοι...(68d; tradução de Rivaud, p. 194).

[60] 68b: Pode ser que aqui – como crê Kranz, p. 139 – Platão vise a Demócrito, segundo o qual é preciso empregar, para obter a púrpura, uma forte dose (πλείστην μὲν μοῖραν) de vermelho, pequena de preto, média de branco (Teofrasto, De Sens., 77; Diels, Vors., 55 A, 135): ele explica, assim, a aprovação desta cor. Platão, além disso, não ignorava os procedimentos da tintura em púrpura, e a maneira de obter o "grande tingimento": ver Rep., IV, 429d-e.

[61] 68d.

[62] τὰ δὲ ἄλλα ἀπὸ τούτων σχεδὸν δῆλα αἷς ἂν ἀφομοιούμενα μείξεσιν διασώζοι τὸν εἰκότα μῦθον (68c-d) ["quanto às outras cores, a partir destes exemplos, é bastante claro por quais misturas elas se tornariam semelhantes se se conservar o mito verossímil"]. No tra-

tado pseudo-aristotélico περὶ χρωμάτων, 2, 792 b 16, lê-se que, para constituir a teoria das cores, não se deve proceder como os pintores que fazem as misturas delas: δεῖ δὲ πάντων τούτων ποιεῖσθαι τὴν θεωρίαν, μὴ καθάπερ οἱ ζωγράφοι τὰ χρώματα ταῦτα κεραννύντας, κ. τ. λ. ["mas é preciso fazer a investigação de todas essas, não como os pintores ao misturar tais cores etc."] – Antes de Platão, Empédocles tinha distinguido quatro cores elementares: λευκόν μέλαν ἐρυθρὸν ὠχρόν ["branco, preto, vermelho, amarelo"] (AÉCIO, *Placita*, I, 15, 3; DIELS, *Vors.*, 21 A, 92): haveria aqui um empréstimo feito da técnica dos pintores que ele descreve muito bem:

ὡς δ' ὁπόταν γραφέες ἀναθήματα ποικίλλωσιν...
οἵτ' ἐπεὶ οὖν μάρψωσι πολύχροα φάρμακα χερσίν,
ἁρμονίηι μείξαντε τὰ μὲν πλέω, ἄλλα δ' ἐλάσσω, κ. τ. λ.
["como quando pintores quadros votivos pintam coloridos [...]
os quais, quando tomam em mãos pigmentos multicolores,
em harmonia tendo misturado uns mais outros menos etc." Tradução de J. C. S.] (21 B 23)

Demócrito admite as mesmas cores elementares, com a pequena alteração pela qual o amarelo-verde substitui o amarelo-ouro: λευκόν, μέλαν, ἐρυθρόν, χλορόν (TEOFRASTO, *De sens.*, 73 e ss.; mas as misturas que ele indica são arbitrárias e puramente teóricas (cf. p. 84, n. 1 e 5; ver KRANZ, *Op. cit.*, p. 131 e ss. e ss.; W. LEHMANN, *op. cit.*, p. 97).

[63] Cf. SARTORIUS, *op. cit.*, p. 126-7.

[64] Cf. *supra*, p. 10-1; p. 45, n. 44 e 45; p. 92, n. 58; p. 116, n. 69; p. 117, n. 74. No *Crátilo*, 424d-e, PLATÃO nos mostra os pintores utilizando ora apenas a púrpura, ora de uma outra cor, ora fazendo uma mistura, como quando preparam as "carnes", por exemplo: οἷον ὅταν ἀνδρείκελον σκευάζωσιν; cf. *Rep.*, VI, 501b ["como quando preparam a cor da carne humana"], onde o trabalho dos retoques é igualmente descrito: καὶ τὸ μὲν ἂν οἶμαι ἐξαλείφοιεν, τὸ δὲ πάλιν ἐγγράφοιεν, κ. τ. λ. ["e umas vezes, julgo eu, apagarão, outras pintarão de novo." Tradução de M. H. R. P.].

[65] "Ebenso mag die Angabe [...], dass er bei Malern Unterricht genossen, und daher jene Kenntnis der Farben gewonnen habe, die der Timäus beweise, eine pragmatische Vermutung aus diesem Gespräch sein" (*Phil. der Griechen*, 4. ed., II, 1; p. 394, 2). Convém também assinalar a imagem tão curiosa do pintor que escolhe entre seus alunos um sucessor capaz de conservar sua obra-prima, de restaurá-la quando pre-

ciso, e também de corrigi-la e melhorá-la (*Leis*, VI, 769-770c). Na mesma passagem, Platão, falando do incessante trabalho dos retoques, se refere expressamente, como se viu antes (p. 45, n. 44), não só à prática dos artistas, mas também à linguagem técnica das oficinas. Poder-se-iam facilmente multiplicar estas referências; assim a imagem do esboço (περιγραφή, ὑπογραφή) aparece freqüentemente; ora ela anuncia a obra (*Leis*, VI, 770c), ora se opõe a ela por seu inacabamento (*Político*, 227c, citado anteriormente, p. 117, n. 74; *República*, VI, 504d; e cf. *Leis*, IV, 711c; IX, 876d; XI, 934c). Ver sobre isso V. GOLDSCHMIDT (art. citado, p. 63, n. 5, p. 126, n. 8 e 127, n. 5).

[66] *N. H.*, XXXV, 69 (*R. M.*, 277): "Pinxit demon Atheniensium argumento quoque ingenioso; ostendebat namque varium: iracundum, iniustum, inconstantem, eundem exorabilem, clementem, misericordem, gloriosum, excelsum, humilem, ferocem fugacemque et omnia pariter". Pausânias menciona igualmente um afresco de Eufânor representando Teseu, e Democraica e o *Demos* (I, 3, 3; *R. M.*, 352).

[67] Πλάττε τοίνυν μίαν μὲν ἰδέαν θηρίου ποικίλου (588c).

[68] *Rep.*, IX, 588c-e; cf. *Fedro*, 229d-e.

[69] O Demos de Parrásio é variado como variado o monstro da *República*: *varius* corresponde exatamente a ποικίλος (CÍCERO, *Or.*, V, 26).

[70] *República*, VI, 488a: οἷον οἱ γραφῆς τραγελάφους καὶ τὰ τοιαῦτα μειγνύντες γράφουσιν ["tal os pintores que misturam em seus quadros bodes com veados." Tradução de M. H. R. P.]. Da mesma maneira ARISTÓFANES fala do cavalo-galo de Ésquilo (*As Rãs*, ver 932: τὸν ξουθὸν ἱππαλεκτρυόνα ζητῶν τίς ἐστιν ὄρνις ["ao cavalo-galo amarelo, investigando que espécie de pássaro é"]. Cf. *As Aves*, 800, *Paz*, 1177); H. LECHAT estudou os monumentos figurados que representam estas monstruosidades (*Au Musée de l'Acropole*, p. 453 e ss.; D. A., art. Hippalectryon; cf. W. DEONNA, *Dédale*, I, p. 95-6).

[71] BRUNN, *Denkmäter*, 456d; PICARD, *S. A.*, I, p. 312 e fig. 81 B; *Origines*, pr. XIII e p. 44, 49, 106. Acreditou-se, inicialmente, reconhecer nesta escultura o monstro Tífon, de que trata o *Fedro*, 230a: cf. A. FURTWAENGLER, Die Giebelgruppen des alten Hekatompedon auf der Akropolis zu Athen, *Sitz. Bay. Ak.*, Munique, 1905, p. 449; LERMANN, *op. cit.*, p. 4, fig. 2 e 2a, cf. p. 7, 9; cf. COLLIGNON, *Sculpture grecque*, I, p. 208; *Le Parthénon*, p. 11, fig. 6. Ch. PICARD, *Manuel d'archéologie, sculpture*, I, p. 320, 340 e fig. p. 341; p. 598-9. Cf. nosso Prefácio, p. 10; e L. A. STELLA, *Influssi ...*, III.

[72] 215a-b.

[73] ἐν τοῖς ἑρμογλυφείοις καθημένοις.

[74] Ch. PICARD, R. A., 1951, I, p. 94 (C. R. de H. PERLS, Platon, sa conception du Kosmos, 1945); cf. supra, p. 10 e p. 19, n. 9.

[75] 171d: εἰ αὐτίκα ἐντεῦθεν ἀνακύψειε μέχρι τοῦ αὐχένος, πολλὰ ἂν ἐμέ τε ἐλέγξας ληροῦντα, ὡς τὸ εἰκός, καὶ σὲ ὁμολογοῦντα, καταδὺς ἂν οἴχοιτο ἀποτρέχων.

[76] Ver, por fim, M. GUARDUCCI, Pandora o i martellatori, Un dramma satirico di Sofocle e un nuovo monumento vascolare, M. A., vol. XXXIII, 1929, p. 6-38, fig. 1-4 e pr. II; cf. S. REINACH, Répertoire des vases peints, I, p. 229 (8), 248 (1), 249 (5 e 6), 348 (1 e 4); II, p. 287, 2; o estudo de M. POTTIER, Sur le vase Vagnonville, Mon. Piot., t. XXIX, p. 159 e ss.; cf. também L. SÉCHAN, Pandora, L'Ève grecque, B. B., n. 23, 1929, p. 5, n. 3 e nosso estudo Sur le mythe du Politique, Fabulation platonicienne, p. 99-100. Sobre uma plaqueta de bronze campaniano pondo em cena Sócrates e Diotima, ver Ch. PICARD, Art et littérature: sur trois exégèses, R. É. G., 1948, t. LXI, p. 349 e ss.

[77] Ch. PICARD, art. Statua, D. A., IV, 2, p. 1472 e ss.

[78] Ver uma conferência de A. MORET que tem este título, A. M. G., t. 41, Paris, 1916; cf. J. CAPART, Leçons sur l'art égyptien, Liège, 1920, p. 138-9; WEYNANTS-RONDAY, Les statues vivantes, Bruxelas, 1926. É interessante aproximar destas idéias sobre a animação das estátuas, idéias tão próximas da magia, uma passagem em que aparece o papel de artifícios mecânicos: ver MORET, Histoire de l'Orient, t. II, p. 670, em que é indicado o papel que exerce uma estátua com braços articulados na escolha do príncipe que sucederá ao rei defunto, no período da vigésima quinta dinastia.

[79] OVÍDIO, Metamorfoses, X, 243 e ss.: cf. FILOSTÉFANO em CLEMENTE DE ALEXANDRIA, Protr., p. 17, 31 s., e em ARNÓBIO, Adv. nat., 6, 22.

[80] Il., XVIII, 376.

[81] Ἔργα δὲ ζωοῖσιν ἑρπόν/τεσσί θ' ὁμοῖα κέλευθοι φέρον ["caminhos suportam obras semelhantes aos viventes que se movem"] (Ol., VII, ve. 52 [65], Ed. A. Puech, Col. Budé, Paris, 1922, p. 97).

[82] Fr. 373 Nauck: τὰ Δαιδάλεια πάντα κινεῖσθαι δοκεῖ
βλέπειν τ' ἀγάλμαθ'· ὧδ' ἀνὴρ κεῖνος σοφός.
["Todas as estátuas de Dédalo parecem mover-se
e ter olhar: como é sábio aquele homem."]

Um autor cômico, Filipe, dizia que Dédalo tinha se contentado, para animar uma estátua de madeira, em nela verter dinheiro vivo! (Aristóteles, *De An.*, A, 3, 406b, 15; cf. *Polít.*, A, 2, 1252b, 5-12).

[83] *Supra*, p. 92, n. 60; cf. os textos do *Crátilo* e de Hesíodo citados na p. 92-3, n. 60.

[84] Os helenos não parecem ter sido, primitivamente, um povo de escultores; mostrou-se que eles adquiriram de seus vizinhos – para modificá-las tão profundamente – a idéia e a técnica da estátua (Ch. Picard, *Origines*, p. 82 e ss., 102 e ss.: cf. W. Deonna, *Dédale*, II, 1931, p. 165 e ss.) e que na origem eles não possuíam nem mesmo um nome específico para designar a imagem esculpida (E. Benveniste, Le Sens du mot ΚΟΛΟΣΣΟΣ..., *R. ph.*, 1932, p. 118 e ss.). Sobre as 7 palavras que eles empregaram para esse fim, 4 pertencem ao gênero inanimado (*ibid.*).

[85] Uma certa ironia, deste ponto de vista, aparece até mesmo onde menos se esperaria – no *aition* das *Daidala* beócias, por exemplo: ao longo desta festa, transportavam-se em procissão até o Citeron, para aí queimá-los, carvalhos talhados, previamente lavados e revestidos de véus nupciais; Plutarco nos conta como, outrora, Hera, inquieta, rompeu em riso vendo que a nova esposa, de tal maneira conduzida em grande pompa por Zeus para despertar seu ciúme, era apenas um manequim de madeira; ela exigiu que ele fosse queimado, mesmo sendo inanimado (καίπερ ἄψυχον ὄν; Ed. Bernardakis, VII, 43; em Eusébio, *Pr. Ev.*, III, 83d). O rito é complexo e incitou numerosos estudos. Do riso de Hera, nós queremos apenas reter aqui o contraste que o provoca: a oposição de um ser vivo e de um toco inanimado.

[86] Ὢ οἵα κεφαλὴ, καὶ ἐγκέφαλον οὐκ ἔχει (Esopo, *Fables*, Ed. Chambry, Col. G. Budé, Paris, 1927, p. 22, n. 43).

[87] ὥστ' ἐλινύσοντα ἐργά/ζεσθαι ἀγάλματ' ἐπ' αὐτᾶς βαθμίδος ἑσταότ' ["de modo que produz estátuas imóveis erigidas no próprio pedestal"] (Ed. Puech, Col. Budé, p. 68).

[88] *Agamenon*, v. 242; tradução de Mazon, Col. G. Budé, t. II, 1923, p. 18.

[89] *Ibid.*, 413-419: πόθῳ δ' ὑπερποντίας φάσμα δόξει
δόμων ἀνάσσειν·
εὐμόρφων δὲ κολοσσῶν
ἔχθεται χάρις ἀνδρί·
ὀμμάτων δ' ἐν ἀχηνίαις
ἔρρει πᾶσ' Ἀφροδίτα.

["no desejo da que está além-mar, um fantasma parecerá reinar no palácio: a graça das belas estátuas é odiosa ao homem: em ausência de olhos dispersa-se todo Amor [Afrodite]"]

[90] *Mem.*, I, IV, 4: πότερά σοι δοκοῦσιν οἱ ἀπεργαζόμενοι εἴδωλα ἄφρονά τεκαὶ ἀκίνητα ἀξιοθαυμαστότεροι εἶναι ἢ οἱ ζῷα ἔμφρονά τε καὶ ἐνεργά ["os que fabricam imagens sem inteligência e imóveis parecem ser mais admiráveis do que aqueles fabricam seres vivos inteligentes e ativos?"]; posteriormente, a maior parte dos filósofos antigos distinguiu claramente o movimento natural das imitações que a arte, a partir daí, efetua.

[91] Cf. *supra*, p. 93, n. 64 e 65.

[92] *Leis*, XI, 931a-e.

[93] Sobre o tema da estátua animada, destaquemos ainda: H. WEIL, Les Dactyles (*R. É. G.*, X, 1897, p. 1-9. Sobre Ferecides, DIELS 71 B 2); W. DEONNA, L'image incomplète ou mutilée, *R. É. A.*, 32, 1930, p. 321-32; Les yeux absents ou clos des statues de la Grèce primitive, *R. É. G.*, 1935, p. 229 e ss.; P.-M. SCHUHL, *Formation de la pensée grecque*, p. 39, n. 3 (sobre as estátuas acorrentadas), e Perdita, la nature et l'art, *R. M. M.*, 1946, p. 335; Ch. PICARD, Le cénotaphe de Midéa et les colosses de Ménélas, *Revue de Philologie*, 1933, p. 340 e o *Manuel d'Archéologie,* do mesmo autor, t. I, 1935, p. 46 e ss.

[94] 343a.

[95] 342b. Cf. V. GOLDSCHMIDT, *Les Dialogues de Platon*, 1947, p. 4.

[96] ["pois ele está em contato com a reta por toda parte – Mas o próprio círculo, afirmamos, não tem nele mesmo nem algo menor nem maior da natureza contrária"]. Cf. p. 114.

[97] *Meta.*, B 2, 998 a 2 (DIELS, *Vors.*, 74 B 7): ἅπτεται γὰρ τοῦ κανόνος οὐ κατὰ στιγμὴν ὁ κύκλος ἀλλ' ὥσπερ Πρωταγόρας ἔλεγεν ἐλέγχων τοὺς γεωμέτρας ["pois o círculo não toca a reta num único ponto, mas como Protágoras dizia refutando os geômetras"]. Cf. L. ROBIN, *Théorie platonicienne*, p. 207, § 102 e n. 116.

[98] *D. L.*, IX, 46 (VII, 1); DIELS, *Vors.*, 55 A 33 e B 11, 1.

[99] Cf. 55 B 11: γνώμης δὲ δύο εἰσὶν ἰδέαι, ἡ μὲν γνησίη, ἡ δὲ σκοτίη · καὶ σκοτίης μὲν τάδε σύμπαντα, ὄψις, ἀκοή, ὀδμή, γεῦσις, ψαῦσις · ἡ δὲ γνησίη, ἀποκεκριμένη δὲ ταύτης ["há duas espécies de conhecimento: um genuíno, outro obscuro. Ao conhecimento obscuro pertencem, no seu conjunto, vista, audição, olfato, paladar e tato.

O conhecimento genuíno, porém, está separado daquele." Tradução de A. L. A. A. P.] – cf. *Timeu*, 52a. – Adotamos aqui a interpretação de R. Philippson, Democritea, *H.*, 64, 1929, p. 182; cf. E. Frank, *Plato*, n. 121, p. 352. A mesma questão foi estudada por S. Luria, Protagoras und Demokrit als Mathematiker, *D. A. N.*, 1928 = Ἀσπασμος, *Mélanges Tolstoï*, p. 22-7. Cf. nossa *Formation de la pensée grecque*, p. 340; ver igualmente E. Dupréel, *Les sophistes*, Paris e Neuchâtel, 1948, p. 46 (sobre o caráter convencional da definição da tangente segundo Protágoras).

[99] οὔτε γὰρ αἱ αἰσθηταὶ γραμμαὶ τοιαῦταί εἰσιν οἵας λέγει ὁ γεωμέτρης · οὐθὲν γὰρ εὐθὺ τῶν αἰσθητῶν οὕτως οὐδὲ στρογγύλον ["pois nem tais linhas sensíveis são aquelas de que o geômetra fala, pois nenhuma das sensíveis não é assim uma reta, nem é redonda"] (esta frase precede imediatamente o texto citado *supra*, p. 149, n. 97).

[101] *Met.*, A 9, 992 a 20: τοῦτο δὲ (scil. ἀρχὴν γραμμῆς) πολλάκις ἐτίθει τὰς ἀτόμους γραμμάς ["isso (princípio da linha) muitas vezes denominou linhas insecáveis"]. Cf. Euclides, I, *Def.*, IV: εὐθεῖα γραμμή ἐστιν ἥτις ἐξ ἴσου τοῖς ἐφ' ἑαυτῆς σημείοις κεῖται ["linha reta é aquela que igualmente se dispõe aos pontos a partir de si mesma"]: a linha reta é aquela que tem a mesma direção que os pontos que a compõem; sobre esta questão, ver J. Stenzel, *Zahl und Gestalt bei Plato und Aristoteles*, Leipzig-Berlim, 1924, p. 74-5 e n. 2; cf. L. Robin, *La théorie platonicienne des idées et des nombres, d'après Aristote*, Paris, 1908, p. 229 e n. 232; n. 272, II, p. 295; n. 406, p. 473.

[102] 299d-e

[103] Ver nosso *Essai sur la formation de la pensée grecque*, p. 363.

Índice Remissivo

I – Palavras gregas e latinas

São indicados os números das páginas e, entre parênteses, os números das notas.

ἄγαλμα 49(62), 104, 109(5), 116(65), 120(94)
ἁλουργὸν 38(2), 144(54)
ἀνδρείκελον 20(17), 145(64)
ἀπάτη 60-2, 128-30, 72(75), 74(87), 141(42)
βαναυσία 48(57), 105, 119(85)
γάνωσις 39(6)
γόης 64(9)
circumlitio 39(6)
εἴδωλον 99-102, 111(21)
εἰκαστική (τέκνη) 30-1, 99-102, 109(5), 112(37)
ἑρμογλυφεῖον 147(73)
ἐρυθπόν 89(35), 131-2, 144(54), 145(62), 143(53)
ἐρωτικός 102, 112(31)
θαυματοποιϊκή 56, 64(11), 67(27)
ἱππαλεκτρυών 146(70)

λαμπρόν τε καί στίλβον 131, 144(56)
λευκόν 89(35), 131, 143(52), 144(54, 56), 145(62)
μαλακότητες, μαλακά 20(19), 92(58), 93(60), 116(69), 117(74), 130
μέλαν 131, 144(56), 145(62)
μουσικός 102
ξανθόν 131
παιδιὰ καὶ σπουδή 102-3
περιγραφή 20(16), 52(77), 118(74), 146(65)
πηλός 30-1, 116-7(69, 70)
πίναξ 20(15), 116(69)
ποικίλος, ποικιλία 36, 113(38), 146(67)
πορφυροῦν 144(54)
σκιαγραφία, σκηνογραφία 11, 32-3, 44(37, 38), 45(45), 46(47, 48), 56-7, 64(11),

65(12), 66(20), 124-5,
139(11), 142(47)
συμμετρία, Simetria 21(43),
31-2, 39(9), 41(21), 42(26),
91(46, 52), 92(56),
122(117)
τραγέλαφος 146(70)
τύποι 51(77), 117(70)
ὕβρις 35, 49(64)
φαντασίαι, φανταστική 30-1,
40(15), 53(81)

φάρμακον 56, 64(7), 74(86)
φιλοθέαμονες 111(25)
φιλόκαλος 111(31), 102
φοινικοῦν 38(2)
χάρις 22(61), 80, 90(42),
148(89)
χραίνειν 20(20), 45(44, 45)
ψυχαγωγία (ικόν) 60, 70(57,
60), 73(77)
ὠχρόν 145(62)

II – Nomes próprios

São indicados os números da páginas e, entre parênteses, os números das notas. Para nomes de autores, ver também o Índice Bibliográfico.

Academia 9, 17, 35, 85, 96(87)
Acrópole 29, 39(5), 123, 133
Aécio 143(53)
Afrodite 99, 135, 149(89)
Agatarco 32, 43(36), 56, 60, 69(49)
Agrigento 109(5)
Aix 96(86)
Alcameno 16, 59, 124
Alcibíades 32, 63, 133
Alexandre de Afrodísia 126
Ameniritis 52(79)

Anatólio 127
Anaxágoras 32, 56, 57, 65(15)
Anfíon 103
Ange Vergèce 126, 138(8)
Ânito 129, 141(37)
Apeles 60, 110(17), 143(53)
Apolo 68(40)
Apolo de Samos 69(46)
Apolodoro 32, 33, 44(38), 45(44), 55, 131
Apolodoto de Cízico 61, 101
Apuleio 111, 131, 132

ÍNDICE REMISSIVO

Aristófanes 96(80), 118(79), 120(102), 121(104), 128, 146(70)
Atena 10, 47(56), 59, 123, 134
Atenas 29, 32, 39, 44(40), 123, 129, 132
Atenodoro de Tarso 114(44)
Atlântida 17, 79
Barberini 126
Baschet 111(22)
Berlin 96(86)
Bousquet 68(40)
Boutades (de Corinto) 12, 110(20)
Cairo 52(79, 80)
Cares 126
Cerâmico 35
Cérbero 133
Cila 133
Circe 60
Cirene 68(40),
Cleitos 9, 130
Copenhagem (Gliptoteca Ny Carlsberg) 96(83, 86)
Coribantes 63, 74(85)
Creta 13, 80
Crisipo 81
Daidala 148(85)
Damiano 126, 138(8, 9, 10)
Damon 13, 34
Dédalo 16, 81, 83, 103, 104, 134, 135, 147-8(82)
Delfos 68(40), 69(44, 50), 123
Demétrio 84, 85, 96(80)
Demétrio de Alopece 17, 84, 95(79)
Demétrio de Faleros 36
Demócrito 32, 38(2), 56, 57, 66(23), 67(24), 77, 79, 92(57), 113(38), 115(55), 136, 144(54, 60), 145(62), 150(98)
Demos 132, 133,
Diógenes Laércio 11, 96(87), 131, 132, 146(66, 69)
Doríforo 13, 31,
Duccio 127
Éfeso 69(46)
Efigênia 135
Egito, egípcios 13, 36, 37, 40(15), 52(80), 60, 69(46), 80, 90(40), 126, 134, 137
Elêusis 39(7), 89(31)
Empédocles 51(75), 71(69), 128, 145(62)
Escopas 131
Ésquilo 32, 43(34), 72(75), 128, 135, 146(70)
Eudoxo 68(34), 118(79)
Eufânor 31, 32, 42(23), 146(66)
Eurípides 46(47), 84, 128, 134
Fídias 16, 18, 25, 39(5), 40(15, 17), 50(65), 59, 108(1)
Filarco 142(42)
Filipe de Oponto 57

Fríneo 99, 108(4), 147(49)
Geminos 125, 126, 127,
Górgias 14, 55, 61, 62, 63, 71(69), 109(5), 113(41), 128, 129
Helena 61, 99, 113(41), 135
Hera Laciniana 99, 148(85)
Heráclito 114(46)
Heráclito de Abdera 59, 69(45)
Hérmias 89(31), 96(87)
Hiparco 126
Hípias 55
Holkham Hall 97(88)
Horácio 129
Ísis 126
Lacedemônia 80
Lisipo 31, 32, 39(10), 42(26, 28), 83, 84, 95(78, 79)
Lisístrato (irmão de Lisipo) 84, 95(78)
Louvre 23(72), 39(5), 96(86)
Luciano 84, 118(79)
Marsias 63, 103
Melâncio 143(53)
Menecmo 68(34)
Mênon 63
Mícon 110(17), 132, 144(58)
Mitridates (filho de Orontabates) 85, 96(87), 97(88)
Musas 18, 49(61), 85, 96(87), 112(31), 113(38), 114(48)
Nereu 133

Nícias 30, 39(6), 124
Nicômaco 143(53)
Olímpia 35,
Olimpiodoro 131, 132
Olimpo 63, 103
Orfeu 103
Palamedes 103
Palladio 127
Pandora 93(60), 117(70), 134, 147(76)
Parrásio 9, 33, 45(41), 64(2), 99, 109(5), 130, 132, 133, 146(69)
Partenão 35, 58, 134
Pausânias 42(31), 146(66)
Pigmalião 134
Pinacoteca do Propileu 59
Poécilo 110(17)
Policleto 13, 15, 21(43), 25, 31, 32, 41(18, 21), 81, 83, 91(46), 120(102)
Polícrates 129, 141(37)
Polignoto 32, 33, 42-3(31), 47(48), 69(50), 110(17), 132, 143(53), 144(58)
Posidônio 126, 127, 139(17)
Praxíteles 30, 39(6), 83, 94(69), 95(79), 99, 108(4), 131
Propontida 85
Protágoras 50(65), 55, 115(55), 134, 136, 149(97), 150(98),
Protarco 78, 113(44)
Quimera 133

Quios 85
Raphael 108(1)
Rodes 126
Samos 51(73), 69(46)
Scamozzi 127
Sienenses 127
Silânion 17, 22(60), 85, 96-7(87), 97(88), 131
Silenos 133
Simônides de Céos 129
Sócrates 9, 25, 50(65), 62, 63, 65(12), 78, 82, 83, 84, 92(59), 93(64), 99, 101, 104, 109(5, 6), 128, 129, 130, 131, 135, 142(50), 147(76)
Sófocles 43(34), 84
Sofronisco 83
Sólon 48-9(59)
Tasos 123
Teeteto 30, 46, 111(21)

Telecles (filho de Roico) 69(46)
Téo de Samos 40(15)
Teodoro (filho de Roico) 69(46)
Teodoro (de Cirene) 69(40)
Térpis 48(59)
Teseu 146(66)
Tífon 146(71)
Timante 143(53)
Timóteo 51(77), 147(49)
Tísias 128
Trasímaco de Calcedônia 71(61)
Tritopator 133
Vaticano 50(72), 87(18), 96(86)
Vicensa 127
Xenócrates (aluno de Lisipo) 31
Xenofonte 9, 25, 92(59), 109(5), 130, 131
Zêuxis 14, 33, 55, 64(2), 99, 143(53)

III – Índice Rerum et Idearum

São indicados os números das páginas e, entre parênteses, os números das notas.

afrescos 32, 43(34), 44(36), 146(66)
Alma 9, 10, 14, 17, 34, 35, 47(55), 48(57), 56, 57, 60, 61, 62, 63, 64(9), 70(60), 71(69), 72(74), 73(77), 74(85), 82, 83, 86(3), 90(37), 94(71), 101, 102, 103, 105, 106, 107, 110(18, 19), 121(106, 112), 129, 130, 131, 141(38, 42)

amarelo 11, 131, 132, 143(53), 145(62), 146(70)
Amor 11, 18, 21(34), 35, 101, 109(6), 110(20), 149(89)
anacronismo 27(8)
arcaísmo 36, 37, 52(79), 123
arcaizante 13, 26, 37, 53(80, 81), 123, 124, 138(6)
aritmética 60, 69(51)
arquiteto, arquitetura 32, 48(57), 58, 59, 68(40), 79, 125
arte 9, 10, 11, 12, 13, 14, 15, 16, 17, 18, 19(8), 21(29), 22(61), 25, 26, 27(2), 30, 31, 32, 33, 34, 36, 37, 51(75), 52(79, 80), 55, 56, 57, 59, 60, 61, 63, 64(7), 65(12), 68(38), 69-70(51), 70(60), 72(75), 74(88), 75(90), 77, 79, 80, 81, 82, 83, 85, 90(41, 44), 92(57), 93(64), 99, 101, 102, 103, 104, 107, 109(5), 112(37), 113(38), 115(55), 116(61, 62, 63, 64), 119(85), 123, 128, 131, 134, 135, 137, 142(49), 143(50), 149(90)
artesão 12, 40(15), 41(22), 42(26), 43(34), 45(41), 47(57), 105, 112(31), 116(68)
artifício 15, 58, 59, 60, 63, 117(74), 127, 147(78)
artista 9, 10, 12, 13, 14, 15, 16, 18, 25, 26, 30, 31, 32, 34, 35, 40(13, 15), 47(56), 49(62), 55, 56, 62, 81, 84, 94(69, 72), 97(88), 99, 100, 102, 103, 104, 105, 130, 131, 132, 133, 137, 146(65)
azul 132, 144(56)
belas-artes 48(57), 80
Beleza 9, 11, 15, 17, 29, 31, 35, 38(2), 52(80), 60, 77, 78, 79, 80, 81, 87(9), 89(31), 96(79), 101, 102, 104, 107, 112(33), 122(117), 143(52)
belo 10, 11, 12, 18, 19(5), 29, 33, 35, 36, 74(87), 78, 79, 81, 87(12), 88(22), 89(34), 97(88), 99, 100, 101, 102, 109(5, 6), 111(27), 112(31), 122(117), 128, 129
bordado 29, 34, 38(5)
branco 11, 20(20), 38(2), 45(45), 79, 131, 132, 143(52, 53), 144(54, 56, 58, 60), 145(62)
brilhante 11, 19(5), 79, 89(30), 111(21), 131, 132, 144(56)
cálculo 56, 59
Cânon 13, 31, 41(18, 21, 22), 81, 91(46), 120(102)
castanho escuro 132, 144(55)
catarse, catártica 62, 73(82)
catóptrica 57, 139(11)
caverna 12, 32, 101
cena 14, 33, 36, 43(33), 46(47), 50(69, 72), 56, 118(79), 134, 147(76)
cenário 32, 33, 43(34), 127

ÍNDICE REMISSIVO

cenografia 43(34), 57, 67(30, 31), 125, 139(11)

círculo 39(5), 58, 87(9), 100, 104, 105, 106, 118(79), 125, 136, 149(96, 97)

colosso 31, 42(25), 58, 125, 126

compasso 59, 66(20)

cópia 15, 30, 81, 82, 97(88), 100, 117(70)

cores 10, 11, 15, 17, 29, 30, 33, 38(2, 5), 42(23), 44(38), 47(56), 57, 61, 77, 78, 79, 81, 86(7), 88(25), 89(31, 35), 102, 104, 109(6), 113(38), 117-8(73, 74), 130, 131, 132, 142(50), 143(53), 144-5(58, 62)

correção 15, 16, 80, 82, 90(42), 122(113)

cubo 17, 78

dança 69(44), 94(72), 105, 119(86, 87)

demiurgo 32, 40(13, 15), 41(21), 47(57), 48(57), 78, 92(56), 104, 105, 106, 108(1), 112(31), 116(68), 121(112)

dodecaedro 87(18), 104, 105, 119(80)

efebo 39(5)

encanto 10, 79, 80, 81, 89(35), 90(44), 131

encáustica 44(36), 45(44)

engano 33, 55, 58, 60, 63, 72(75), 125, 130, 142(42)

enguia 63

epistílio 58

escultor, escultura 9, 10, 11, 15, 25, 30, 31, 35, 41(22), 42(26, 31), 48(57), 50(65, 69), 51(75, 77), 58, 60, 61, 81, 84, 85, 89(34), 91(49), 93(64), 94(72), 99, 104, 107, 117(70), 130, 131, 132, 133, 135, 146(71), 148(84)

escultura em redondo 39(10)

esfera 57, 67(24), 100, 105, 117(73), 118(79), 136

esferopoética 105

espelho 56, 93(65), 101, 111(21)

esquadro 78, 87(9)

esquiagrafia 11, 32, 33, 44(38), 45(45), 46(47, 48), 56, 57, 64(11), 65(12)

essência 10, 12, 17, 79, 100, 111(25)

estátua 20(13), 27(3), 29, 31, 32, 39(5, 6), 41(21, 22), 42(26), 51(73), 52(77), 59, 60, 61, 69(44), 83, 85, 91(46), 96(80, 87), 97(88), 99, 108(1), 109(5), 116(65), 131, 134, 135, 147(78) 147-8(82, 84, 87), 149(89, 93)

estatuário 29, 42(25), 43(31), 94(69), 131,

estelas 35, 36, 39(7), 50(72), 51(72, 73, 74)

estereometria 87(10)

estética 14, 17, 25, 62, 79, 94(69), 128
expressionismo 19(3), 130, 131
flores (bordados) 47(56)
florido (estilo) 9, 25
forma, formas 9, 10, 15, 16, 17, 25, 26, 33, 36, 41(22), 48(57), 52(79, 80), 58, 77, 78, 79, 80, 81, 82, 86(7), 87(9), 88(19), 90(40), 95(76), 100, 101, 102, 103, 104, 106, 109(5, 6), 110(15), 116(69), 120(102), 124, 126, 133, 136, 143(53)
geometria 59, 60, 69(51), 82, 136, 140(28)
graça 10, 52(79), 80, 90(41), 135, 149(89)
harmonia 18, 34, 47(57), 58, 78, 105, 107, 125, 131, 145(62)
icosaedro 17, 78
ideal 12, 26, 35, 53(81), 99, 108(3)
Idéia, Idéias 11, 12, 15, 17, 25, 26, 60, 78, 79, 82, 99, 100, 104, 107, 131, 148(84)
ídolo 21(31), 100, 108(3), 110(13)
igualdade 15, 58, 80, 82, 109(6), 125
ilusão, ilusionista 14, 16, 33, 44(38), 45(41, 45), 53(81), 55, 56, 57, 60, 61, 62, 63, 71, 74(87), 101, 127, 128, 142(43)
imagem 12, 16, 17, 25, 34, 49(62), 52(80), 56, 57, 81, 82, 91(49), 95(77), 100, 101, 103, 106, 111(21), 117(73), 120(94), 133, 135, 136, 146(65), 148(84)
imitação, imitador 12, 14, 15, 16, 17, 18, 22(56), 25, 27(2), 30, 31, 33, 34, 35, 36, 40(15), 44(39), 48(57), 49(62), 50(65), 52(79), 53(81), 56, 62, 63, 64(9), 65(12), 73(80, 83), 74(89), 75(90), 78, 80, 81, 83, 85, 90(41), 93(60), 94(71), 99, 100, 102, 103, 106, 107, 109-10(12), 112(31, 36, 37), 113(38), 120(94, 95, 102), 122(113, 115), 130, 131, 149(90)
inovações 32, 34, 47(49), 80
instante 83, 84, 95(74), 104, 129
jogo, jogos 33, 34, 45(41), 49(59), 80, 102, 103, 106, 112(37), 113(38, 41, 44), 114(48), 115(55)
Korai 29
Kouroi 39(5)
magia, mágico 10, 56, 61, 63, 64(7, 9, 11), 71(61, 69), 77, 86(3), 101, 128, 129, 147(78)
matemática 16, 56, 60, 68(40), 82, 83, 127

medida 16, 18, 31, 34, 48(57), 56, 57, 59, 60, 63, 68(40), 71(68), 81, 82, 107, 118(80), 122(117), 127

melodia 63, 81, 90(40)

menfita (arte) 36, 52(79), 53(80)

Mesmo 105, 106

mistérios 17, 74(85), 79, 89(30, 31)

modeladores 104, 133

modelo 9, 11, 12, 15, 17, 21(29), 27(3), 30, 31, 50(72), 52(77), 52-3(80), 59, 80, 82, 99, 100, 101, 103, 104, 106, 108(1), 109(5), 110(15), 117(70), 119(86), 120(94, 95), 127, 130

molda, moldagem 11, 84, 95(78), 117(70)

molde 17, 52(77), 104

morbidez 92(58)

mudança 13, 34, 37, 47(51), 116(59)

mundo 12, 17, 33, 34, 79, 82, 89(31), 103, 104, 105, 106, 107, 110(18), 120(94, 95), 131, 143(53)

música 13, 15, 34, 47(49), 48(57), 59, 63, 69(51), 70(51), 80, 81, 83, 90(37, 38, 40), 94(71), 107, 112(36, 37), 131

natureza 10, 18, 34, 35, 49(63), 52(80), 56, 62, 64(11), 74(86), 78, 84, 86(2, 6), 95(74), 100, 103, 104, 105, 109(6), 115(55), 116(63, 64), 117(70, 74), 119(87), 120(94), 122(113), 133, 149(96)

nível 59

número 15, 16, 17, 31, 41(19), 58, 63, 78, 81, 82, 88(19), 88(21), 92(60), 99, 126

ocre ático 132, 144(58)

octaedro 17, 78

odores 86(7), 88(24)

ortogonais 57

ótica 16, 57, 59, 67(25), 125, 126, 127, 128, 139(11)

ouro 39(5), 89(31, 32), 131, 143(52), 145(62)

Outro 105, 106

paisagem 46(48), 79

pentágono 104

perfumes 51(75), 77

perspectiva 15, 16, 44(38), 56, 60, 66(20), 67(30), 69(50), 127, 140(28)

pintor 9, 10, 11, 12, 15, 16, 25, 30, 33, 36, 40(15), 42-3(31), 43(36), 44(40), 45(41, 44), 46(47, 48), 48(57), 51(75), 55, 56, 60, 61, 62, 65(12), 71(62), 74(88), 79, 82, 83, 88(25), 92(58), 94(72), 99, 100, 104, 111(22), 117(73), 117-8(74), 127, 131, 132,

133, 142(50), 143(53), 145(62, 64, 65), 146(70)

pintura 11, 14, 15, 16, 25, 27(3), 32, 33, 34, 42(31), 43(33), 45(41, 45), 46(47, 48), 49(62), 51(75), 55, 56, 60, 64(11), 65(12), 66(20), 69-70(51), 73(75), 81, 83, 84, 87(9), 89(34), 93(64), 94(71), 107, 108(2), 109(12), 110(20), 112(36, 37), 113(38), 130, 131, 132, 134, 135, 142(48, 49), 143(50, 53)

plástica 25, 59, 60, 81, 102

poesia, poeta 10, 34, 48(57, 59), 61, 62, 65(12), 71(68), 74(86, 89), 83, 100, 112(31), 128, 129, 142(43)

policromia 15, 29, 38(3), 39(6, 7)

poliedros regulares 78, 87(10)

polimatia, politecnia 64(1)

ponto de fuga 56

prática 11, 12, 13, 57, 59, 68(38), 74(86), 136, 146(65)

prazer 13, 15, 22(61), 45(45), 60, 61, 71(69), 72(74), 74(89), 77, 78, 79, 80, 86(3, 5, 6, 7), 88(22), 89(34), 90(36, 37, 38, 40, 41, 42), 112(36)

preto 11, 15, 20(20), 29, 39(5), 45(45), 131, 132, 143(53), 144(54, 55, 56, 60), 145(62)

proporções 13, 15, 16, 19(5), 21(43), 30, 31, 32, 41(21), 47(57), 56, 57, 58, 60, 81, 85, 106, 120(102), 125, 130, 132

psicagogia 70(60), 101

pureza 48, 79

purificação, purgação (ver catarse) 62, 63, 89(30)

puro 17, 35, 77, 78, 79, 88(22, 25), 89(30), 101, 106

púrpura 15, 29, 38(2), 55, 131, 132, 143(52), 144(54, 60), 145(64)

qualidade, qualitativo 15, 53(81), 79, 80, 82, 94(71), 103, 130

quantidade 15, 80, 125

realismo 53(81), 85

régua 59, 78, 87(9)

regra 13, 14, 16, 33, 36, 137

relevo 39(7), 45(41), 52(77), 53(80), 56, 60, 69(48), 123, 130

retórica 13, 61 e ss, 70(60), 71(67), 128

revolução 13, 32, 77, 105, 106, 120(102), 121(112), 122(113)

ritmo 34, 81

rotina 59, 61

saíta (arte) 13, 36, 52(79, 80)

sarcófago 39(7)

semelhança 15, 18, 22(61), 35, 46(48), 55, 79, 80, 84, 85, 90(41, 44), 95(76), 106

ÍNDICE REMISSIVO 161

sensação 16, 38(2), 65(12), 79, 127
sensível 10, 13, 63, 79, 99, 102, 103, 107, 108(1)
sentidos 56, 63, 65(12), 66(23), 68(38), 74(87), 86(7), 136
severo (estilo) 35
silêncio 83, 93(64), 106, 135
simetria 31, 42(23, 24, 26), 47(57), 66(20), 81, 125,
simpatia 62
sobrecompensação 58-9
Sofistas 13, 55, 64(1), 83, 102, 135
sofística 14, 77, 102, 140(33)
som, sons 14, 47(55, 57), 77, 78, 79, 86(7), 88(21, 22), 100, 129
teatro (ver cena, cenário, poesia) 32, 33, 36, 43(34), 44(37), 48(59), 62, 122(115), 127
técnica 9, 33, 48(57), 58, 59, 61, 74(88), 85, 105, 111(22), 118(74), 127, 131, 132,
137, 145(62), 146(65), 148(84)
teoria 13, 58, 59, 62, 84, 103, 115(55), 126, 128, 145(62)
tetraedro 17, 78
Todo 106
torniquete 59
tragédia 43(34), 62, 70(57), 72(75), 128, 130
transposição 25
triângulo 17, 78, 87(12, 13), 104, 118(79)
trompe l'œil 14, 33, 45(45), 63, 127
Universo 103, 106, 117
utilidade 15, 79, 80, 89(32), 90(42)
vasos (pintados) 12, 44(36), 47-8(57), 50(72), 60, 69(50), 94(72), 105, 134
verde 29, 38(2), 145(62),
vermelho 11, 29, 38(2), 39(5), 131, 132, 143(53), 144(54, 58, 60), 145(62)

Índice Bibliográfico

I – Textos Antigos

Abreviações

DIELS, *Vors.* = *Die Fragmente der Vorsokratiker, griechisch und deutsch* von Hermann DIELS, 4. ed., Berlin, 1922.

DIELS, *Doxographi* = *Doxographi Graeci*, collegit recensuit prolegomenis indicibusque instruxit Hermannus DIELS, Berolini, 1879.

OVERBECK = *Die antiken Schriftquellen zur Geschichte der bildenden Künste bei den Griechen*, gesammelt von J. OVERBECK, Leipzig, 1868.

R. M. = *Recueil Milliet. Textes grecs et latins relatifs à l'histoire de la peinture ancienne, publiés, traduits et commentés...* par Adolphe REINACH, I, Paris, 1921.

Em negrito, são indicados os números das páginas e, entre parênteses, os números das notas.

AÉCIO, *De plac. Phil.*, I, 5 (= Ps. PLUT., *Epit.*, I, 6; DIELS, *Doxographi graeci*, p. 292a 2-5): **27**(3)

—, —, I, 15, 3 (DIELS, *Vors.*, 21A, 92): **144-5**(62)

ALCIDAMAS, *Sur les Sophistes*, § 32 (*Antiphontis Orationes*, Ed. Blass[2], Leipzig, 1881): **93**(65)

ANAXÁGORAS, DIELS, *Vors.*, 46 B, 21 a (= SEXT., IV,

140), 46B, 21 b (= PLUT., *De fort.*, 3, p. 98 f): **66(23)**, **115(55)**

Ps. ANDÓCIDO, *c. Alcib.*, 17, (Ed. Dalmeyda, Col. Budé, 1930, p. 119, *R. M.*, 183): **43(36)**

APULEIO, *De dogm. Plat.*, I, 2: **20(25)**, **142(49)**

ARISTÓFANES, *Rãs*, v. 909: **72(75)**

—, —, 932: **146(70)**

—, *Nuvens*, 203 e ss., 206: **118(79)**

—, —, 218 e ss: **117(72)**

—, *Aves*, 800: **146(70)**

—, *Paz*, 1177: **146(70)**

ARISTÓTELES, *De anima*, A, 3, 406b 15: **148(82)**

—, *De anim. gen.*, II, 6, 743b 20 e ss. (*R. M.*, 37): **118(74)**

—, *De Sensu*, 439b 33: **38(2)**

—, *Metaf.*, A, 9, 992a 20: **150(101)**

—, —, B, 2, 997b 32 e ss (= DIELS, *Vors.*, 74 B, 7): **149(97)**, **150(100)**

—, *Poét.*, I, 1447b 10: **73(80)**

—, —, IV, 1449a 19: **43(34)**

—, —, VI, 1449b 25: **72(72)**

—, —, VI, 1449b 26: **73(77)**

—, —, VI, 1450a 27 (*R. M.*, 133): **42(31)**

—, —, VI, 1450a 33: **70(57)**

—, —, VI, 1450b 17: **70(57)**

—, —, XIX, 1456b 1: **72(72)**

—, *Polít.*, II, 15, 1336b 14 e ss (*R. M.*, 36): **49(62)**

—, —, VIII, 2, 1337b 23: **70(51)**

—, —, VIII, 5, 1340a 36 (*R. M.*, 131): **42(31)**

—, —, VIII, 7, 1342a 10: **73(77)**

—, *Ret.*, III,1414a: **44(38)**

PS. ARIST., *De color.*, 2, 792b 16: **145(62)**

—, *De Mundo*, 5, 396b 7: **143(53)**

ATENEU, *Deipnos.*, XII, 543c: **64(3)**

—, XIV, 629b: **41(19)**

CÍCERO, *Brutus*, XVIII, 70: **143(53)**

—, *De Inv.*, II, 2, 1 (*R. M.*, 214): **109(5)**

—, *De Leg.*, II, 26, 66: **51(75)**

—, *Or.*, V, 26: **146(69)**

CLEMENTE DE ALEXANDRIA, *Strom.* (Stählin), II, 130, DIELS, *Vors.*, 61 A 1, 55 B 4: **147(79)**

CRÍTIAS, DIELS, *Vors.*, 81 B 25: **115(55)**

DEMÓCRITO, DIELS, *Vors.*, 55 A 33: **149(98)**

—, —, A 111: **66(23)**

—, —, A 135: **38(2)**, **144(54, 60)**

—, —, B 4: **70(59)**

—, —, B 11: **149(99)**

—, —, B 11 l: **149(98)**
—, —, B 11 q: **67(24)**
—, —, B 15 b: **67(24)**
—, —, B 144: **113(38)**, **115(55)**
—, —, B 154: **115(55)**
—, —, B 188: **90(36)**
—, —, B 194: **86(5)**
DIOD. SIC., *Bibl. Hist.*, I, 98, 9: **59, 69(46)**
DIOG. LAERT., III, 5: **11, 20(24)**, **142(48)**
—, III, 25: **96(87)**
—, VIII, 58-59 (DIELS, *Vors.*, 76 A 3): **71(69)**
DION. HAL., *De priscis script. cens.* 1 (V, 417, REISKE) (*R. M.*, 215): **109(5)**
ÉLIEN, *Nat. anim.*, IV, 50 (*R. M.*, 139): **110(17)**
—, *V. H.*, IV, 4: **49(62)**
—, —, IX, 11 (*R. M.*, 262): **64(3)**
—, —, XII, 32 (DIELS, *Vors.*, 76 A 9): **64(4)**
EMPÉDOCLES, 21 A 92: **145(62)**
—, 21 B 23: **145(62)**
—, 21 B 128: **51(75)**
ÉSQUILO, *Agamenon*, v. 242: **148(88)**
—, —, 413-419: **148(99)**
—, —, 1328-1329: **43(34)**
—, *Persas*, v. 687: **70(58)**

—, (*Vida de*) §7: **72(75)**
ESOPO, *Fábulas* 43, Ed. Chambry: **148(86)**
EUCLIDES, *El.*, I, def. IV: **150(101)**
—, *Óptica* (Ed. Heiberg; t. VII, 1895), def. 2: **66(21)**
—, —, def. 4, teor. 8: **66(19)**
EURÍPIDES, *Hécuba*, v. 807-8: **46(47)**
—, —, Fr. 373, Nauck: **147(82)**
FÍLON DE BIZÂNCIO, *Mech. synt.*, IV, 2, 50 (éd, R. Schöne, Berl., 1983, pagin. de Thévenot, *Vet. math. op.*, Paris, 1963): **41(19)**
—, —, IV, 3, 50, 51: **67(32)**
FILOSTRATO, *Vit. Apoll.*, II, 22 (*R. M.*, 52): **143(53)**
—, —, VI, 19: **40(15)**
GALENO, *De plac. Hipp. e Plat.*, Müll., V, p. 425 (DIELS, *Vors.*, 28 A 3; Armin, *St. Vet. fr.*, III, 472): **21(43)**, **41(21)**, **91(53)**
—, *De temp.*, I 9, 42 (DIELS, *Vors.*, 28 A 3): **91(46, 53)**
GEMINOS, *Elem. Astr.* (ed. Manitius) VIII, 20-21: **139(13)**
GÓRGIAS, *Hél.* (DIELS, *Vors.*, 76 B 11): **71(63)**, **72(71, 74)**, **109(5)**, **113(41)**
HESÍODO, *Théogonie*, v. 572: **93(60)**

—, *Travaux et Jours*, v. 59 ss: 93(60)

HÉSYCHIUS, *Lex.*, s. v. Ski£: 44(38)

HIPÓCRATES, περὶ ἀέρων ὑδάτων τε χαὶ τόπων, § 24 (Littré, t. II, p. 90 = p. 77, I, 22-24, *Corpus Medicoum Graecorum; Hippocratis*, I, 1, éd. J. L. Heiberg, Leipz.-Berl. 1927): 49(63)

—, *Ibid.*, § 13, p. 58 L., 68 H: 49(63)

—, περὶ διαίτης ὀξέων, § 3, II, p. 282: 47(51)

—, περὶ διαίτης, § 24, L. VI, p. 496: 72(75)

HORÁCIO, *Epíst.*, II, 1, v. 211: 141(39)

ISÓCRATES, *Busiris* (éd. Mathieu et Brémond, coll. Budé, 1928, I, p. 191 ss): 52(78)

—, *Éloge d'Hélène* (*ibid.*, p. 166): 113(41)

JÂMBLICO, *De myst.*, I, 11, p. 39, 13: 73(77)

LICURGO, *Contra Leócrates*, 33: 73(77)

LUCIANO, *Icaromênipo*, 6: 118(79)

—, *Philops.*, 18, 20: 95(79)

OLIMPIODORO, *Vita Platonis* (*Appendix Platonica*, p. 47, na edição dos *Diálogos* de Hermann, Leipzig, 1853, VI, p. 101): 131-2, 142(50)

PAUSÂNIAS, I, 3, 3 (*R. M.*, 352): 146(66)

PÍNDARO, *Ve Néméenne*, 1-4 (éd. Puech, col. Budé, p. 68): 148(87)

—, *VIIe Ol.*, 52 (éd. Puech, col. Budé, p. 97): 147(81)

PLATÃO, *Alcibíades*, 121a: 93(66)

—, —, 126cd: 75(91)

—, *Banquete*, 177b: 113(41)

—, —, 189d-190c: 120(102)

—, —, 190a: 121(104)

—, —, 197e: 114(48)

—, —, 205bc: 115(52)

—, —, 205c: 48(57)

—, —, 211ab: 101, 111(27)

—, —, 211a-212a: 21(32)

—, —, 211d-212a: 101-2, 111(29)

—, —, 215ab: 147(72)

—, —, 215be: 73(84)

—, —, 216ac: 73

—, *Cármides*, 154c: 116(65)

—, —, 157a: 74(85)

—, —, 155e-158c: 74(85)

—, —, 175e-176b: 74(85)

—, *Cartas II*, 312d: 118(79)

—, —, 312e-313a: 110(18)

—, *Cartas VI*, 323d: 114(48)

—, *Cartas VII*, 342a: **114(50)**
—, —, 342b: **149(94)**
—, —, 342c: **109(9)**
—, —, 343a: **109(8)**, **149(94)**
—, —, 344b: **114(50)**
—, *Crátilo*, 389ab: **21(33)**, **110(15)**
—, —, 396e-397a: **73(82)**
—, —, 405ab: **73(82)**
—, —, 423de: **109(11)**, **114(50)**
—, —, 424d: **20(17)**
—, —, 424de: **64(7)**, **145(64)**
—, —, 432b: **20(19)**
—, —, 432bc: **22(58)**, **85, 93(60)**
—, —, 432d: **93(60)**
—, —, 436d: **41(19)**
—, —, 439ab: **91(49)**
—, —, 439cd: **111(27)**
—, *Critias*, 106b: **74(86)**
—, —, 107b: **114(50)**
—, —, 107d: **46(48)**, **95(76)**
—, —, 116ab: **89(35)**
—, —, 116b: **22(61)**
—, *Epinomis*, 975d: **112(37)**, **113(40)**
—, —, 982e: **119(87)**
—, —, 983a: **67(26)**
—, —, 992b: **114(48)**
—, *Eutifron*, 6c: **47(56)**
—, —, 7c: **75(91)**
—, —, 11bd: **93(67)**
—, —, 15b: **93(67)**
—, *Fédon*, 60bc: **86(7)**
—, —, 69b: **45(45)**
—, —, 69bc: **73(81)**
—, —, 74a: **109(6)**
—, —, 83a: **74(87)**
—, —, 86c: **23(69)**, **47(57)**
—, —, 110b: **104, 117(73)**
—, —, 110bc: **22(64)**, **88(25)**
—, —, 110c: **38(2)**, **143(52)**
—, —, 110de: **88(26)**
—, —, 111a: **88(27)**
—, *Fedro*, 229b: **19(8)**
—, —, 229de: **146(68)**
—, —, 230a: **146(71)**
—, —, 245be: **115(58)**
—, —, 247c: **22(63)**, **88(29)**
—, —, 248a: **88(28)**
—, —, 248cd: **111(31)**
—, —, 248e: **48(57)**
—, —, 249d-251a: **111(30)**, **122(119)**
—, —, 250bc: **22(63)**, **88(30)**
—, —, 251a: **111(25)**
—, —, 258e: **86(7)**
—, —, 260-261: **71(67)**
—, —, 261a: **70(60)**
—, —, 264c: **20(28)**
—, —, 267cd: **70(61)**
—, —, 268c: **72(72)**
—, —, 271c: **70(60)**

—, —, 275b: **52(78)**
—, —, 275d: **93(64)**
—, —, 276de: **113(41)**
—, —, 277e: **113(41)**
—, —, 278d: **73(80)**
—, *Filebo*, 28de: **116(59)**
—, —, 30c: **116(60)**
—, —, 30d: **110(18)**
—, —, 30e: **113(44)**
—, —, 37de: **120(96)**
—, —, 38ce: **65(12)**, **120(96)**
—, —, 41e-42a: **20(22)**, **46(47)**, **121(112)**
—, —, 42cd: **121(112)**
—, —, 44a: **121(109)**
—, —, 44b: **121(110)**
—, —, 44cd: **86(1)**
—, —, 44d: **120(102)**
—, —, 44de: **120(104)**
—, —, 45 e ss: **86(7)**
—, —, 46a, d: **86(6)**
—, —, 46de: **121(112)**
—, —, 48a: **72(72)**
—, —, 51b: **86(7)**
—, —, 51bd: **22(65)**
—, —, 51c: **87(9)**
—, —, 51cd: **86(6)**
—, —, 51d: **88(20, 22)**
—, —, 51e: **88(24)**
—, —, 53ab: **88(23)**, **22(62)**
—, —, 55e: **68(40)**

—, —, 56b: **68(41)**
—, —, 56bc: **69(42)**
—, —, 55e-56c: **68(38)**, **70(56)**, **92(57)**
—, —, 58ab: **71(67)**
—, —, 61b: **119(90)**
—, —, 62ab: **109(7)**
—, —, 64de: **122(117)**
—, *Górgias*, 433a-466a: **70(56)**
—, —, 448c: **43(31)**
—, —, 450c: **93(64)**
—, —, 452d-453: **71(67)**
—, —, 453c: **44(40)**
—, —, 459bc: **71(67)**
—, —, 474de: **79**, **89(32, 33)**
—, —, 483e-484e: **71(67)**
—, —, 502cd: **71(68)**
—, —, 503d-504a: **20(28)**
—, —, 503e: **48(57)**, **116(68)**
—, —, 503e-504: **23(69)**
—, —, 506de: **20(28)**
—, *Hípias Maior*, 281d-282a: **40(13)**
—, —, 285c-286a: **64(1)**
—, —, 289d: **111(27)**
—, —, 290ad: **39(5)**
—, —, 290e: **89(32)**
—, —, 291a: **64(4)**
—, —, 291d: **111(27)**
—, —, 294ae: **74(87)**
—, —, 295e: **89(32)**

ÍNDICE BIBLIOGRÁFICO 169

—, —, 297e: **89(34)**
—, —, 298a: **88(24)**, **89(34)**
—, *Hípias Menor*, 368be: **64(1)**
—, —, *Íon*, 532e: **43(31)**
—, —, 533ab: **91(55)**
—, —, 535bc: **141(38)**
—, —, 535c: **72(72)**
—, —, 535ce: **141(38)**
—, *Leis I*, 644d: **114(46)**
—, *Leis II*, 655d : **21(47)**, **22(50)**, **90(37)**
—, —, 655d-656a: **36**, **90(38)**
—, —, 656c: **49(62)**
—, —, 656d-657d: **21(40)**, **51(76)**
—, —, 657b: **21(39)**, **90(40)**
—, —, 658be: **90(38)**
—, —, 663c: **20(22)**, **46(47)**
—, —, 666e: **49(60)**
—, —, 667b: **21(47)**, **90(42)**
—, —, 667cd: **90(41)**
—, —, 667d: **90(43)**
—, —, 667de: **22(61)**, **90(44)**, **112(36)**
—, —, 667e: **90(44)**
—, —, 667e-668a: **90(45)**
—, —, 668a: **22(48)**, **91(47)**
—, —, 668b: **90(38)**
—, —, 668de: **22(49)**, **91(49)**
—, —, 668e-669a: **22(50)**, **91(50)**
—, —, 669a: **91(48)**
—, —, 669ab: **91(51)**

—, —, 669b: **47(55)**
—, —, 669b-670a: **47(49)**
—, —, 672c: **121(109)**
—, *Leis III*, 677d: **115(55)**
—, —, 688b: **114(48)**
—, —, 700-701a: **47(49)**
—, *Leis IV*, 711c: **146(65)**
—, —, 717de: **51(74)**
—, —, 719d: **51(74)**
—, *Leis V*, 747a: **88(21)**
—, —, 747de: **49(63)**
—, *Leis VI*, 769a:
—, —, 769b:
—, —, 770c:
—, *Leis VII*, 797de: **21(37)**, **34**, **47(51)**
—, —, 797e-798b: **34**, **47(52)**
—, —, 798de: **47(53)**
—, —, 803b: **114(47)**
—, —, 803c: **114(46, 47)**
—, —, 804b: **114(46)**
—, —, 817b: **50(65)**
—, —, 820c: **114(45)**
—, *Leis IX*, 873d: **51(74)**
—, —, 876c: **52(77)**
—, —, 876d: **146(65)**
—, *Leis X*, 887d: **114(48)**
—, —, 889bc: **115(54)**
—, —, 889c: **115(55)**
—, —, 889d: **112(37)**
—, —, 890d: **116(64)**
—, —, 891b: **115(53)**

—, —, 891e: **115(56)**
—, —, 892a: **115(57)**, **116(59)**
—, —, 892b: **116(61, 62)**
—, —, 895ab: **115(58)**
—, —, 896a: **115(58)**
—, —, 896e-897a: **116(61)**
—, —, 896c-899b: **116(59)**
—, —, 898ab: **87(8)**
—, —, 899b: **115(58)**
—, —, 902e: **116(68)**
—, —, 903d: **114(46)**
—, —, 904a: **110(18)**
—, *Leis XI*, 931ae: **149(91)**
—, —, 933b: **64(8)**
—, —, 934c: **146(65)**
—, *Leis XII*, 953ab: **23(71)**, **49(61)**
—, —, 956b: **51(75)**
—, —, 958e-959a: **51(74)**
—, —, 966e: **115(57)**
—, —, 967a, c: **115(54)**
—, —, 967b: **40(13)**
—, —, 967bc: **115(56)**
—, *Menexeno*, 234c-235: **140(36)**
—, *Mênon*, 80ad: **73(85)**
—, —, 91d: **50(65)**
—, —, 97de: **93(67)**
—, *Parmênides*, 137b: **113(42)**
—, —, 156de: **94(74)**
—, —, 165cd: **20(22)**, **45(46)**
—, *Político*, 268d: **113(43)**

—, —, 270a: **119(84)**
—, —, 273b: **119(84)**
—, —, 277a: **91(49)**
—, —, 277c: **20(16)**, **64(7)**, **118(74)**
—, —, 277e: **113(41)**
—, —, 280e: **64(7)**
—, —, 284b: **20(28)**
—, —, 284e-285a: **92(57)**
—, —, 288c: **112(36, 37)**
—, —, 291c: **64(9)**
—, —, 299de: **20(11)**, **21(44)**, 137, **150(101)**
—, —, 306cd: **94(71)**
—, —, 306e: **94(71)**
—, —, 307a: **88(22)**
—, *Protágoras*, 311c: **40(17)**
—, —, 318bc: **44(40)**
—, —, 320d: **117(70)**
—, —, 322a: **115(55)**
—, —, 326b: **47(55)**
—, —, 328c: **40(17)**
—, —, 356cd: **65(12)**
—, —, 356ce: **70(55)**, **75(91)**
—, *República II*, 357b: **90(44)**
—, —, 361d: **20(13)**
—, —, 365c: **45(45)**
—, —, 373ab: **113(38)**
—, —, 376de: **113(40)**
—, —, 378c: **47(56)**
—, —, 381e: **64(9)**
—, *República III*, 387de: **50(67)**

—, —, 395de: **47(49)**
—, —, 396b: **47(49)**
—, —, 397a: **47(49)**
—, —, 400: 17-8
—, —, 401a: **22(68)**, **23(70)**, **48(58)**
—, —, 401ad: **49(62)**
—, —, 401d: **47(55)**
—, —, 411b: **47(55)**
—, —, 413be: **64(9)**
—, —, 413d: **49(60)**
—, *República IV*, 420c: **64(7)**
—, —, 420cd: **22(51)**, **38(1)**
—, —, 424b-425: **47(53)**
—, —, 424c: **21(38)**, **47(54)**
—, —, 429de: **144(60)**
—, *República V*, 472d: **21(29)**, 99, **108(1)**
—, —, 475d: **111(25)**
—, —, 476: **19(6)**
—, —, 476b: **109(6)**
—, —, 476c: **111(24, 26)**
—, —, 479a: **112(32)**
—, —, 479d: **112(33)**
—, —, 479e: **112(34)**
—, *República VI*, 488a: **146(69)**
—, —, 493bd: **21(46)**
—, —, 493d: **90(38)**
—, —, 493e: **111(26)**
—, —, 500c: **122(115)**
—, —, 501a: **20(15)**, **116(69)**

—, —, 501b: **20(17, 21)**, **145(64)**
—, —, 504d: **146(65)**
—, —, 507b: **111(26)**
—, —, 509d: **110(18)**
—, —, 509e-510a: **111(21)**
—, —, 510e: **111(21)**
—, —, 510d-511a: **109(6)**
—, *República VII*, 515a: **110(20)**
—, —, 515e-516c: **110(19)**
—, —, 518c: **110(19)**
—, —, 521c: **110(19)**
—, —, 522b: **119(85)**
—, —, 523bc: **65(12)**
—, —, 528bc: **87(10)**
—, —, 529d-530a: **22(57)**, **92(56)**
—, —, 530a: **116(66)**
—, —, 531c: **88(21)**
—, —, 532bc: **110(19)**
—, —, 534b: **109(10)**
—, *República VIII*, 545e: **114(48)**
—, —, 549b: **47(55)**
—, —, 557c: **47(56)**
—, —, 558b: **23(70)**
—, *República IX*, 583b: **45(45)**
—, —, 584a: **86(3)**
—, —, 584b: **88(24)**
—, —, 584bc: **86(7)**
—, —, 585a: **20(20)**, **45(45)**
—, —, 586bc: **20(20)**, **45(44, 45)**
—, —, 587b: **110(18)**

—, —, 588c: **146(67)**
—, —, 588ce: **146(68)**
—, —, 590c: **119(85)**
—, *República X*, 595b: **74(86)**
—, —, 596 e ss: **21(33)**
—, —, 596b: **110(15)**
—, —, 596c: **46(48)**
—, —, 596ce: **64(1)**
—, —, 596de: **64(10)**
—, —, 597bd: **110(15)**
—, —, 597de: **110(14)**
—, —, 597e: **110(18)**
—, —, 598ab: **40(14), 109(12)**
—, —, 598bc: **110(16)**
—, —, 598bd: **64(1)**
—, —, 598c: **45(42)**
—, —, 598d: **64(9)**
—, —, 600e-601a: **110(16)**
—, —, 601bc: **40(14), 109(12)**
—, —, 601c: **110(16)**
—, —, 602c: **44(38)**
—, —, 602cd: **67(26)**
—, —, 602d: **56, 64(9, 11), 75(91)**
—, —, 602d-603a: **70(55)**
—, —, 602d-603b: **65(12)**
—, —, 603e: **50(68)**
—, —, 604bc: **114(47)**
—, —, 604e: **50(70)**
—, —, 605a: **65(12)**
—, —, 605bc: **65(12)**

—, —, 605d: **72(74), 73(78)**
—, —, 606a: **72(72)**
—, —, 606b: **122(115)**
—, —, 607c: **19(9), 74(89)**
—, —, 607d: **20(10)**
—, —, 608a: **74(89)**
—, —, 616e: **118(78)**
—, *Sofista*, 219ab: **115(52)**
—, —, 226d: **73(82)**
—, —, 227d: **73(82)**
—, —, 230a-231a: **73(82)**
—, —, 231b: **86(4)**
—, —, 232a: **64(1)**
—, —, 232c-235b: **64(1)**
—, —, 234a: **43(36), 46(48), 112(37)**
—, —, 234b: **20(22), 45(42), 113(39)**
—, —, 234c: **71(62)**
—, —, 234e: **71(62)**
—, —, 235a: **64(9)**
—, —, 235ab: **64(11)**
—, —, 235d: **22(52)**
—, —, 235d-236c: **30-1, 33, 39(8), 59, 60**
—, —, 236b: **33, 45(43)**
—, —, 239de: **111(21)**
—, —, 265a: **110(14)**
—, —, 265b: **115(52)**
—, —, 265ce: **116(59)**
—, —, 265e: **116(63)**
—, —, 266c: **111(23)**

—, —, 267a-268a: **73**(**83**)
—, —, 268c: **73**(**80**)
—, *Teeteto*, 147ab: **117**(**70**)
—, —, 167d-168b: **73**(**82**)
—, —, 171d: **147**(**74**)
—, —, 191d: **52**(**77**)
—, —, 201b: **112**(**35**)
—, —, 208e: **20**(**22**), **46**(**47**)
—, *Timeu*, 19bc: **93**(**67**)
—, —, 20e: **48**(**59**)
—, —, 28ab: **20**(**28**)
—, —, 28b: **108**(**1**)
—, —, 28b-29b: **115**(**51**)
—, —, 29a: **116**(**67**)
—, —, 30b: **116**(**67**)
—, —, 31c: **116**(**67**)
—, —, 31c-32c: **119**(**92**)
—, —, 33bd: **116**(**67**)
—, —, 33c-34a: **120**(**103**)
—, —, 34ab: **120**(**93**)
—, —, 35a-36c: **119**(**91**)
—, —, 36e: **120**(**93**)
—, —, 37a: **120**(**93**)
—, —, 37bc: **120**(**98**)
—, —, 37c: **116**(**65**), **120**(**94**)
—, —, 37d: **120**(**95**)
—, —, 37de: **120**(**96**)
—, —, 38b: **120**(**94**)
—, —, 38ce: **120**(**96**)
—, —, 39ab: **120**(**97**)
—, —, 39e: **117**(**70**), **120**(**94**)

—, —, 40a: **116**(**67**)
—, —, 40ab: **121**(**112**)
—, —, 40cd: **119**(**86**)
—, —, 41bc: **120**(**101**)
—, —, 41d: **119**(**89**), **120**(**100**)
—, —, 41e: **121**(**112**)
—, —, 42 e ss: **22**(**67**)
—, —, 42a: **121**(**112**)
—, —, 42b: **121**(**112**)
—, —, 42c: **121**(**112**)
—, —, 42cd: **121**(**105, 106**)
—, —, 42d: **116**(**67**), **121**(**112**)
—, —, 42e: **121**(**105**)
—, —, 43a: **121**(**105, 106**)
—, —, 43b: **121**(**106**)
—, —, 43c: **121**(**107**)
—, —, 43de: **121**(**108**)
—, —, 44a: **121**(**109**)
—, —, 44b: **121**(**110**)
—, —, 44d: **120**(**102**)
—, —, 44de: **120**(**104**)
—, —, 47bc: **22**(**67**), **121**(**111, 113**)
—, —, 47d: **122**(**116**)
—, —, 50c: **53**(**77**), **116**(**70**)
—, —, 50e: **20**(**13**), **116**(**69**)
—, —, 51d: **88**(**20, 22**)
—, —, 52a: **150**(**98**)
—, —, 52c: **111**(**24**)
—, —, 53b: **88**(**19**)
—, —, 53e: **87**(**16, 17, 18**)

—, —, 53-54: **22(66)**
—, —, 54a: **87(11, 12, 15)**
—, —, 54d: **87(14)**
—, —, 55c: **117(74)**
—, —, 56c: **88(19)**
—, —, 59cd: **113(44)**
—, —, 67b: **47(55)**
—, —, 67e: **143(51)**
—, —, 67e-68c: **117(73)**
—, —, 68c: **45(45)**, **144(54, 55, 56)**
—, —, 68bd: **144(60, 61)**
—, —, 68cd: **144(62)**
—, —, 68e: **116(67)**
—, —, 80b: **88(21)**
—, —, 87c: **122(117)**
—, —, 90d: **121(112)**
PLÍNIO, *N. H.*, XXX, 32, (*R. M.*, 5): **143(53)**, **144(58)**
—, XXXIII, 56, 122 (*R. M.*, 9): **144(58)**
—, XXXIV, 51: **96(87)**
—, XXXIV, 65: **41(22)**, **42(26)**, **42(28)**
—, XXXIV, 81: **142(47)**
—, XXXV, 15 (*R. M.*, 56): **21(34)**, **111(20)**
—, XXXV, 36, 5 (*R. M.*, 236): **45(41)**
—, XXXV, 60 (*R. M.*, 193): **44(38)**
—, XXXV, 64 (*R. M.*, 216): **109(5)**

—, XXXV, 69 (*R. M.*, 277): **146(66)**
—, XXXV, 76 (*R. M.*, 318): **69(51)**
—, XXXV, 128: **42(23, 24)**
—, XXXV, 133 (*R. M.*, 373): **39(6)**
—, XXXV, 151 (OVERBECK, 259): **110(20)**
—, XXXV, 153 (OVERBECK, 1514): **95(78)**
—, XXXVI, 8: **45(41)**
PLOTINO, *Enéadas* (Ed. Bréhier, Col. Budé), I, 6, I, 30: **89(31)**
—, —, II, 3, 15: **64(9)**
—, —, IV, 4, 40: **64(9)**
—, —, V, 8, I, 11: **109(5)**
—, —, V, 8, 1, I, 38-40: **108(1)**
—, —, V, 8, 3-4: **89(31)**
—, —, VI, 6, 18: **111(30)**
PLUTARCO, *De glor. Ath.*, 2 (*R. M.*, 194): **44(38, 39)**, **62**
—, —, 5, p. 348c (DIELS, *Vors.*, 76 B, 23): **72(75)**
—, *Platon. Quaest.*, 1003cd: **104**, **118(76)**
—, *Quomodo adol. poet. aud. debeat*, 15d: **129**, **141(40)**
—, *Vidas: Alcibíades*, 16 (*R. M.*, 184): **43(36)**
—, *Péricles*, 13 (*R. M.*, 185): **43(36)**

—, *Sólon*, 29: **48-9(59)**
POLÍBIO, *Hist.*, II, 56, 11: **141(42)**
POLICLETO, DIELS, *Vors.*, 28 A 3: **41(21)**
—, —, 28 B 2: **41(19)**
PÓLUX, II, 69: **110(17)**
PRÓCLUS, *In primum Euclidis Elementarum librum comm.*, Friedl., p. 40, 12: **67(27)**
—, —, 40, 19: **139(11)**
—, *In Tim.*, 84d (DIEHL, I, 265, 18; OVERBECK, 772, 698):
Prolegomena philosophiae platoniciae (*Appendix Platonica*, p. 55, da edição dos *Diálogos* de Hermann, Leipzig,1853, VI, p. 199) = A. WESTERMAN, Biográfoi, *Vitarum scriptores Graeci Minores*, Brunsvigae, 1845, p. 391, I, 106 e ss: **142-3(50)**
PROTÁGORAS, DIELS, *Vors.*, 74 B 5, 8a, 8b: **115(55)**
PTOLOMEU, *Geogr.*, VII, 7: **67(24)**
—, *Sínt. Mat.*, VIII, 3 (Heiberg): **118-9(80)**
QUINTILIANO, *Inst. Or.*, VI, 2, 29; XII, 10, 6: **40(15)**
—, —, XII, 10, 9 (OVERBECK, 903): **95-6(79)**

SIMPLÍCIO, *In Aristotelis Physicorumlibros quattuor priores commentaria*, p. 291-2, DIELS, 124, 3: **126, 139(12, 17)**
SUÍDAS, s. v., φιλόσοφος: **67(25)**
TEMÍSTOCLES, *Or.*, 23, p. 357, Dindorf: **141(37)**
TEOFRASTO, *Caract.*, II, 12, (Navarre): **95(77)**
—, *De sens.*, 76-77 (DIELS, *Vors.*, 55 A 135): **38(2), 144(54, 60), 145(62)**
TIMEU, *Léxico, s. v.*, χραίνειν (*Appendix Platonica*, p. 55, da edição dos *Diálogos* de Hermann, VI, Leipzig, 1853): **45(44)**
TIMOCLEU O CÔMICO, fr. 6, II, 453K: **72(74)**
TZETZES, *Chil.*, VIII, 353; XXVIII, 3: **22(53), 32, 59, 69(43)**
—, —, XII, 559: **110(17)**
VITRÚVIO, *De Arch.*, I, 2, 2: **67(30)**
—, —, VII, pr. 11: **32, 43(32), 56-7**
XENOFONTE, *Memoráveis*, I, IV, 4: **149(90)**
—, —, III, 10: **19(3), 27(1), 92(59), 109(5), 130, 142(44)**

II – Autores Modernos

Abreviações

A. = *L'Acropole, Revue du monde hellénique*, Paris.

Abh. Ak. Ph. = Abhandlungen der Akademie der Wissenschaften zu Berlin.

A. G. Ph. = *Archiv fürGeschichte der Philosophie*, Berlim.

A. G. S. = Ch. PICARD, *Manuel d'Archéologie grecque, la Sculpture*, Paris.

A. J. A. = *American Journal of Archaeology*, Boston-Nova York.

A. M. G. = *Annales du Musée Guimet, bibliothèque de vulgarisation*, Paris.

Antike Denkmäler = *Antike Denkmäler herausgegeben vom deutschen archaeologischen Institut*, Berlim.

B. A. R. = *Bulletin de l'Académie des Sciences de Russie*, Petrogrado.

B. B. = *Bulletin de l'Association Guillaume Budé*, Paris.

B. C. H. = *Bulletin de Correspondance hellénique* (École française d'Athènes), Paris.

B. I. O. = *Bulletin de l'Institut français d'Archeologie orientale*, Cairo.

BRUNN, *Denkmäler* = BRUNN, BRUCKMANN. *Denkmäller griechischer und römischer Sculptur*, fortgeführt und mit erlaüternden Texten versehen von Paul ARNDT, Munique.

B. S. Ph. = *Bulletin de la société française de Philosophie*, Paris.

B. W. S. = *Studien der Bibliothek Warburg*, Leipzig-Berlim.

B. W. V. = *Vorträge der Bibliothek Warburg*, Leipzig-Berlim.

C. A. = *Cahiers archéologiques, Fin de l'Antiquité et Moyen Age*, publiés par André GRABAR, Paris.

Cl. Qu. = *The Classical Quaterly*, London.

D. A. = *Dictionnaire des Antiquités grecques et romaines* ("obra fundada por Ch. DAREMBERG e redigida... sob a direção de M. Edmond SAGLIO com o concurso de Edm. POTTIER e Georges LAFAYE"), Paris.

D. A. N. = *Doklady Akademii naouk S. S. S. R.*

Coll. G. Budé = Coleção das Universidades da França publicada com o patrocínio da Associação Guillaume Budé, Paris.

H. = *Hermès, Zeitschrift für classische Philologie*, Berlim.

Harvard Studies = *Harvard Studies in classical Philology.*

Influssi = L. A. STELLA, Influssi di poesia e d'arte ellenica nell'opera di Platone (in *Historia*), Milan.

J. A. I = *Jahrbuch des deutschen archäologischen Instituts* mit dem Beiblatt *Archäologischer Anzeiger*, Berlim.

J. f. Phil. = *Jahrbücher für classische Philologie*, Berlim.

J. H. S. = *Journal of Hellenic Studies*, London.

J. Ps. = *Journal de Psychologie*, Paris.

L. F. = *Listy Filologické*, Prague.

M. = *Mind*, London.

M. A. = *Monumenti antichi pubblicati per cura della R. Academia nazionale dei Lincei*, Milan.

M. A. I. = *Mitteilungen des deutschen archäologischen Instituts, Athenische Abteilung*, Athènes.

M. A. R. = *Memoirs of the American Academy in Rom*, Bergame.

Miracle grec = W. DEONNA, *Du miracle grec au miracle chrétien. Classiques et primitivistes dans l'art*, Bâle.

M. M. S. = *Metropolitan Museum Studies*, Nova York.

M. P. = *Mémoires présentées par divers savants à l'Académie des Inscriptions et Belles-Lettres*, Paris.

Mon[ts] Piot. = *Monuments et Mémoires* publiés par l'Académie des Inscriptions et Belles-Lettres, Fondation E. Piot, Paris.

N. W. G. = *Nachrichten von der Gesellschaft der Wissenschaften zu Göttingen, philologisch-historische Klasse*, Berlim.

PAULY = PAULYS *Real Encyclopädie der Classischen Altertumswissenschaft*, neue Bearbeitung begonnen von Georg WISSOWA, herausgegeben von W. KROLL und R. MITTELHAUS, Stuttgart.

Ph. = *Philologus, Zeitschrift für das Klassische Altertum und sein Nachleben*, Göttingen; a partir de 1897, Leipzig.

Phil. Unt. = *Philologische untersuchungen*, Berlim.

Pr. W. = *Programm zum Winckelmannsfeste der archäologischen Gesellschaft zu Berlin*.

R. A. = *Revue Archéologique*, Paris.

R. C. C. = *Revue des Cours et Conférences*, Paris.

R. É. A. = *Revue des Études Anciennes* (Annales de la Faculté de Lettres de Bordeaux et des Universités du Midi), Bordeaux-Paris.

R. A. M. = *Revue de l'Art Ancien et Moderne*, Paris.

Rh. M. = *Rheinisches Museum für Philologie*, Bonn, em seguida Francfort-sur-le-Main.

R. É. G. = *Revue des Études Grecques*, Paris.

R. H. Ph. = *Revue d'Histoire de la Philosophie*, Paris, em seguida Lille.

R. M. = *Recueil Milliet* (ver *infra* Adolphe J. REINACH).

R. M. M. = *Revue de Métaphysique et de Morale*, Paris.

R. Phil. = *Revue philosophique de la France et de l'étranger*, Paris.

Ph. R. = *Revue de Philologie, d'Histoire et de Littérature anciennes*, Paris.

S. A. I. = *La Sculpture antique des Origines à Phidias*, de Ch. PICARD, Paris, 1923.

S. A. II. = *La Sculpture antique de Phidias à l'ère byzantine*, de Ch. PICARD, Paris, 1926.

S. F. C. = *Studi italiani di filologia classica*, nova edição, Florença.

S. G. M. = *Quellen und Studien zur Geschichte der Mathematik, Astronomie und Physok*. Abteilung B: *Studien*, Berlim.

Sitz. Bay. Ak. = *Sitzungsberichte der Bayerischen Akademie der Wissenschaften*, Philosophische, philologische und historische Klasse, Munique.

Sitz. Berl. Ak. = *Sitzungsberichte der Preussischen Akademie der Wissenschaften*, Philosophisch-historische Klasse, Berlim.

Thesaurus = *Thesaurus graecae linguae ab Henrico Stephano constructus*, ed. G. Hasse e L. Dindorf, Paris, 1833.

* * *

ANDRÉ, J. *Étude sur les termes de couleur de la langue latine*, Paris, 1949.

BAKER, Alb. W. "Subjective factor in Greek design". *A. J. A.*, XXII, 1918, p. 1-24.

BENVENISTE, E. "Les Sens du mot ΚΟΛΟΣΣΟΣ et les noms grecs de la statue", *R. Ph.*, 1932, p. 118-35.

BÉRARD, V. *Introduction à l'Odyssée*, Paris, 1924.

BERNOULLI, J. J. *Griechische Ikonographie*, Munique, 1901.

BERTRAND, Ed. *Études sur la peinture et la critique d'Art dans l'Antiquité*, Paris, 1893.

BIDEZ, J. *Eos ou Platon et l'Orient*, Bruxelles, 1945.

BLASS, F. *De Gemino et Poseidonio*, Kiel, 1883.

BLUMENTHAL, A. von "Τῠπος und Παρ̀δειγμα", *H.*, LXIII, 1928, p. 391-415.

BLÜMNER, H. *Technologie und Terminologie der Gewerbe und Künste bei den Griechen und Römern*, Leipzig, 1886.

BOUSQUET, J. *Le trésor de Cyrène*. Thèse dactylographiée, Paris, 1951.

BÖHRINGER, R. *Das Antlitzdes Genius, Platon*, 1935.

BOYANCÉ, P. *Le culte des Muses chez les philosophes grecs*, Paris, 1937.

BRÉHIER, É. "Posidonius d'Apamée théoricien de la géometrie", *R. É. G.*, t. XXVII, 1914, p. 44-58.

—. *Histoire de la Philosophie, L'Antiquité et le Moyen-Age*, t. I, Paris, 1926.

—. *La Philosophie de Plotin*, Paris, 1928.

—. Édition des *Ennéades* de Plotin, Coll. G. Budé, Paris, 1924-1925-1927-1931.

BRUNN, H.; ARNDT, L.; BRUCKMANN, Fr. *Griechische und Römische Pörtrats*, Munique, 1894.

BULLE, H. "Das Bühnenbild bei Aristoteles", *Ph.*, LXXX, IV, 2, p. 252-7.

BURNET, J. *Platonism*, Berkeley, 1928.

BUSCHOR, E. *Griechische Vasen*, Munique, 1940 (na edição anterior: *Griechische Vasenmalerei*, 1913).

—. *Grab eines attischen Mädchens*. 2.ed., Munique, 1941.

BUSCHOR, E.; HAMANN, R. *Die Skulpturen des Zeustempels zu Olympia*, Marburg a. Lahn, 1924.

CAPART, Jean. *Leçons sur l'Art égyptien*, Liège, 1920.

—. *Propos sur l'Art égyptien*, Bruxelles, 1931.

CASKEY, L. D. *Geometry of Greek Vases. Attic vases in the Museum of fine arts analysed according to the principles of proportion discovered by Jay Hambidge*, Boston, 1922.

CASSIRER, E. "Eidos und Eidolon. Das Problem des Schönen und der Kunst in Platons Dialogen", *B. W. V.*, 1922-23, I (Leipzig, 1924), p. 1-27.

—. "Individuum und Kosmos in der Philosophie der Renaissance", *B. W. S.*, Leipzig, 1927.

CHANTRAINE, P. "[Le mot] grec κομψός", *R. É. G.*, t. LVIII, 1945, p. 94.

CHARBONNEAUX, J. *La sculpture grecque classique*, Paris, 1943.

CLOCHÉ, P. *Les Classes, les Métiers, le Trafic*, Paris, 1931 (parte da Coleção "Vie publique et Privée des anciens Grecs", t. V).

COLIN, G. "Platon et la poésie", *R. É. G.*, 1928 (n. 189, t. XXXI, p. 1-72).

COLLIGNON, Maxime. *Manuel d'Archéologie*, Paris, s. d.

—. *La Polychromie dans la Sculpture grecque*, Paris, 1890.

—. *Histoire de la Sculpture grecque*, Paris, 1892, t. I.

—. *Les Statues funéraires dans l'art grec*, Paris, 1911.

—. *Le Parthénon (l'Histoire, L'architecture et la Sculpture)*, Paris, 1914.

COLLINGWOOD, R. G. "Plato's philosophy of art", *M.*, XXXIV, p. 154-72.

COMANINI, Gregorio. *Il Figino, overa del fine della Pittura*, Mantova, 1591.

COUCHOUD, P.-L. "L'Interprétation des stèles funéraires attiques", *R. A.*, 1923, t. II, p. 99 e ss., p. 223 e ss.

CROISSANT, J. *Aristote et les mystères*, Liège, Paris, 1932.

DELATTE, A. *Le troisième livre des souvenirs socratiques de Xénophon*, Paris, 1933.

DELBRÜCK, R. *Beiträge zur Kenntnis der Linienperspektive in der Griechischen Kunst*, Diss., Bonn, 1899.

DELLA FRANCESCA, Piero. *De quinque corporibus*, 1492.

DEONNA, W. *Les Apollons archaïques. Étude sur le type masculin de la statuaire grecque du VIe siècle avant notre ère*, Genebra, 1909.

—. *L'Archéologie, sa valeur, ses méthodes*, Paris, 1912.

—. "L'image incomplète ou mutilée", *R. É. G.*, XXXII, 1930, p. 321-32.

—. *Dédale ou la Statue de la Grèce archaïque:* I. *Origine et Évolution de la statue archaïque – Problèmes techniques et esthétiques*, Paris, 1930; II. *Artistes et groupements régionaux. Influences subies et exercées. Survivances et coïncidences*, Paris, 1931.

—. "Les yeux absents ou clos des statue de la Grèce primitive", *R. É. G.*, XLVIII, 1935, p. 219 e ss.

—. *Du miracle grec au miracle chrétien. Classiques et Primitivistes dans l'art*, Bâle, t. I, 1945; t. II, 1946; t. III, 1948 (compilados em *Miracle grec*).

DEVAMBEZ, P. "Sur une interprétation des stéles funéraires attiques", *B. C. H.*, 1930, I, p. 210-27.

—. "La Stèle de Philis et les tendances archaïsantes à Thasos", *B. C. H.*, 1931, p. 413-22.

DIELS, H. "Gorgias und Empedokles", *Sitz. Berl. Ak.*, 1884, I, p. 343-68.

—. *Antike Technik*, 3.ed., Leipzig-Berlin, 1924.

DIELPOLDER, H. *Die attischen Grabeliefs des 5. und 4. Jahrhunderts v. Chr.*, Berlim, 1931.

DIÈS, A. *Le Sophiste*, Col. G. Budé, t. VIII, terceira parte, p. 334, Paris, 1925.

—. *Autour de Platon*, Paris, 1927.

—. "Guignol à Athènes" (*B. B.*, n. 14, jan. 1927, p. 6 e ss.). Encore Guignol (*ibid.*, n. 15, abr. 1927, p. 38 e ss).

DIESENDRUCK, Z. *Strucktur und Charakter des platonischen Phaidros*, Viena-Leipzig, 1927.

DILLER, H. " Ὄψις ἀδήλων τὰ φαινόμενα", *H.*, t. 67, 1932, p. 14 e ss.

DUCIS, J.-F. *Oeuvres*, Paris, 1813.

DUPRÉEL, E. *Les Sophistes*, Paris-Neuchâtel, 1948.

DUGAS, Charles. "Article Sculptura", *D. A.*, t. IV, 2, 1908, p. 1138 e ss.

ELDERKIN, G. W. *Problems in Periclean Building*, Princeton, 1912.

FESTUGIÈRE, A.-J. *Hippocrate, Ancienne médecine*, Paris, 1948.

FINSLER, G. *Platon und die aristotelische Poetik*, Leipzig, 1900.

FOAT, F. W. G. "Anthropometry of Greek Statues", *J. H. S.*, t. 35, 1915, p. 225 e ss.

FOUGÈRES, Gustave. *Socrate critique d'art* (apresentação pública na Académie des Incriptions et Belles-Lettres, em 16 nov. 1923), Paris, 1923.

FRANCASTEL, P. "Naissance d'un espace, mythes et géométrie au Quattocento", *Revue d'Esthétique*, 1951, p. 1-45.

—. "Destruction d'un espace plastique", *J. de Ps.*, 1951, p. 128-75.

FRANK, Erich. *Plato und die sogenannten Pythagoreer. Ein Kapitel aus der Geschichte des griechischen Geistes*, Halle a/S., 1923 (compilado em *Plato*).

FRICKENHAUS, A. "Art. Skene", *in*: PAULY (III, 5, 1927, p. 470 e ss).

FRICKENHAUS, A. "Das Herakleion von Melite", *M. A. I.*, XXXVI, 1911, p. 113-44.

FRIEDLÄNDER, Paul. *Platon. Eidos, Paideia, Dialogos*, Berlim-Leipzig, 1928.

FREDRICH, C. "Hippokratische Untersuchungen", *Phil. Unters.*, 15, Berlim, 1899.

FURTWAENGLER, A. *La Collection Sabouroff, Monuments de l'Art grec*, Berlim, 1883-1887.

—. "Die Giebelgruppen des alten Hekatompedon auf der Akropolis zu Athen", *Sitz. Bay. Ak.*, 1905, p. 433-66.

GALLI, Umberto. "La mimesi artistica secondo Aristotele", *S. F. C.*, IV, 1925, p. 287-313.

SAINTE FARE GARNOT, J. *L'Égypte* (Histoire générale de l'art, Flammarion, t. I), Paris, 1951.

GERHARD, Ed. *Festgedanken an Winckelmann*, Berlim, 1841.

GIRARD, P. *L'éducation athénienne au Ve et au VIe siècle avant J.-C.*, Paris, 1889.

GLOTZ, G. *Histoire grecque, t. I. Des origines aux Guerres Médiques*, Paris, 1925.

GOLDSCHMIDT, V. "Le paradigme dans la théorie platonicienne de l'action", *R. É. G.*, LVIII, 1945, p. 118-45.

—. *Les dialogues de Platon*, Paris, 1947.

—. *Le paradigme dans la dialectique platonicienne*, Paris, 1947.

—. "Le problème de la tragédie d'après Platon", *R. É. G.*, LXI, 1948, I, p. 19-63.

GOODYEAR, W. H. *Greek refinements, Studies in temperamental Architecture*, Yale University Press, 1912.

GRABAR, M. A. "Plotin et les origines de l'esthétique médiévale". *Cahiers archéologiques*, t. I, *Fin de l'Antiquité et le Moyen Age*, p. 15-34, Paris, 1945.

CHASE GREEN, W. *Plato's view of poetry*, Harvard Studies, I, 29, 1918.

GUARDUCCI, M. "Pandora o i martellatori, Un dramma satirico di Sofocle e un nuovo monumento vascolare", *M. A.*, XXXIII, 1929, p. 6-38.

GUEROULT, M. "Le Xe livre des Lois et la Physique platonicienne", *R. É. G.*, XXXVII, 1924, p. 27-78.

GUERRY, Liliane. *Cézanne et l'expression de l'espace*, Paris, 1951.

HAMBIDGE, Jay. *Dynamic symmetry, The Greek vases*, New Haven, 1920.

—. *Dynamic symmetry in compositions used by the artist*, Cambridge, 1923.

HAMDY BEY; REINACH, Th. *Une Nécropole royale à Sidon*, Paris, 1892.

HEKLER, A. *Greek and Roman portraits*, Londres, 1912.

—. *Die Bildniskunst der Griechen und Römer*, Stuttgart, 1912.

HELBIG, W. "Zeuxis and Parrhasios", *J. f. Phil.*, 1867, p. 649 e ss.

—. *Guide dans les Musées d'Archéologie classique de Rome*, tradução para o francês de J. TOUTAIN, Leipzig, 1893, t. II.

HELM, R. *Lucian und Menipp*, Leipzig-Berlim, 1906.

HENSE, Conrad. "Ein Fragment des Athenodorus von Tarsus", *Rh. M.*, LXII, 1907, p. 313-5.

HEUZEY, L. *Histoire du Costume Antique*, Paris, 1922.

HOLWERDA, J. H. *Die attischen Gräber der Blüthezeit. Studien über die attischen Grabreliefs*, Leiden, 1899.

HOWALD, E. "Eine vorplatonische Kunsttheorie", *H.*, t. 54, 1919, p. 187-207.

HÜGEL, J. *Entwicklung und Ausbildung der Perspektive in der classischen Malerei*, Diss., Würzburg, 1881.

HUMBERT, Jean. *Polycrates, l'Accusation de Socrate et le Gorgias*, Paris, 1931.

JEANMAIRE, H. "Le traitement de la Mania dans les 'Mystères' de Dionysos et des Corybantes", *J. Ps.*, 1949, I, p. 36-82.

—. "Le satyre et la ménade, remarques sur quelques textes relatifs aux danses 'orgiaques'", *Mélanges Ch. Picard*, 1949, t. I, p. 463-73.

JOLLES, J. A. *Vitruves Aesthetik*, Diss., Friburgo Br., 1906.

KALKMANN, A. *Die Quellen der Kunstgeschichte des Plinius*, Berlim, 1928.

—. *Die Proportionen des Gesichts in der Plinius*, Berlim, 1928.

KEKULÉ, R. "Ueber einem angeblichen Anblitz des Lysipp", *J. A. I.*, VIII, 1893, p. 39-51.

KRANZ, W. "Die ältesten Farbenlehren der Griechen", *H.*, 1912, p. 126 e ss.

—. "Diotima von Mantinea", *H.*, 1926, p. 437-47.

KUCHARSKI, P. "La musique et la conception du réel dans le Philèbe", *R. Philos.*, 1951, p. 39-60.

LA COSTE-MESSELIÈRE, P. DE. "Observations sur les sculptures du trésor des Athéniens", *B. C. H.*, 1923, p. 415 e ss.

LA COSTE-MESSELIÈRE, P. DE; PICARD, Ch. *Sculptures grecques de Delphes*, Paris, 1927.

LALANDE, A. *Vocabulaire de la Société française de philosophie*, Paris, 1926.

LECHAT, H. "Au Musée de l'Acropole d'Athènes. Études sur la sculpture en Attique avant la ruine de l'Acropole par l'invasion de Xerxès", Paris, 1903 (*Annales de l'Université de Lyon*, V, fasc. 10).

LEFEBVRE, Gustave. *Le tombeau de Pétosiris*, Cairo, 1924.

LEJEUNE, A. *Euclide et Ptolémée, deux stades de l'optique géométrique grecque*, Louvain, 1948.

LERMANN, W. *Altgriechische Plastik, Eine Einführung in die griechische Kunst des archaïschen und gebundenen Stils*, Munique, 1907.

LEROUX, Gabriel. *Lagynos. Recherches sur la céramique et l'art ornemental hellénistique*, Paris, 1913.

LIPPOLD, G. "Zur griechischen Künstlergeschichte", *J. A. I.*, t. 38 e 39, 1923-1924, p. 150-8.

—. "Τύποι", *J. A. I.*, XL, 1925, p. 206-9.

—. "Art. Silanion", *in*: PAULY, II, 5, 1927, p. 2-6.

LOBECK, Chr. Aug. *Aglaophamus, sive de theologiae mysticae Graecorum causis*, Regismontü, Pruss, 1829.

LÖWY, E. *Polygnot, ein Buch von griechischer Malerei*, Viena, 1929.

LURIA, S. "Protagoras und Demokrit als Mathematiker", *D. A. N.*, 1928.

MASPÉRO, G. *Égypte. Histoire générale de l'Art* (Col. "Ars Una"), Paris, 1912.

—. *Le Musée égyptien*, Cairo, 1940.

MARTIN, Th. H. "Recherches sur la vie et les ouvrages d'Héron d'Alexandrie", *M. P.*, série I, t. IV, 1854.

MAZON, Paul. *Sur une lettre de Platon* (estudo lido na Académie des Inscriptions et Belles-Lettres na apresentação anual de 20 nov. 1930), Paris, 1930.

MESNIL, Jacques. "Masaccio et la théorie de la perspective", *R. A. M.*, t. XXXV, 1914, p. 145-56.

—. *Italie du Nord*, Paris, 1916.

—. "La perspective linéaire chez Léonard de Vinci", *R. A.*, 1925, t. XVI.

—. "Die Kunstlehre der Frührenaissance im Werke Masaccios", *B. W. V.*, 1925-1926, Leipzig, 1928, p. 122-46.

MILNE, M. J. *A study in Alcidamas and his relation to contemporary sophistic*, Bry Mawr, 1924.

MOREAU, J. *L'âme du monde de Platon aux Stoïciens*, Paris, 1939.

—. *La construction de l'idéalisme platonicien*, Paris, 1939.

—. "Le platonisme de l'Hippias majeur", *R. É. G.*, LIV, 1941, p. 19-42.

MORET, A. "Les Statues d'Égypte, 'images vivantes'", *B. M. G.*, t. 41, Paris, 1916.

—. *Histoire de l'Orient*, Paris, 1929.

MOREUX, J.-Ch. "Le jeu savant, la tradition ésotérique dans l'art", *Médecine de France*, s.d. (1950).

MUGLER, Ch. *Platon et la recherche mathématique de son temps*, Strasbourg, 1948.

—. "La philosophie physique et biologique de l'Épinomis", *R. É. G.*, LXII, 1949.

NAVARRE, O. "Article Theatrum", *D. A.*, V, p. 178 e ss.

NESTLE, W. "Bemerkungen zu den Vorsokratikern und Sophisten", *Ph.*, t. LXVII, 1908, p. 531-81.

—. "Spuren der Sophistik bei Isokrates", *Ph.*, LXX, 1911, p. 1-51.

—. "Die Schrift des Gorgias über die Natur oder über das Nichtseiende", *H.*, t. 57, 1922, p. 551-62.

—. *Vom Mythos zum Logos*, Stuttgart, 1940.

NEUGEBAUER, K. A. "Timotheos in Epidauros", *J. A. I.*, XLI, 1926, p. 82-93.

NEWBOLD, W. R. "Philolaus", *A. G. Ph.*, t. XIX, 1906, p. 176-217.

PANOFSKY, Erw. *Idea. Ein Beitrag zur Begriffsgeschichte der älteren Kunsttheorie*, Leipzig-Berlin, 1924.

—. "Die Perspektive als 'Symbolische Form'", *B. W. V.*, 1924-1925, Leipzig, 1927, p. 258-330.

PASSAVANT, J.-D. *Raphaël d'Urbin*, Paris, 1860, 2 v.

PATRONI, G. "La mimesi artistica nel pensiero di Platone", *R. C. della R. Acad. di Napoli*, XXI, 1941, p. 5-24.

PERLS, H. "Μοῦσα, Étude sur l'esthétique de Platon". *R. Phil.*, 1934, p. 259-84 e 441-71.

PFUHL, Ernst. "Apollodoros ὁ σκιαγράφος", *J. A. I.*, XXV, 1910, p. 12-22.

—. "Skiagraphia", *J. A. J.*, t. XXVII, 1912.

—. *Malerei und Zeichnung der Griechen*, Munique, 1923, t. II.

—. "Bemerkungen zur archaïschen Kunst", *M. A. I.*, t. XLVIII, 1923, p. 132-6.

—. "Attische und jonische Kunst des V. Jahrhunderts", *J. A. I.*, t. 41, 1926, p. 129-75.

—. *Die Anfänge der griechischen Bildniskunst, ein Beitrag zur Geschichte der Individualität*, Munique, 1927.

—. Bemerkungen zur Kunst des vierten Jahrhunderts, *J. A. I.*, t. 43, 1928, p. 1-53.

PHILIPPSON, R. "Democritea", *H.*, 64, 1929, p. 167-83.

PICARD, Ch. "Art. Statua", *D. A.*, t. IV, 2 (1908), p. 1469 e ss.

—. "La Porte de Zeus à Thasos", *R. A.*, 1912, II, p. 43-76 e 385-96.

—. "La Sculpture grecque de Thasos jusqu'à la fin du Ve siècle avant J.-C., II", *R. A. M.*, XXXVI, 1919, p. 225-36; XXXVII, 1920, p. 17-26.

—. *La Sculpture antique des origines à Phidias* (*S. A. I.*), Paris, 1923.

—. *La Sculpture antique de Phidias à l'ère byzantine* (*S. A. II*), Paris, 1923.

—. "Les fouilles de Thasos, 1914-1920", *B. C. H.*, 1927.

—. "Les Antécédents des 'Astragalizontes' polyclétéens et la consultation par les dés", *R. É. G.*, XLII, 1929, p. 121-36.

—. "Les influences étrangères au tombeau de Pétorisis, Grèce ou Perse?", *B. J. O.*, *Mélanges Loret*, 1930, XXX, p. 201 e ss.

—. Bulletin archéologique de la *R. É. G.* (dos anos 1926, 1928, 1929, 1930).

—. *Les Origines du Polythéisme hellénique. L'ère homérique* (chamado de *Origines*), Paris, 1932.

—. "Le Péché de Pandora", *A.*, VII, 1932, p. 39 e ss.

—. "Les cénotaphes de Midea et les colosses de Ménélas", *R. Ph.*, 1933, p. 340.

—. "Une source possible pour le jugement des Rois de l'Atlantide", *Acrópoles*, VII, 1933, p. 3-13.

—. *La sculpture grecque du Ve siècle*, Paris, 1938 (editora Alpina).

—. Bulletin archéologique de la *R. É. G.* (de 1942).

—. "Primitivisme et classicisme, les deux faces de l'histoire de l'art", *Recherche*, 1946.

—. "De la stèle d'Ameinocleia à la ciste 'prénestine' G. Radeke", *R. É. G.*, LXI-LX, 1946-1947, p. 210 e ss.

—. *Manuel d'archéologie grecque. La sculpture* (em *A. G. S.*): I: Période archaïque, 1935; II: Période classique, Ve siècle (I e II), 1935; III: IVe siècle, première partie, I e II, 1948.

—. "Art et Littérature: sur trois exégèses", *R. É. G.*, LXI, 1948, p. 349 e ss.

POHLENZ, M. "Die Anfänge der griechischen Poetik", *N. W. G.*, 1920, p. 142-78.

POTTIER, E. "Sur le vase de Vagnonville", *Mon^ts Piot*, XXIX, p. 159 e ss.

—. "Le dessin par ombres portées chez les Grecs", *R. É. G.*, 1898, p. 355-88; *Recueil Edmond Pottier*, 1937, p. 262-95.

—. *Catalogue des vases du Louvre*, t. III, *L'École Attique*, Paris, 1906.

—. *Le Dessin chez les Grecs d'après les vases peints*, Paris, 1926.

—. "Un livre sur Polygnote", *R. A.*, 1929, I, p. 365.

POULSEN, Fr. "A new portrait of Platon", *J. H. S.*, XL, 1920, p. 190-6.

—. *Greek and Roman portraits in English Country Houses*, Oxford, 1923.

—. *From the collection of the Ny Carlsberg Glyptothek*, I, 1933, p. 24 e ss.

PRAECHTER, K. "Der Topos περὶ σπουδῆς καὶ παιδιᾶς", *H.*, 47, 1912, p. 471-6.

RAVAISSON, F. *Le Monument de Myrrhina et les bas-reliefs funéraires des Grecs en général*, Paris, 1876.

REGENBOGEN, Otto. "Eine Forschungsmethode antiker Naturwissenschaft", *S. G. M.*, I, 1930, p. 131-82.

REINACH, Adolphe-J. *Recueil Milliet* (também chamado de *R. M.*). (Textos gregos e latinos referentes à história da pintura da Antiguidade, publicados, traduzidos e comentados pelo autor), Paris, 1921.

REINACH, S. *Répertoire des vases peints*, Paris, 1899-1900.

—. "Sur un prétendu portrait de Platon", *R. A.*, 1921, t. II, p. 408.

—. "Polychromie", *R. A.*, 1929, I, p. 381.

REINACH, Théodore. *Mithridate Eupator, roi de Pont*, Paris, 1890.

REINHART, K. *Poseidonios*, Munique, 1921.

RICHTER, Gisela M. A. "Were the nude parts in Greek marble sculpture painted", *M. M. S.*, t. I, parte I, 1929, p. 25-31.

—. *Kouroi, a study of the development of the Greek Kouros from the late seventh to the early fifth century B. C.*, 1942.

RIVAUD, Albert. Edição do *Timeu*, Paris, 1925, Col. G. Budé, t. X.

—. "Études Platoniciennes. I. Le Système astronomique de Platon", *R. H. Ph.*, 1928, p. 1-26.

—. "Études Platoniciennes. II. Platon et la musique", *R. H. Ph.*, 1929, p. 1-30.

ROBIN, Léon. *La Théorie platonicienne des Idées et des Nombres d'après Aristote*, Paris, 1908.

—. Edição do *Fédon*, Paris, 1926, Col. G. Budé.

—. Edição do *Banquete*, Paris, 1929, Col. G. Budé, t. IV, parte 2.

—. *La Théorie platonicienne de l'Amour*, 2. ed., Paris, 1933.

—. *Études sur la signification et la place de la physique dans la philosophie de Platon*, Paris, 1919 (e *La Pensée hellénique des origines à Épicure*, Paris, 1942, p. 231 e ss).

—. *La Pensée grecque et les origines de l'esprit scientifique*, Paris, 1923; 4. ed., 1948.

ROBINSON, Florence H. "The tridimensional problem in Greek Sculpture", *M. A. R.*, t. VII, 1929, p. 119-68.

RODENWALDT, J. "Fragment eines Votivreliefs in Eleusis", *J. A. I.*, XXXVI, p. 1-6.

RODENWALDT, G. "Bemerkungen zu den Skulpturen von Olympia", *J. A. I.*, XLI, 1926, p. 232-5.

RODIER, G. "Études de Philosophie grecque (Remarques sur le Philèbe)", *R. É. A.*, 1900.

—. "Les mathématiques et la dialectique dans le système de Platon", *A. G. Ph.*, XV, 4, 1902), Paris, 1926.

ROSS, SIR DAVID. *Plato's theory of Ideas*, Oxford, 1951.

ROSTAGNI, A. "Aristotele e Aristotelismo nella Storia dell'Estetica Antica", *S. F. C.*, Florença, 1922, p. 74 e ss. (em *Aristotele*).

—. "Un nuovo capitolo nella Storia della Retorica et della Sofistica", *S. F. C.*, Florença, 1922, p. 148-201.

—. La *Poetica* di Aristotele com Introduzione, Commento e Appendice critica, Turim, 1927.

SACHS, Eva. *Die fünf platonischen Körper – zur Geschichte der Mathematik und der Elementenlehre Platos und der Pythagoreer. Phil. Unt.*, Berlim, 1917.

SARTORIUS, M. "Plato und die Malerei", *A. G. Ph.*, IX, 1896, p. 123-48.

SCHÄFER, H. *Von ägyptischer Kunst*, 3.ed., Leipzig, 1930.

SCHAERER, R. *La question platonicienne. Étude sur les rapports de la pensée et de l'expression dans les dialogues.* Paris-Neuchâtel, 1938.

SCHLACHTER, Aloïs. *Der Globus, seine Entstehung und Verwendung in der Antike*, Leipzig-Berlim, 1927 (Col. ΣΤΟΙΧΕΙΑ).

SCHMIDT, Eduard. *Archaïstische Kunst in Griechenland und Rom.*, Munique, 1922.

—. "Silanion der Meister des Platonbildes", *J. A. S.*, 47, 1932, p. 23 e ss.

SCHRADER, Hans. *Auswahl archaïscher Marmorsculpturen im Akopolismuseum*, Viena, 1913.

SCHUHL, Pierre-Maxime. "Note sur le discontinu temporel dans la philosophie grecque". *A. G. Ph.*, XL, 2, 1931, p. 182-4 (traduzido para o alemão por A. Klebe-Brandt sob o título: *Note über die Auffassung der Diskontinuität der Zeit in der griechischen Philosophie*).

—. Platon critique d'art. *Bull. périod. de l'Office des Instituts d'Archéologie de l'Histoire de l'art*, IV(10), Paris, 1937, p. 39-49.

—. "Perdita, la Nature et l'Art", *R. M. M.*, 1946, p. 334.

—. *Études sur la fabulation platonicienne*, Paris, 1947.

—. *Machinisme et Philosophie* (Nouvelle Encyclopédie philosophique), 2.ed., Paris, 1947.

—. "Lyncée et l'anatomie", *Étud. Philos.*, I, 1947, p. 11.

—. "Remarques sur la technique de la répétition dans le Phédon", *R. É. G.*, II, 1948, p. 373-80.

—. *Essai sur la formation de la pensée grecque*, 2.ed., Paris, 1949.

—. "Imagination et science des cristaux ou platonisme et minéralogie", *J. Ps.*, 1949, p. 27-34.

—. "Le Joug du Bien, les liens de la nécéssité et la fonction d'Hestia". *Mélanges Ch. Picard*, t. II, Paris, 1949, p. 959-67 (*in: Joug du Bien*).

SCHWARTZ, Ed. *De Thrasymacho Chalcedonio*, Diss., Rostock, 1892.

SCHWEIZER, B. "Mimesis und Phantasia", *Ph.*, 1934, p. 286-300.

SÉCHAN, L. *Études sur la tragédie grecque dans ses rapports avec la céramique*, Paris, 1926.

—. "Pandora, l'Ève Grecque", *B. B.*, n. 23, abr. 1929, p. 3-36.

SOUPAULT, Philippe. *Paolo Ucello*, Paris, 1929.

SOURIAU, Ét. "Philosophie des procédés artistiques, III, Vases, temples, jardins", *Rev. des Cours et Conférences*, Paris, t. XXX, 1928-1929, p. 236 e ss.

STÄHLIN, F. *Die Stellung der Poesie in der Platonischen Philosophie*, Diss., Erlangen, 1901.

STELLA, L. A. "Influssi di poesia e d'arte ellenico nell'opera di Platone. Platone ed il teatro greco"; I. Platone e la commedia; II. Platone e la tragedia; III. Miti, imagini, figurazione platoniche alla lace della poesia e dell'arte figurata, *in*: *Historia, Studi storici per l'antichita classica*, Milão-Roma, VI, 1932, p. 433-72; VII, 1933, p. 75-123; VIII, 1934, p. 3-62.

STENZEL, J. *Über zwei Begriffe der platonischen Mystik:* ΖΩΙΟΝ *und* ΚΙΝΗΣΙΣ. Beilage zum Jahresbericht des Johannes Gymnasiums zu Breslau, 1914.

—. *Zahl und Gestalt bei Platon und Aristoteles*, Leipzig-Berlin, 1924.

STEVEN, M. R. G. "Plato and the art of his time", *Class. Quart.*, 1933, p. 149-55.

STEVENS, G. P. "The Periclean entrance court", *Hesperia*, 1936.

—. "Architectural studies concerning the Acropolis", *Hesperia*, 1946.

SÜSS, W. *Ethos, Studien zur älteren Griechischen Rhetorik*, Leipzig-Berlin, 1910.

SVOBODA, K. "Polykleitov Kanon", *L. F.*, t. 54, 1927, p. 305-16 (resumo em francês p. 8 e 9).

TANNERY, Paul. *La Géométrie Grecque. Comment son Histoire nous est parvenue et ce que nous en savons. Essai critique*, Paris, 1887.

—. "Rapport sur une mission en Italie du 24 janvier au 24 février 1886", *Archives des Missions scientifiques et littéraires*, série III, t. XIX, 1888. *Mémoires Scientifiques*, t. II, Paris-Toulouse, 1912, p. 269 e ss.

TATE, J. "Plato and Imitation", *Class. Quart.*, 1932, p. 164.

TITTEL, C. "Art. Geminos", *in*: PAULY, t. XII, 1910, p. 1026-51.

TOLSTAJ-MELIKOWA, S. "La Doctrine de l'imitation et de l'illusion dans la théorie grecque de l'Art avant Aristote", *B. A. R.*, série IV, t. XX, 1926 (em russo). Pequeno resumo em língua francesa *in*: *Recueil Gébélev. Exposé sommaire*, Leningrado, 1926.

TRENDELENBURG, Ad. "Φαντασίαι", 70, *Pr. W.*, Berlin, 1910.

UNTERSTEINER, Mario. *I sofisti*, Turim, 1949.

UXKULL-GYLLEBAND, W. *Griechische Kulturentstehungslehren*, Berlim, 1924.

VERDENIUS, W. J. *Mimesis. Plato's doctrine of imitation and its meaning to us*, Leiden, 1949.

VRIES, G. J. De. *Spel bij Plato*, Amsterdam, 1949.

WEBSTER, T. B. *Greek art and litterature, 530-400 B.C.*, Oxford, 1939.

WEIL, H. "Les Dactyles", *R. É. G.*, t. X, 1897, p. 1-9.

WEYNANTS-RONDAY. *Les statues vivantes. Introduction à l'étude des statues égyptiennes*, Bruxelas, 1926.

WILAMOWITZ-MOELLENDORF, Ulrich von. *Platon*, 2.ed., Berlim, 1920.

ZELLER, Eduard. "Über die Anachronismen in den platonischen Gesprächen", *Abh. Ak. Berl.*, 1873, p. 79-89.

—. *Die Philosophie der Griechen in ihrer geschichtlichen Entwicklung*, t. II, 1, Leipzig, 4.ed., 1889; 5.ed., 1922.

* * *

Destacamos também as seguintes obras:

Actes du Congrès d'Esthétique et de Science de l'Art, Paris, 1937: PERLS, H. *La Beauté platonicienne* (t. II, p. 9); BROWN, Sarah H. *Plato's theory of Beauty and Art* (t. II, p. 13).

BÖRNER, Wilhelm. *Die Künstlerpsychologie im Altertum, Ein Bei trag zur Gesschichte der Aesthethik* (Zeitschrift für Aesthetik und allge meine Kunstwissenschaft, VII, p. 82-103).

BOYANCÉ, P. *Le Culte des Muses chez les philosophes grecs, Études d'histoire et de psychologie religieuse*, Paris, 1937.

BROSS, H. J. M. *Plato's beschouwing van Kunst en Schoonhed*, Leiden, 1948.

CHARBONNEAUX, J. *La Sculpture grecque classique*, Paris, 1943.

COLLINGWOOD, R. G. "Plato's Philosophy of Art", *M.*, XXXIV, 1925, p. 154-72 (corrigido em certos pontos nos *Principles of Art*,

Oxford, 1938, em que ele admite que a arte conheceu uma decadência na época de Platão.

D'ARCAIS, G. Flores. *L'Antinomia dell'estetica platonica*, Sofia, 1933.

DELCOURT, M. "Socrate, Ion et la poésie", *B. B.*, 55, 1937.

DEONNA, W. "Primitivisme et classicisme. Le deux faces de l'histoire de l'Art", *Recherche*, n. 2, 1946, p. 5-24 (Paris, Centre International des Instituts de Recherche).

FRENKIAN, Aram M. *Mimèsis si muzica, o contributiune la estetica lui Platon si Aristotel*, Cernauti, 1932.

GHYKA, M. *Esthétique des Proportions dans la nature et dans les arts*, Paris, 1927.

—. *Le Nombre d'or, rites et rythmes pythagoriciens dans le développement de la civilisation occidentale*, Paris, 1931.

GIRARD, Paul. *La Peinture antique*, Paris, 1892.

GUÉGEN, Pierre. "Platon et l'art abstrait", *XXe siècle*, 8 jun. 1951.

HAMBIDGE, Jay. *The Diagonal*, New Haven, 1919-1929.

—. *The Parthenon*, New Haven, 1924.

JEANMAIRE, H. *Dionysos, histoire du culte de Bacchus*, Paris, 1951.

JUSTI, Karl. *Die Aesthetischen Elemente in der Platonischen Philosophie*, Marburg, 1860.

KÖNIGS, Oberleher F. *Ueber Plato's Kunstanschauung* (Gymnasium zu Saargemünd, Programm für das Schuljahr, 1878-1879).

KRAKOWSKI, Ed. *Une Philosophie de l'amour et de la beauté. L'Esthétique de Plotin et son influence*, Paris, 1929.

LACHIÈZE-REY, P. "Réflexions sur la théorie platonicienne de l'Idée", *Revue philosophique*, jul. 1936.

—. *Les Idées morales, sociales et politiques de Platon*, Paris, 1938, p. 151 e ss.

LAMEERE, J. "Les Concepts du beau et de l'art dans la doctrine platonicienne", *R. H. Ph.*, Lille, 1938.

MAURAUX, André. *Les voix du silence*, (1. Le musée imaginaire; 2. Les métamorphoses d'Apollon; 3. La création artistique; 4. La monnaie de l'absolu), Paris, 1951.

MOREAU, J. "Les Thèmes platoniciens de l'Ion", *R. É. G.*, 1939, p. 419 e ss.

MÜLLER, Ed. *Geschichte der Theorie der Kunst bei den Alten*, I, Breslau, 1834.

PATER, Walter. *Platon et le Platonisme*, tradução para o francês de S. JANKÉLÉVITCH, Paris, 1923 (capítulo X, p. 317: "L'esthétique de Platon").

PATON, H. J. "Plato's theory of εἰκασία", *Proc. Ar. Society*, 22, 1922.

PERLS, H. *L'Art et la beauté vus par Platon*, Paris, 1938.

REBER, Joseph. *Plato und die Poesie*, Munique, 1864.

REMY, Max. *Platonis doctrina de artibus liberalibus, praecipue de imitationis in artibus conspicuae vi ac natura*, Hallis Sax., 1864.

RICHTER, Gisela M. A. *Archaïc greek art against its historical background, a survey*, Nova York, 1949.

ROBERT, C. *Bild und Lied*, 1881.

ROBIN, L. *Platon*, Paris, 1935.

RÜGE, Arn. *Die Platonische Aesthetik*, Halle, 1832.

STEFANINI, L. *Il problema estetico in Platone*, Turim, 1935.

—. *Platone²*, Padova, 1949, t. I, p. 311 e ss; t. II, p. 384 e ss.

STRÄTER, Th. *Die Idee des Schönen in der Platonischen Philosophie*, Bonn, 1861.

STRONG-SELLERS, Eugénie. *The elder Plinys chapters on the history of art*, 1896.

TATE, J. "Imitation in Plato's Republic", *Cl. Qu.*, 22, 1928.

TAYLOR, A. E. *A Commentary on Plato's Timaeus*, Oxford, 1928.

VERDENIUS, W. J. "L'Ion de Platon", *Mnem.*, III, 1945, p. 233 e ss.

—. "De actuele betekenis van Plato's aesthetica", *in*: *Handelingen van het negentiende nederlandsche Philologencongres*, Groningem, 1946, p. 33.

WALTER, Dr. J. *Die Geschichte der Aesthetik in Altertum, ihrer begrifflichen Entwicklung nach*, Leipzig, 1893.

Ficha técnica

Mancha 10 x 17,5 cm
Formato 14 x 21 cm
Tipologia AGaramond 12 e 14
Papel miolo: Polen Soft 80 g/m^2
capa: supremo 250 g/m^2
Número de páginas 200
Impressão e acabamento Bartira Grafica